블록체인 프로젝트

비트코인, 이더리움, 하이퍼레저 패브릭 기반 시스템 구축

박정태 지음

정보문화사
Information Publishing Group

블록체인 프로젝트

비트코인, 이더리움, 하이퍼레저 패브릭 기반 시스템 구축

초판 1쇄 인쇄 | 2019년 6월 25일
초판 1쇄 발행 | 2019년 7월 1일

지 은 이 | 박정태
발 행 인 | 이상만
발 행 처 | 정보문화사

책임편집 | 최동진
편집진행 | 노미라

주   소 | 서울시 종로구 대학로 12길 38 (정보빌딩)
전   화 | (02)3673-0037(편집부) / (02)3673-0114(代)
팩   스 | (02)3673-0260
등   록 | 1990년 2월 14일 제1-1013호
홈페이지 | www.infopub.co.kr

I S B N | 978-89-5674-834-4

머리말

2018년 1월 비트코인, 이더리움 같은 암호화폐가 2500만 원과 240만 원까지 올라가면서 많은 사람이 암호화폐에 관심을 갖기 시작했습니다. 이러한 암호화폐 기반 기술이 블록체인입니다. 이 책에서는 암호화폐가 아니라 암호화폐의 원천 기술인 블록체인을 다룹니다.

강의를 통해 블록체인 기술을 전달하면서 더 많은 사람에게 전파했으면 좋겠다고 생각했습니다. 그리고 부족한 자료로 프로젝트를 힘들게 진행하면서 다른 사람들은 좀 더 편하게 프로젝트를 진행했으면 좋겠다고 생각하여 이렇게 책을 집필하게 되었습니다.

이 책을 읽고 나면 이더리움과 hyperledger fabric을 자유자재로 다룰 수 있게 될 것입니다. 여기서 자유자재로 다룰 수 있다는 의미는 원하는 형태의 네트워크를 구축하고 스마트 컨트랙트 (체인 코드) 배포를 통해 데이터 저장을 할 수 있음을 의미합니다. 하지만 네트워크를 구축하는 과정은 터미널을 통해 진행하기 때문에 다소 어려움을 느낄 수 있습니다.

이 책에서는 환경 설정의 시간을 줄이고 실습에 집중하기 위해 docker를 사용합니다. 또한 docker를 이용하여 블록체인 네트워크 구축을 자동화합니다.

학습에 필요한 예제 파일은 정보문화사 홈페이지(infopub.co.kr) 자료실과, 깃허브(github.com/pjt3591oo/blockchain-book)에서 다운로드 할 수 있습니다. 그리고 학습 중 궁금한 사항은 저자의 블로그(blog.naver.com/pjt3591oo)에서 소통할 수 있습니다.

박정태

이 책의 구성

이 책은 4개의 파트로 구성되어 있습니다.

- **1단계**: bitcoin 이해하기
- **2단계**: ethereum 이해하기
- **3단계**: hyperledger fabric 이해하기
- **4단계**: 프로젝트 진행하기

bitcoin, ethereum, hyperledger fabric을 3개의 파트로 나누어 기술합니다. 각 파트는 네트워크 구축, 스마트 컨트랙트 개발, 스마트 컨트랙트 연동으로 분류합니다. 여기서 네트워크 구축과 스마트 컨트랙트 개발에 큰 비중을 차지하며 스마트 컨트랙트 연동은 간단한 예시를 통해 이해를 돕습니다.

스마트 컨트랙트에 연동하여 만들어진 dApp은 안드로이드, iOS, WEB으로 결과물을 만들 수 있습니다. 하지만 이 책은 연동하는 방법에 포커스를 맞췄기 때문에 애플리케이션을 만드는 데 힘을 주지 않았습니다. html, css, javascript를 사용하여 간단한 형태의 dApp을 개발합니다. 마지막 4단계를 통해 ethereum 기반의 dApp을 만들어보고, hyperledger fabric으로 실제 기업에서 사용 가능한 형태로 네트워크 구축을 다룹니다.

이 책은 ethereum 또는 hyperledger fabric 기반으로 네트워크를 운영하거나 dApp을 만들어보고 싶은 독자에게 적합합니다. 네트워크 운영은 터미널을 기반으로 하므로 터미널을 사용하는 데 거부감이 없다면 이 책을 학습하기 유리합니다. 또한 스마트 컨트랙트 또는 dApp을 개발하기 위해 다양한 언어를 사용하기 때문에 javascript, golang을 알고 있거나, 새로운 언어를 봤을 때 거부감이 없는 독자라면 학습하기 유리할 것입니다. 여기서 유리하거나 적합하다는 것은 해당 독자층만 읽어야 한다는 것이 아닌, 좀 더 수월하게 학습할 수 있다는 것을 의미합니다.

블록체인은 과거의 기술과는 완전히 다릅니다. 저자는 파이썬을 이용한 크롤러 책을 집필한 경험으로 이 책에서는 데이터의 중요성을 강조합니다. 블록체인은 이러한 데이터를 여러 노드(PC)가 동일하게 저장하는 기술입니다. 여러 노드가 동일하게 데이터를 저장함으로써 데이터의 독점권을 허용하지 않습니다. 데이터의 독점권을 상실했기 때문에 임의로 데이터를 조작할 수 없도록 만들어진 것이 블록체인입니다.

이 책에서는 Bitcoin, Ethereum, Hyperledger Fabric을 다룹니다. 하지만 거래소를 접속해보면 다양한 암호화폐가 존재합니다. 이 책은 암호화폐를 다루는 책이 아닙니다. 우리에게 친숙한 암호화폐를 통해 블록체인 기술이 어떤 것인지 배우고 핵심을 전달합니다. 그리고 블록체인 기술 이해를 바탕으로 어떠한 형태로 블록체인 시스템을 구축하고 dApp을 만드는지 방법을 소개합니다.

	Bitcoin	Ethereum	Hyperledger Fabric
플랫폼	디지털 화폐	dApp	모듈 형태의 플랫폼
재단	비트코인 재단	이더리움 재단	private 인증된 사용자만 참가 가능
네트워크	public 네트워크 누구나 참가 가능	public과 private 제공	private 인증된 사용자만 참가 가능
암호화폐	비트코인	이더리움	자체적으로 제공하는 화폐는 없지만 체인 코드를 통해 개발 가능
스마트 컨트랙트	X	soldity를 이용하여 개발 가능	go, java, node.js를 이용하여 개발 가능
합의 알고리즘	POW	POW, POA	PBFT, kafka, RAFT
블록 생성 속도	10~20분	10~20초	빠름
move	move [from] [to] [amount]		move('from', 'to', 'amount')

블록체인을 공부하다 보면 이와 같은 도표를 많이 봅니다. 이 책에서는 이러한 내용을 직접 실습하여 이해를 도와줍니다. 이 책에서는 Hyperledger Fabric 1.4.0 version 기준으로 진행합니다.

차례 contents

PART 1 ··· 비트코인 이해하기

PART 2 ··· geth를 활용한 이더리움 네트워크 구축

PART 3 ··· parity를 활용한 이더리움 네트워크 구축

PART 4 ··· solidity를 활용한 이더리움 스마트 컨트랙트 개발

PART 7 ··· Hyperledger Fabric 체인 코드 개발

PART 8 ··· node.js SDK를 활용한 Hyperledger Fabric dApp 개발

PART 9 ··· 이더리움 dApp 만들기

PART 10 ··· Hyperledger Fabric 비즈니스 모델 구축

개발 환경 설정 및 이더리움 지갑 다루기

1 docker, docker-compose 설치

1-1 docker 설치

● ubuntu

```
$ apt-get update
$ apt-get install -y curl
$ curl -fsSL https://get.docker.com/ | sudo sh
```

● macOS

https://hub.docker.com/editions/community/docker-ce-desktop-mac에 접속하여 [Get Docker] 버튼을 눌러 설치 파일을 받습니다. 내려받은 설치 파일을 실행하면 도커를 설치할 수 있습니다. macOS는 docker를 설치하면 docker-compose도 함께 설치됩니다.

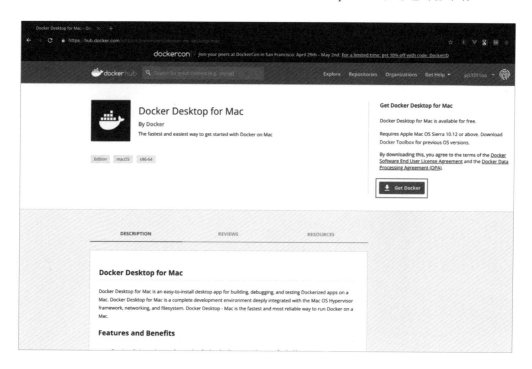

window

https://hub.docker.com/editions/community/docker-ce-desktop-windows에 접속하여 [Get Docker] 버튼을 눌러 설치 파일을 받습니다. 내려받은 설치 파일을 실행하면 도커를 설치할 수 있습니다. window는 docker를 설치하면 docker-compose도 함께 설치됩니다. window에서는 특정 버전에 따라 docker 설치와 실행이 정상적으로 되지 않을 수 있습니다.

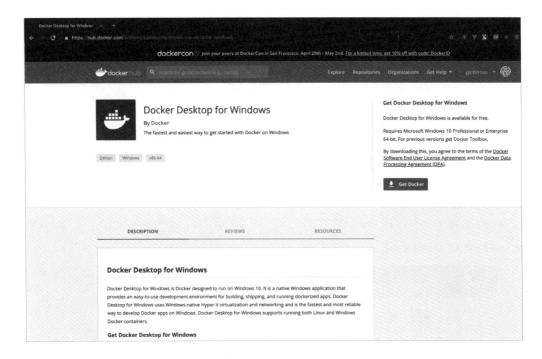

Docker 설치 확인

```
$ docker version
```

1-2 docker-compose 설치

ubuntu

```
$ curl -L "https://github.com/docker/compose/releases/download/1.9.0/docker-compose-$(uname -s)-$(uname -m)" -o /usr/local/bin/docker-compose


$ chmod +x /usr/local/bin/docker-compose
```

- docker-compose 설치 확인

```
$ docker-compose version
```

2 node.js 설치

https://nodejs.org/ko/download/에 접속하여 시스템에 맞춰 설치를 진행합니다. node.js를 설치하면 Node Package Manage인 NPM을 함께 설치합니다.

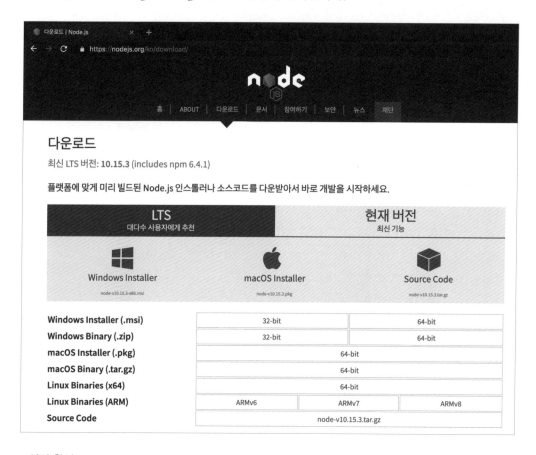

- 설치 확인

```
$ node --version
```

```
$ npm --version
```

`3`   metamask

metamask는 크롬 확장프로그램으로 제공하는 이더리움 지갑프로그램입니다.

`3-1`   설치

https://chrome.google.com/webstore/detail/metamask/nkbihfbeogaeaoehlefnkodbefgp
gknn에 접속하여 [chrome에 추가] 버튼을 눌러 확장프로그램을 설치합니다.

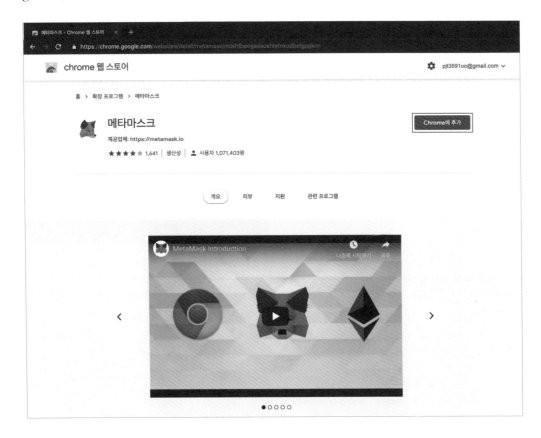

```
3-2  세팅
```

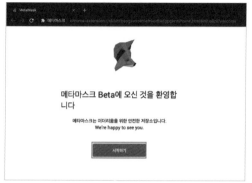

확장프로그램 설치가 끝나면 페이지가 보입니다. 여기서 초기세팅을 시작합니다. 설치를 완료하면 크롬 우측 상단 탭에 여우 모양의 아이콘이 생성됩니다. [지갑 생성하기] 버튼을 누르고 [I AGREE] 버튼을 누릅니다.

xviii BlockChain Project

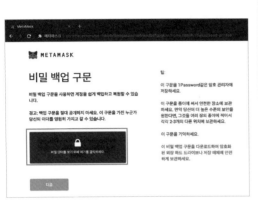

비밀번호를 생성합니다. 자물쇠를 클릭하면 가려진 단어를 볼 수 있습니다. 해당 글자를 다음의 순서대로 입력해야 합니다. 앞에서 확인한 단어를 순차적으로 입력합니다. 설정을 완료했습니다.

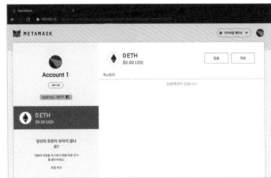

3-3 네트워크 선택

설정을 완료했으면 브라우저를 종료하고 metamask를 다시 실행합니다. metamask를 처음 실행하면 하나의 계정을 미리 제공합니다. 지갑을 사용할 때 가장 중요한 점은 네트워크를 선택하는 것입니다. 메인 넷과 가장 유사한 Ropsten 테스트 넷을 선택합니다.

3-4 테스트 이더 얻기

[이더 얻기] 버튼을 누르면 MetaMask Ether Faucet 페이지로 접속합니다. 녹색의 [request 1 ether from faucet] 버튼을 누르고 시간이 지나면 metamask에 선택된 계정으로 1이더를 충전합니다.

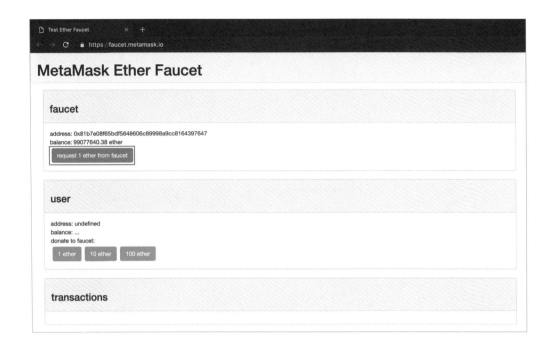

3-5 계정 생성

우측 상단의 원형 모양을 클릭하면 메뉴를 볼 수 있습니다. 계정 생성을 클릭하여 계정을 생성할 수 있습니다.

이더 전송

[전송] 버튼을 누르면 이더를 전송할 수 있습니다. 받는 계정과 전송 이더를 정하고 [다음] 버튼을 누릅니다. GAS FEE(수수료) 위의 [EDIT] 버튼을 누르면 좀 더 디테일하게 수수료를 설정할 수 있습니다.

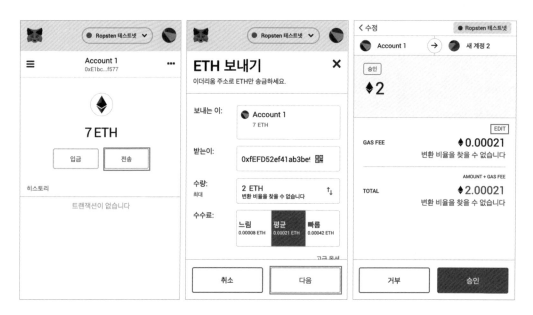

Basic과 고급 탭으로 나뉘는데 Basic은 단순하게 느림 – 평균 – 빠름으로 수수료를 측정하고, 고급은 가스 가격당 얼마만큼의 시간을 소요하는지 알려줍니다. 또한 gasLimit까지 설정 가능합니다.

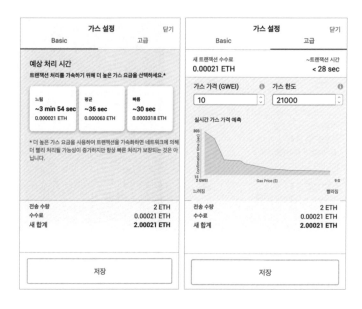

트랜잭션 확인

metamask 메인 페이지로 돌아오면 해당 계정에서 발생한 트랜잭션을 하단에 띄웁니다. 여기서 원형 모양을 클릭하면 해당 트랜잭션의 세부사항이 나오는데 화살표를 클릭하면 이더스캔 사이트로 넘어갑니다.

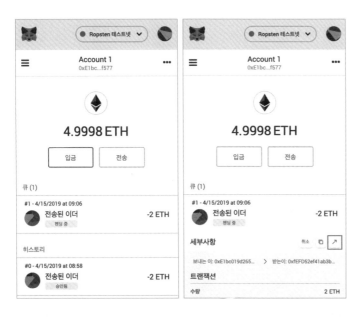

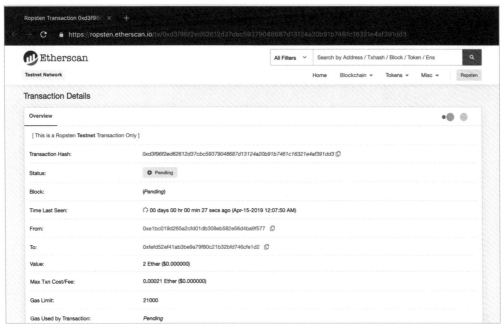

[메뉴] 버튼을 누르면 좌측에서 메뉴가 나옵니다. 여기서 세부사항을 눌러주면 QR 코드와 [이더스캔에서 계정보기], [개인키 내보내기] 버튼이 있습니다. 여기서 [개인키 내보내기] 버튼을 눌러 줍니다.

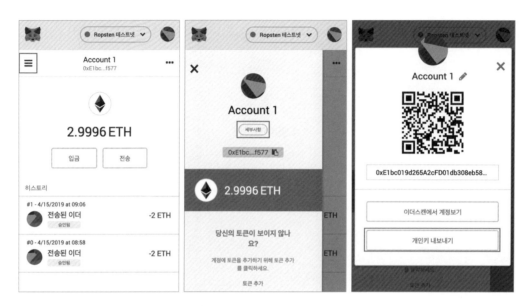

[개인키 내보내기] 버튼을 누르면 비밀번호를 입력하라는 창이 뜹니다. 여기서 metamask를 접속할 때 입력하는 비밀번호를 입력하면 해당 계정에 대한 개인키(private key)를 확인할 수 있습니다. 개인키를 이용하면 다른 지갑에서 해당 계정을 import 할 수 있고, 트랜잭션을 발생할 수 있습니다.

개인키, 키스토어 파일을 가지고 metamask에 등록하기 위해서는 우측 상단의 원형 모양을 선택하여 [계정 가져오기]를 누릅니다. 개인키와 JSON 파일(키스토어 파일)을 선택하여 상황에 맞춰 계정을 metamask에 등록할 수 있습니다.

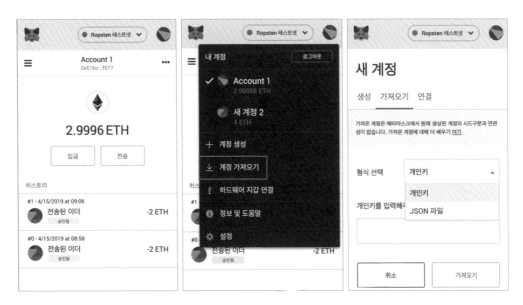

JSON 파일을 선택하면 [파일 선택] 버튼을 눌러 키스토어 파일을 선택한 후 비밀번호를 입력합니다. 개인키를 선택했다면 문자열 형태로 이루어진 개인키를 입력하고 [가져오기] 버튼을 누르면 됩니다. 계정을 가져온 후 우측 상단의 원형 모양을 클릭하면 import한 계정을 확인할 수 있습니다.

토큰 사용

지갑에서 토큰을 사용하기 위해서는 토큰을 등록해야 합니다. 좌측의 [메뉴] 버튼을 누르면 하단에 [토큰 추가]가 있습니다. 해당 버튼을 누르면 토큰을 추가할 수 있는 창으로 바뀝니다. 여기서 [사용자 정의 토큰]을 누르고 배포한 토큰(0xadc6670f0ea7aca96d6f4bc424d7e9dcba 3a9300)을 입력합니다.

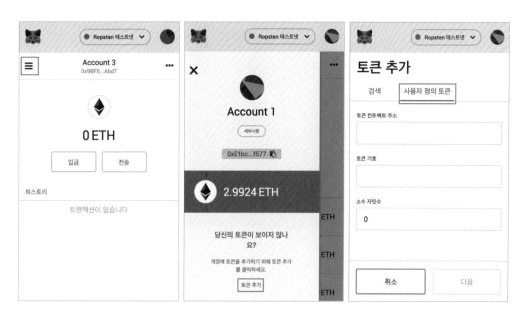

토큰 컨트랙트 주소를 입력하면 해당 토큰에 대한 정보를 자동으로 채웁니다. [다음] 버튼을 누르면 계정이 해당 토큰을 얼마나 보유하고 있는지 나옵니다. 여기서 [토큰 추가]를 눌러주면 metamask에서 등록한 토큰을 사용할 수 있습니다. 토큰은 계정 단위로 등록하여 관리할 수 있습니다. 토큰을 더 추가하려면 스크롤을 내려 [토큰 추가] 버튼을 눌러주어 똑같이 진행하면 됩니다. 메뉴에서 토큰을 누르면 토큰을 전송할 수 있습니다. 이더리움과 전송하는 방식은 동일합니다. 대신 수수료는 이더리움으로 지불합니다.

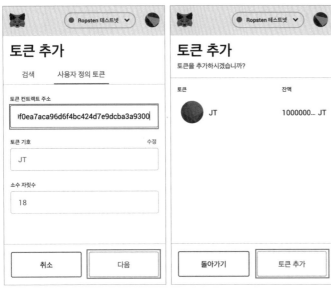

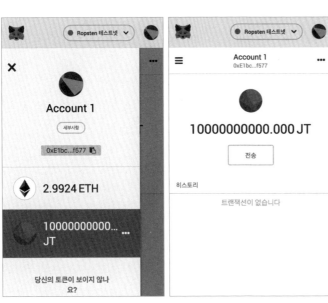

## PART 1

비트코인 이해하기

비트코인은 UTXO(Unspent Transaction Output의 약자로 아직 사용하지 않은 잔액이다. 이더리움과 가장 다른 점은 비트코인은 UTXO를 사용한다) 구조로 블록체인 기반 최초의 서비스입니다. 비트코인 기반의 네트워크를 구축하고, 구축한 네트워크 위에서 트랜잭션을 발생시켜 보며 비트코인은 어떤 특징이 있는지 알아보겠습니다. 비트코인은 스마트 컨트랙트(체인 코드) 개념이 없습니다.

1 비트코인 환경 구축

비트코인을 사용하기 위해서는 비트코인 클라이언트 프로그램이 필요합니다. 코드를 직접 빌드 (소스코드를 실행 파일로 바꿔주는 과정)하거나 배포 프로그램을 사용할 수 있지만, 이 책에서는 도커를 활용하여 비트코인 개발 환경을 구성합니다. 도커를 설치하는 방법은 부록을 통해 확인할 수 있습니다. 도커 기반의 비트코인 개발 환경을 구축하면서 도커의 사용법도 같이 알아보겠습니다.

1-1 비트코인 이미지 받기

도커를 활용해서 비트코인 개발 환경을 구축하기 위해서는 가장 먼저 이미지를 내려(pull)받아야 합니다. 이미지는 도커에서 중요한 개념입니다.

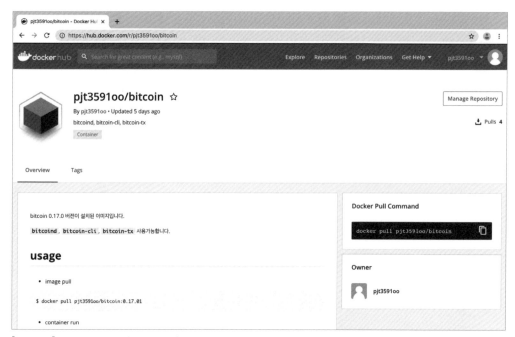

[그림 1.1] 도커 허브를 통해서 이미지 확인

https://hub.docker.com/r/pjt3591oo/bitcoin에서 비트코인이 설치된 도커 이미지를 확인할 수 있습니다. 중간에 Overview는 해당 이미지의 설명이 있고, Tags는 이미지의 버전을 확인할 수 있습니다.

```
docker pull pjt3591oo/bitcoin:0.17.01
```

pull 명령어를 이용하면 도커 허브에 저장된 이미지를 로컬환경으로 내려받을 수 있습니다.

```
bagjeongtae — bagjeongtae@bagjeongtaeui-MacBook-Pro — ~ — -zsh — 80...
Last login: Sun Mar  3 15:36:44 on ttys002
You have new mail.
→ ~ docker pull pjt3591oo/bitcoin:0.17.01
0.17.01: Pulling from pjt3591oo/bitcoin
7b722c1070cd: Pull complete
5fbf74db61f1: Pull complete
ed41cb72e5c9: Pull complete
7ea47a67709e: Pull complete
5d081e0b43c7: Pull complete
d4ce81ff3374: Pull complete
Digest: sha256:0171919af861c9f2ac52ea34267eceb03dc2ce4d4fc6ff39f79cb7294dceb79a
Status: Downloaded newer image for pjt3591oo/bitcoin:0.17.01
→ ~
```

[그림 1.2] 비트코인 환경이 설치된 도커 이미지 받아오기

pull 명령어를 이용하면 [그림 1.2]처럼 이미지를 받아오게 됩니다. 이미지 크기에 따라 다소 시간이 소요될 수 있습니다.

1-2 받아온 비트코인 이미지 확인

pull을 이용해 받아온 이미지는 다음의 명령어로 확인 가능합니다.

```
$ docker images
```

docker images는 로컬에서 관리 중인 이미지를 보여주는 명령어입니다. 도커 이미지는 도커허브에서 받아온 이미지일 수 있고 사용자가 직접 만든 이미지일 수도 있습니다.

```
bagjeongtae — bagjeongtae@bagjeongtaeui-MacBook-Pro — ~ — -zsh — 94×24
→ ~ docker images
REPOSITORY         TAG        IMAGE ID        CREATED        SIZE
pjt3591oo/bitcoin  0.17.01    edcadb4e0ff8    5 days ago     2.1GB
→ ~
```

[그림 1.3] 비트코인 도커 이미지 확인

해당 이미지를 이용해서 컨테이너를 만들어 보겠습니다. 컨테이너는 실제 동작하는 프로세스입니다. 하나의 이미지를 통해 다수의 컨테이너를 만들 수 있습니다. 이미지를 통해 만들어진 컨테이너는 독립적인 프로그램으로 이해하면 됩니다.

1-3 비트코인 컨테이너 생성

비트코인이 설치된 이미지를 받아온 후 run 명령어를 이용하여 컨테이너 생성이 가능합니다. run 명령어의 기본적인 사용법은 다음과 같습니다.

```
$ docker run 이미지:태그
```

이미지:태그를 이용하여 컨테이너를 생성하는 명령어입니다. 하지만 컨테이너의 성격에 따라 다양한 옵션을 추가할 수 있습니다.

```
-i -t 해당 컨테이너에 접속해서 명령어를 사용해야 된다면 옵션을 주어야 한다.
-v 저장소 공유
-p 포트 포워딩
--name 컨테이너 이름
-e 환경변수 설정
-d 백그라운드 실행
```

더 자세한 옵션은 help를 붙여주면 확인할 수 있습니다.

```
$ docker run —help
```

여러 옵션을 조합하여 비트코인 환경이 구축된 컨테이너를 생성합니다.

```
$ docker run -it --name bitcoin.0.17.1.com pjt3591oo/bitcoin:0.17.01 /bin/bash
```

pjt3591oo/bitcoin 이미지의 0.17.01 태그를 사용하여 bitcoin.0.17.1.com 이름을 가지고 있는 컨테이너를 생성하는 명령어입니다. 마지막의 /bin/bash는 컨테이너에서 어떤 프로그램을 실행시킬지에 대한 명령어입니다.

```
~ docker run -it --name bitcoin.0.17.1.com pjt3591oo/bitcoin:0.17.01 /bin/bash
root@d9c906e25ff9:/#
```

[그림 1.4] 비트코인 컨테이너 실행

여기서 pjt3591oo/bitcoin:0.17.01을 pull 하지 않아 해당 이미지가 없다면, run할 때 해당 이미지를 pull 합니다. 정상적으로 컨테이너가 실행되면 [그림 1.4]처럼 터미널이 바뀝니다.

```
계정@컨테이너ID:/#
```

컨테이너는 기본 권한이 root입니다. 그러므로 #으로 뜹니다. 권한 작업이 필요한 경우 sudo를 붙이지 않아도 됩니다. 컨테이너를 생성해봤으니 생성된 컨테이너나 실행 중인 컨테이너를 확인합니다. 컨테이너 생성 시 주의할 점은 컨테이너 이름이 이미 존재하면 생성 중 에러가 발생합니다.

1-4 생성된 비트코인 컨테이너 확인

도커에서 컨테이너 프로세스를 확인하기 위해 ps를 이용합니다. 여기서 터미널 창을 하나 더 띄우고 다음의 명령어를 실행합니다.

```
$ docker ps
```

[그림 1.5] 비트코인 컨테이너 확인

ps 명령어는 컨테이너의 container id, image, command, created, status, ports, names를 확인할 수 있습니다.

- **container id**: 컨테이너 고유값(같은 이미지를 이용하여 컨테이너를 만들더라도 container id가 다름)
- **images**: 해당 컨테이너를 만드는 데 사용한 이미지
- **created**: 컨테이너 생성 후 경과 시간
- **status**: 컨테이너 상태
- **ports**: 포트 포워딩 설정(예를 들어, 3000→80으로 표시될 경우 PC의 3000번 포트로 접속 요청이 들어오면 해당 요청을 컨테이너의 80포트로 넘겨줌)
- **names**: 컨테이너 이름

ps는 컨테이너 상태에 따라 출력 조건을 다르게 줄 수 있습니다. 앞에서처럼 ps 명령어는 컨테이너 상태가 up(실행 중)인 컨테이너만 출력합니다.

ps를 이용하여 컨테이너 상태에 따라 확인하는 방법은 뒤에서 알아보겠습니다.

1-5 생성된 비트코인 컨테이너 멈춤

컨테이너를 멈추게 하고 싶을 때도 있는데, 이때 사용하는 명령어가 stop입니다.

```
$ docker stop [container name]
```

[그림 1.6] 비트코인 컨테이너 멈춤

정상적으로 컨테이너가 stop 됐다면 [그림 1.6]처럼 컨테이너 이름을 출력합니다.

여기서 ps를 이용하여 컨테이너를 확인하면 아무것도 출력하지 않습니다. 그 이유는 ps는 실행 중인 컨테이너만 출력하기 때문입니다. 여기서 멈춰있는 컨테이너를 출력하기 위해서는 a 옵션을 추가하면 됩니다. a 옵션은 모든 컨테이너 프로세스를 출력하는 옵션입니다.

```
$ docker ps -a
```

[그림 1.7] 컨테이너 상태에 따른 조회

a 옵션은 컨테이너 상태가 up이 아니더라도 출력합니다. Exited는 해당 컨테이너가 멈춰있는 상태를 의미합니다.

1-6 멈춰진 비트코인 컨테이너 재실행

status를 exited에서 up으로 바꿔줘야 컨테이너가 실행됩니다. 이때 사용하는 명령어가 start입니다.

```
$ docker start [container name]
```

```
bagjeongtae — bagjeongtae@bagjeongtaeui-MacBook-Pro ~ ~ -zsh — 157×24
~ docker start bitcoin.0.17.1.com
bitcoin.0.17.1.com
~ docker ps
CONTAINER ID    IMAGE                       COMMAND        CREATED         STATUS          PORTS        NAMES
d9c906e25ff9    pjt3591oo/bitcoin:0.17.01   "/bin/bash"    33 minutes ago  Up 1 second                  bitcoin.0.17.1.com
```

[그림 1.8] 비트코인 컨테이너 재실행

start를 이용해서 컨테이너 재구동을 완료했습니다. status가 up으로 바뀌었기 때문에 ps가 a 옵션이 없어도 해당 컨테이너가 정상적으로 출력됩니다.

1-7 재실행한 비트코인 컨테이너 접속

start는 멈춰진 컨테이너를 재구동하는 명령어지만, 해당 컨테이너에 접속하는 행위는 아닙니다. 해당 컨테이너에 접속해서 비트코인 노드를 구성할 땐 컨테이너의 /bash를 실행해야 합니다. 이땐 exec을 이용합니다. exec은 run과 실행 방식이 매우 유사합니다.

```
$ docker exec [container name]
```

```
bagjeongtae — root@d9c906e25ff9: / — docker exec -lt bitcoin.0.17.1.com /bin/bash — 157×24
~ docker start bitcoin.0.17.1.com
bitcoin.0.17.1.com
~ docker ps
CONTAINER ID    IMAGE                       COMMAND        CREATED         STATUS          PORTS        NAMES
d9c906e25ff9    pjt3591oo/bitcoin:0.17.01   "/bin/bash"    33 minutes ago  Up 1 second                  bitcoin.0.17.1.com
~ docker exec -it bitcoin.0.17.1.com /bin/bash
root@d9c906e25ff9:/#
```

[그림 1.9] 비트코인 컨테이너 접속

컨테이너가 접속되면서 터미널 상태가 바뀌었습니다. 앞에서 run을 통해 컨테이너를 생성했을 때와 같습니다.

1-8 비트코인 컨테이너 제거

컨테이너를 사용하다가 필요 없어지면 rm을 이용하여 지울 수 있습니다.

```
$ docker rm [container name]
```

[그림 1.10] 컨테이너 제거 시 에러 발생

컨테이너 제거 시 주의할 점은 컨테이너 상태가 **up**이면 안 됩니다. 만약 **up** 상태라면 **stop**을 이용하여 해당 컨테이너를 멈춰줍니다.

[그림 1.11] 컨테이너 제거

구동 중인 컨테이너는 **stop**을 이용하여 멈춰주고 **rm**을 하면 정상적으로 컨테이너를 지울 수 있습니다. 여기서 습득한 방법을 이용하여 비트코인 클라이언트 컨테이너를 실행하고 해당 컨테이너를 이용하여 네트워크 구축, 조작 등을 합니다.

원하는 형태로 노드를 구성해도 로컬 시스템에 큰 영향을 끼치지 않는 것이 도커를 활용한 테스트의 장점입니다. 또한 실제 프로덕션 환경에도 손쉽게 배포가 가능한 특징을 가지고 있습니다.

2 bitcoind를 이용하여 노드 구성

비트코인 클라이언트를 이용하여 비트코인 네트워크를 구성해 보겠습니다. 앞에서 비트코인 컨테이너를 지웠으므로 새로운 컨테이너를 만드는 것을 시작으로 노드 구성을 시작합니다.

2-1 비트코인 컨테이너 생성 및 둘러보기

run 명령어를 활용하여 비트코인 컨테이너를 새로 만듭니다.

```
$ docker run -it --name bitcoin.test.com pjt3591oo/bitcoin:0.17.01 /bin/bash
```

[그림 1.12] 비트코인 컨테이너 생성

bitcoin.test.com 이름을 가진 컨테이너를 생성합니다. 해당 컨테이너의 상태들을 확인해 보겠습니다. 먼저 HOME 환경변수를 확인합니다.

```
$ echo $HOME
```

[그림 1.13] HOME 환경변수 확인

echo는 화면의 출력을 의미합니다. $HOME은 환경변수인 HOME에 저장된 값을 가져옵니다. $TEST를 입력한다면 환경변수로 설정된 TEST를 가져옵니다. HOME 환경변수는 ~(물결)이 가리키는 값입니다. 예를 들어 cd ~을 하게 되면 HOME에 저장된 경로로 이동하게 됩니다.

[그림 1.14] ~ 이동

cd는 해당 디렉터리로 이동하라는 명령어입니다. pwd는 현재 터미널이 위치한 디렉터리입니다. ls는 현재 디렉터리에 존재하는 디렉터리와 파일을 확인하는 명령어입니다. ls는 추가적인 옵션을 이용하여 더 자세한 내용으로 파일 리스트를 출력할 수 있습니다.

~ 경로에 start.sh 스크립트 파일이 존재합니다. 해당 스크립트를 통해 bitcoind를 실행하여 노드를 구성합니다. 스크립트를 사용하지 않고 터미널에 명령어를 직접 입력해도 되지만, 명령어가 길어지면 쓰기가 번거로우므로 스크립트를 활용합니다. 스크립트를 활용하면 실행해야 하는 명령어가 길어지더라도 간단하게 실행할 수 있습니다.

```
$ ls -ahl
```

[그림 1.15] ls -ahl 결과

파일과 디렉터리 앞에 .(마침표)가 붙어 있으면 숨김 파일입니다.

.bitcoin은 비트코인 노드에서 관리하는 모든 데이터가 저장될 공간입니다. 해당 디렉터리를 지우면 디렉터리를 찾지 못하는 에러가 발생할 수 있습니다. 디렉터리를 찾을 수 없다는 에러가 발생하면 mkdir을 이용하여 디렉터리를 생성할 수 있습니다.

노드 구성을 위해 가장 중요한 bitcoind 프로그램이 정상적으로 설치되었는지 확인해 보겠습니다.

```
bagjeongtae — root@9605789a11af: ~ — docker run -it --name bitcoin.test.com pjt3591oo/bitcoin:...
root@9605789a11af:~# bitcoind -help
Bitcoin Core Daemon version v0.17.1.0-392d138

Usage:  bitcoind [options]                     Start Bitcoin Core Daemon

Options:

  -?
       Print this help message and exit

  -alertnotify=<cmd>
       Execute command when a relevant alert is received or we see a really
       long fork (%s in cmd is replaced by message)

  -assumevalid=<hex>
       If this block is in the chain assume that it and its ancestors are valid
       and potentially skip their script verification (0 to verify all,
       default:
       0000000000000000002e63058c023a9a1de233554f28c7b21380b6c9003f36a8,
       testnet:
       0000000000000037a8cd3e06cd5edbfe9dd1dbcc5dacab279376ef7cfc2b4c75)
```

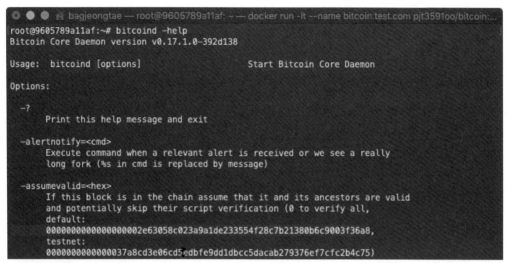

[그림 1.16] bitcoind 설치 확인

help 옵션을 이용하여 bitcoind의 사용법을 확인할 수 있습니다. 상당히 긴 결과를 확인할 수 있습니다. bitcoind가 어디에 설치되어 있는지 알고 싶다면 which 명령어를 사용하면 됩니다.

```
$ which bitcoind
```

```
bagjeongtae — root@9605789a11af: ~ — docker run -it --name bitcoin.test.com pjt3591oo/bitcoin:0....
root@9605789a11af:~# which bitcoind
/usr/local/bin/bitcoind
root@9605789a11af:~#
```

[그림 1.17] bitcoind 경로 확인

which는 파일의 위치를 알려주는 명령어입니다.

마지막으로 노드 설정 파일의 위치를 찾아보겠습니다. 설정 파일의 목적은 bitcoind를 실행할 때 각종 옵션을 추가하게 되는데, 이런 옵션을 하나의 파일로 관리할 수 있습니다.

```
bagjeongtae — root@9605789a11af: /etc/bitcoin — docker run -it --name bitcoin.test.com pjt3591oo/bitcoin:...
conf                                                                        < >  완료
root@9605789a11af:~# cd /etc
root@9605789a11af:/etc# cd bitcoin/
root@9605789a11af:/etc/bitcoin# ls
bitcoin.conf
root@9605789a11af:/etc/bitcoin#
```

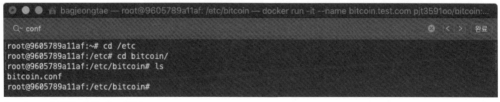

[그림 1.18] 설정 파일 경로 확인

2-2 start.sh 실행하기

~/start.sh를 실행하여 bitcoind를 실행해 보겠습니다.

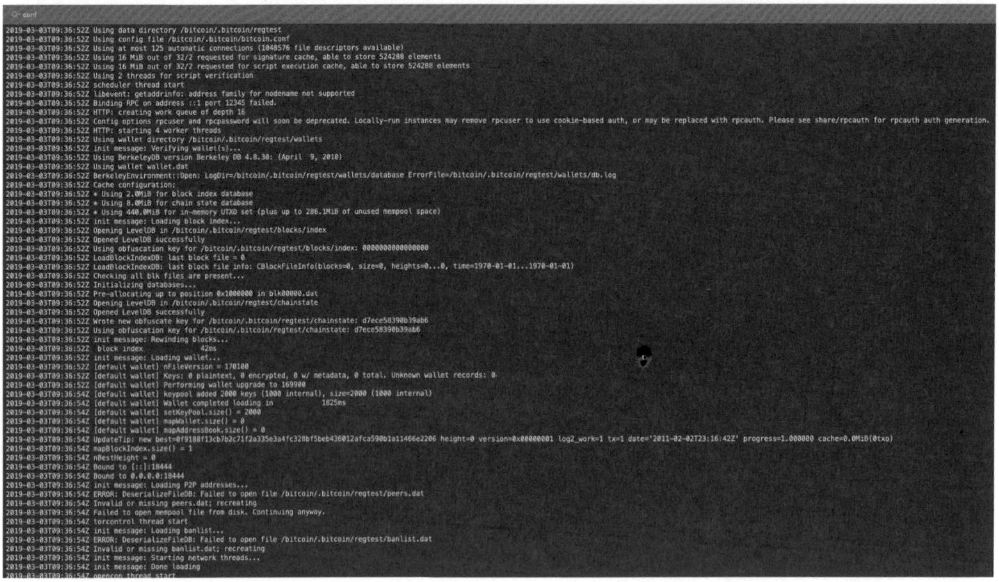

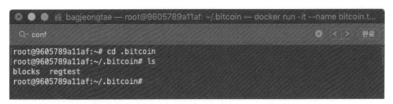

[그림 1.19] 비트코인 노드 첫 실행

축하합니다! 여러분은 자신만의 비트코인 네트워크 구축을 완료했습니다. 이제 해당 노드를 여러분들의 입맛에 맞춰 바꿔보겠습니다. 그 전에 start.sh를 실행할 때 어떤 일이 일어났는지 알아보겠습니다.

노드가 실행 중이기 때문에 터미널에 명령어를 입력할 수 없으므로 Ctrl + C를 입력하여 노드를 종료합니다.

bagjeongtae — root@9605789a11af: ~/.bitcoin — docker run -it --name bitcoin.t...
conf
완료
root@9605789a11af:~# cd .bitcoin
root@9605789a11af:~/.bitcoin# ls
blocks regtest
root@9605789a11af:~/.bitcoin#

[그림 1.20] 비트코인 데이터 저장소 .bitcoin

start.sh를 실행하면 ~/.bitcoin 디렉터리에 [그림 1.20]처럼 2개의 디렉터리가 생성됩니다. 해당 디렉터리에 블록 및 각종 정보를 저장합니다.

start.sh를 파헤쳐 보겠습니다. start.sh는 스크립트 파일이기 때문에 **cat, more, vim** 등을 활용하여 파일을 열 수 있습니다. 파일 내용이 복잡하지 않으므로 **cat**을 이용하여 파일 내용을 확인해 보겠습니다. 여기서 #으로 시작하는 부분은 주석[1] 입니다.

[그림 1.21] start.sh 내용 확인

start.sh는 다음의 명령어를 실행하게 됩니다.

```
$ bitcoind -regtest -rpcuser=test -rpcpassword=test  -server -rpcport=12345
--datadir="$PWD/.bitcoin"
```

bitcoind는 다양한 옵션을 통해 노드를 실행할 수 있습니다. bitcoind에서 사용 가능한 옵션은 **help** 명령어를 통해 자세히 확인할 수 있습니다. 자주 사용하는 옵션에 대해 간단하게 알아보겠습니다.

- **regtest**: regtest를 붙이면 메인 or 테스트 네트워크와 연결되지 않음
- **server**: RPC[2] 요청 허용
- **rpcuser**: RPC 요청 사용 시 필요한 유저 이름
- **rpcpassword**: RPC 요청 시 필요한 비밀번호
- **rpcport**: RPC 연결 시 사용할 포트 번호
- **port**: 노드끼리 연결 시 사용되는 포트 번호
- **datadir**: 블록과 같은 데이터가 저장되는 위치(예를 들면, 앞에서 **.bitcoin**이 해당)
- **conf**: 설정 파일 경로

---

1 주석: 프로그램에서 주석이란 내용을 메모하는 목적으로 사용하며, 컴퓨터는 주석처리 된 부분을 처리하지 않음
2 RPC: Remote procedure call의 약자로 물리적으로 같거나 떨어진 시스템에서 프로시저(기능) 호출

- **addnode**: 다른 노드와 연결
- **daemon**: 노드를 백그라운드에 띄워줌

앞에 명시된 옵션은 bitcoin 노드(인프라)를 구축할 때 가장 많이 사용하는 옵션입니다. 여기서 한 가지 중요한 점은 비트코인 노드는 두 가지 형태의 포트를 설정합니다. 이 부분은 이더리움 도 마찬가지입니다. RPC 연결용 포트, 노드 연결용 포트를 나누어 사용합니다.

2-3 datadir 변경

start.sh는 regtest를 사용하여 독립된 네트워크를 만들고, server, rpcport를 이용하여 rpc 요청 을 허용하여 이때 사용할 포트 12345를 사용합니다. 이때 rpcuser와 rpcpassword를 이용하여 요청할 수 있습니다. 마지막으로 datadir을 통해 해당 노드에서 발생한 모든 데이터가 저장될 공 간을 $PWD/.bitcoin으로 설정하여 노드를 실행하는 형태입니다.

datadir를 다른 디렉터리로 바꿔 실행해 보겠습니다.

```
$ cd ~/
$ mkdir test
```

```
$ bitcoind -regtest -rpcuser=test -rpcpassword=test  -server -rpcport=12345
--datadir="$PWD/test"
```

~/test를 생성한 후 datadir를 바꿔 실행합니다. test 디렉터리를 확인하면 ~/.bitcoin과 같은 구조로 디렉터리를 생성합니다.

```
2019-03-03T10:09:01Z mapBlockIndex.size() = 1
2019-03-03T10:09:01Z nBestHeight = 0
2019-03-03T10:09:01Z torcontrol thread start
2019-03-03T10:09:01Z Bound to [::]:18444
2019-03-03T10:09:01Z Bound to 0.0.0.0:18444
2019-03-03T10:09:01Z init message: Loading P2P addresses...
2019-03-03T10:09:01Z ERROR: DeserializeFileDB: Failed to open file /bitcoin/test/regtest/peers.dat
2019-03-03T10:09:01Z Invalid or missing peers.dat; recreating
2019-03-03T10:09:01Z init message: Loading banlist...
2019-03-03T10:09:01Z ERROR: DeserializeFileDB: Failed to open file /bitcoin/test/regtest/banlist.dat
2019-03-03T10:09:01Z Invalid or missing banlist.dat; recreating
2019-03-03T10:09:01Z init message: Starting network threads...
2019-03-03T10:09:01Z net thread start
2019-03-03T10:09:01Z dnsseed thread start
2019-03-03T10:09:01Z Loading addresses from DNS seeds (could take a while)
2019-03-03T10:09:01Z 0 addresses found from DNS seeds
2019-03-03T10:09:01Z dnsseed thread exit
2019-03-03T10:09:01Z addcon thread start
2019-03-03T10:09:01Z init message: Done loading
2019-03-03T10:09:01Z opencon thread start
2019-03-03T10:09:01Z msghand thread start
^C2019-03-03T10:09:18Z tor: Thread interrupt
2019-03-03T10:09:18Z Shutdown: In progress...
2019-03-03T10:09:18Z addcon thread exit
2019-03-03T10:09:18Z torcontrol thread exit
2019-03-03T10:09:18Z opencon thread exit
2019-03-03T10:09:18Z net thread exit
2019-03-03T10:09:18Z msghand thread exit
2019-03-03T10:09:18Z scheduler thread interrupt
2019-03-03T10:09:18Z Dumped mempool: 1e-05s to copy, 0.004349s to dump
2019-03-03T10:09:18Z [default wallet] Releasing wallet
2019-03-03T10:09:18Z Shutdown: done
root@9605789a11af:~# cd test
root@9605789a11af:~/test# ls
blocks  regtest
root@9605789a11af:~/test#
```

[그림 1.22] datadir 바꿔서 bitcoind 실행

노드는 디렉터리 기준으로 관리합니다. 단일 시스템에서 하나의 노드만 동작할 수도 있고, 다수의 디렉터리를 생성하여 다수의 노드 구성도 가능합니다. 데이터가 저장되는 경로가 다르면 서로 다른 노드가 됩니다. 단일 시스템에서 다수의 노드를 운영할 땐 port가 서로 중첩되지 않게 해야 합니다. 하지만 단일 시스템에서는 하나의 노드만 실행하는 것을 권장합니다. 이 책에서는 교육 목적상 단일 시스템에서 다수의 노드를 실행할 수 있습니다.

2-4 멀티노드 운영

bitcoind를 이용하여 다른 노드와 연결하는 방법을 알아보겠습니다.

```
$ cd ~/

$ mkdir node1
$ mkdir node2
```

서로 다른 노드를 운영할 것이기 때문에 ~/ 경로에 node1, node2 이름을 가진 2개의 디렉터리를 만들어 줍니다. 디렉터리 이름은 원하는 이름으로 진행해도 됩니다.

하나의 컨테이너에서 다수의 노드를 띄우기 위해 동일한 컨테이너에 접속합니다. 2개의 터미널 창을 띄워준 후 다음의 명령어를 실행합니다.

```
$ docker exec -it bitcoin.test.com /bin/bash
```

여기서 bitcoin.test.com인 이유는 앞에서 컨테이너 이름을 bitcoin.test.com으로 만들었기 (run) 때문입니다. 만약 다른 이름으로 했다면 다른 이름을 넣어주면 됩니다.

● **node1 실행**

```
$ bitcoind -regtest -rpcuser=test -rpcpassword=test   -server -rpcport=12345
-port=12346 -datadir="$PWD/node1"
```

● **node2 실행**

```
$ bitcoind -regtest -rpcuser=test -rpcpassword=test   -server -rpcport=22345
-port=22346 -datadir="$PWD/node2" -addnode=127.0.0.1:12346
```

node1과 node2를 실행하면 화면에 각종 로그를 출력합니다. **daemon** 옵션을 추가하면 로그를 보지 않고 하나의 터미널 창에서 둘 다 실행할 수 있습니다. node1은 12346번 포트로 다른 노드와 연결할 준비를 합니다. node2가 실행될 때 **addnode**에 명시되어 있는 노드와 연결을 시도합니다. 연결된 정보는 뒤에 bitcoin-cli를 통해 확인할 수 있습니다. 하지만 bitcoind를 실행할 때 노드 연결을 설정하지 않더라도 bitcoin-cli를 이용해서 동적으로 연결할 수 있습니다(각 노드를 설정할 땐 포트만 중첩되지 않도록 해야 합니다).

bitcoind를 이용하여 네트워크를 구성하는 방법에 대해서 알아보았습니다. 뒤에서는 bitcoin-cli를 이용하여 실제 네트워크를 조작하는 방법을 다룹니다.

③ bitcoin-cli를 이용하여 노드 조작

bitcoind를 이용하여 만든 비트코인 네트워크를 만들어 봤습니다. bitcoin-cli를 이용하여 조작하는 방법을 다뤄보겠습니다. 여기서 네트워크 조작이란 계정 생성, 트랜잭션 발생, 잔액 조회, 피어 연결 등을 의미합니다. 트랜잭션과 블록 생성을 직접 해봄으로써 블록체인에서 블록과 트랜잭션이 어떤 관계를 맺으며, 네트워크 유지를 하는지 다룹니다. 이를 통해 블록체인에서 블록과 트랜잭션의 명확한 이해를 할 수 있습니다.

3-1 bitcoin-cli 기본 사용법

bitcoin-cli를 사용하기 위해서는 bitcoind를 이용하여 네트워크 구성이 되어야 합니다.

● **노드 구동**

```
$ cd ~/
$ rm -rf node1
$ mkdir node1

$ bitcoind -regtest -rpcuser=test -rpcpassword=test  -server -rpcport=12345
-port=12346 -datadir=$PWD/node1
```

$PWD/node1 디렉터리에서 데이터를 관리하는 노드를 생성합니다. 이전에 테스트했던 데이터가 남아있을 수 있으니 **rm**과 **mkdir**을 이용하여 새롭게 만듭니다. bitcoind를 실행할 때 가장 중요한 점은 외부에서 해당 노드에 rpc 접속을 허용하기 위해 **server** 옵션을 설정해야 합니다. **server** 옵션이 없으면 외부에서 해당 노드에 접속하여 **rpc**를 사용할 수 없습니다.

● **bitcoin-cli**

```
$ bitcoin-cli -regtest -rpcuser=test -rpcpassword=test rpcport=12345
-rpcconnect=127.0.0.1 -datadir=$PWD/node1 [조작 명령어]
```

bitcoind를 daemon 옵션을 통해 백그라운드에서 동작하도록 하고 bitcoin-cli 명령어를 동작하거나, 새로운 터미널을 생성하여 동작하는 방법이 있습니다. 두 가지 방법 중 편한 방법으로 하면 됩니다.

bitcoin-cli를 사용할 땐 어느 노드와 연결할지 설정이 필요합니다. rpcuser, rpcpassword, rpcport, rpcconnect를 이용하여 연결되는 노드의 rpc 정보를 입력합니다.
rpc 연결 조건으로 연결되면 [조작 명령어]를 통해 계정 생성, 트랜잭션 발생 등 다양한 기능을 수행할 수 있습니다. 여기서 [조작 명령어]에 따라 트랜잭션을 발생할 수 있고, 데이터 조회를 할 수 있습니다.

3-2 계정 생성

계정을 생성할 땐 getnewaddress를 사용합니다.

```
$ bitcoin-cli -regtest -rpcuser=test -rpcpassword=test rpcport=12345
-rpcconnect="127.0.0.1" -datadir="$PWD/node1" getnewaddress
```

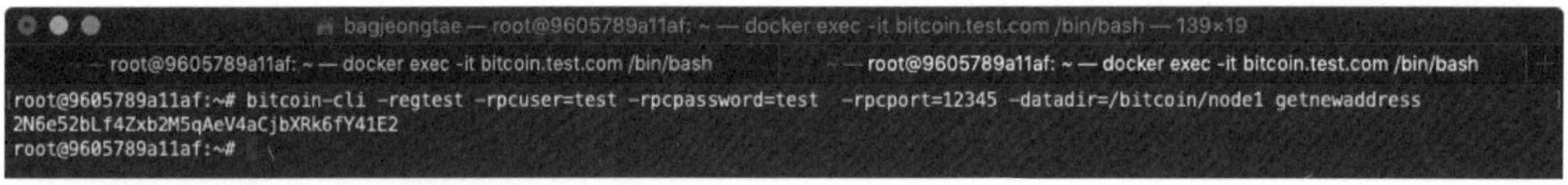

[그림 1.23] bitcoin-cli의 getnewaddress 결과

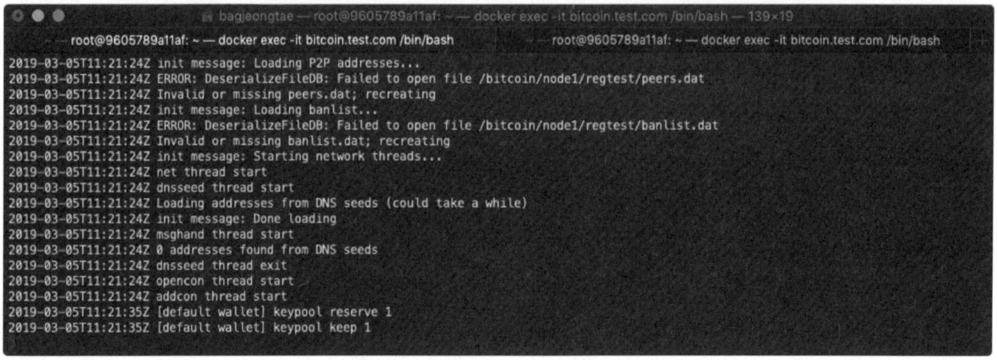

[그림 1.24] bitcoind의 getnewaddress 로그

getnewaddress를 이용하면 지갑 주소를 생성합니다. bitcoin-cli는 만들어진 지갑 주소를 출력합니다. 하지만 비트코인에서는 지갑 주소에 라벨을 붙일 수 있습니다.

```
$ bitcoin-cli -regtest -rpcuser=test -rpcpassword=test rpcport=12345
-rpcconnect="127.0.0.1" —datadir="$PWD/node1" getnewaddress [label]
```

getnewaddress 뒤에 라벨을 붙여줍니다.

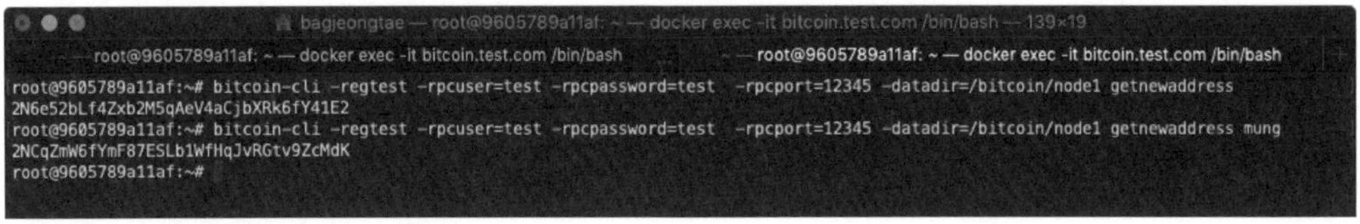

[그림 1.25] 라벨을 붙여 지갑 주소 생성

3-3 label 확인

비트코인은 label이 붙어 있는 주소는 listaccounts를 통해 한번에 확인 가능합니다.

```
$ bitcoin-cli -regtest -rpcuser=test -rpcpassword=test rpcport=12345
-rpcconnect="127.0.0.1" —datadir="$PWD/node1" listaccounts
```

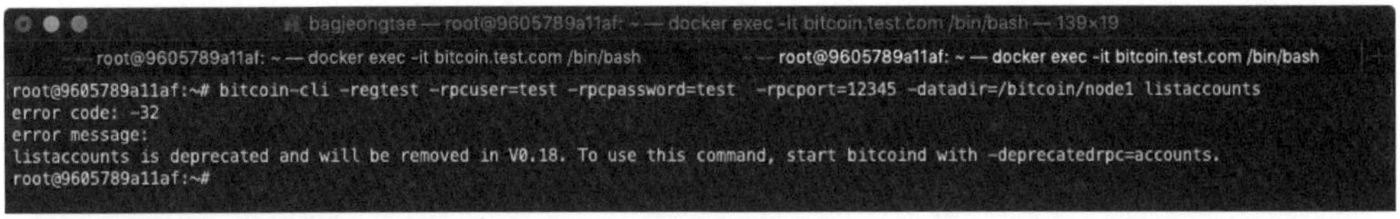

[그림 1.26] listaccounts 에러

listaccounts를 시도하면 [그림 1.26]처럼 에러를 출력합니다. 하지만 에러에는 해결 방법도 명시되어 있습니다.

```
$ bitcoind -regtest -rpcuser=test -rpcpassword=test  -server -rpcport=12345
-port=12346 -datadir="$PWD/node1" -deprecatedrpc=accounts
```

bitcoind를 이용하여 실행 중인 노드는 Ctrl + C를 입력하여 노드를 종료한 후 deprecatedrpc=accounts 옵션을 추가하여 실행합니다.

account 관련된 기능이 추후에 삭제 예정이지만 deprecatedrpc를 통해 사용 가능합니다. 해당 옵션을 추가한 후 다시 listaccounts 명령어를 수행하면 정상 동작합니다.

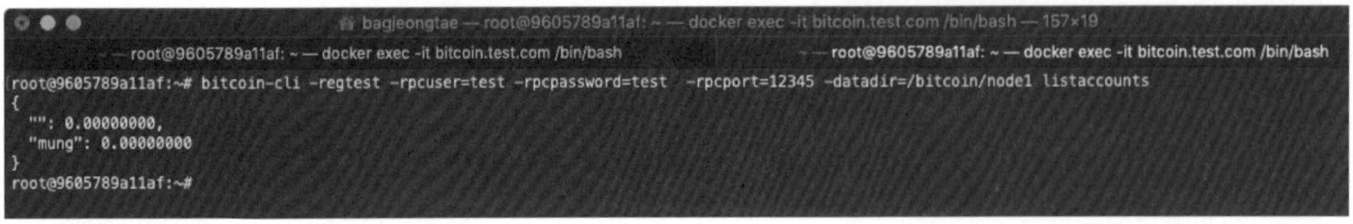

[그림 1.27] listaccounts 결과

각 라벨이 보유하고 있는 비트코인을 보여줍니다. 여기서 라벨이 비어 있는 하나의 주소가 있는데, 라벨이 없는 지갑 주소는 **마스터 주소**라고 부르겠습니다.

3-4 블록 생성

지갑 주소를 생성하고 지갑 주소가 보유한 비트코인 조회를 살펴봤습니다. 블록을 생성하여 비트코인 전송에 필요한 비트코인을 채워보겠습니다. generate를 이용하여 블록 생성을 할 수 있습니다.

```
$ bitcoin-cli -regtest -rpcuser=test -rpcpassword=test  -rpcport=12345
-datadir=/bitcoin/node1 generate [생성할 블록 개수]
```

generate 명령어와 생성할 블록 개수를 입력하면 해당 개수만큼 블록을 생성합니다.

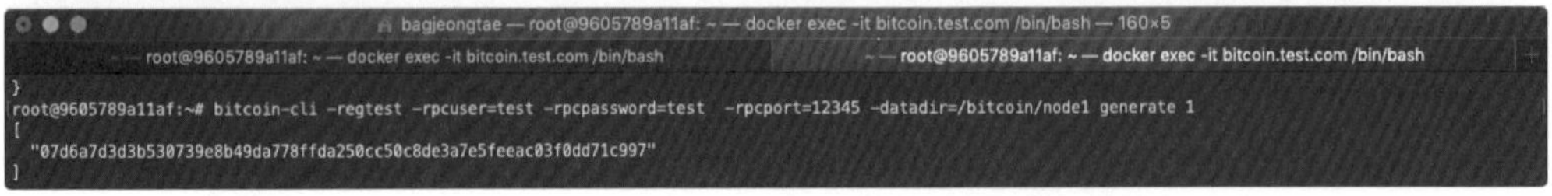

[그림 1.28] 블록 생성

generate를 이용하여 블록 생성을 하면 생성된 블록 해시를 반환합니다. 생성된 해시는 generate와 같이 전달한 개수와 일치합니다.

[그림 1.29] 블록 생성 로그

블록을 생성하면 bitcoind에는 몇 번째 블록인지 띄워줍니다.

[그림 1.30] 블록 생성 후 잔액 확인

잔액 확인을 하면 블록을 채굴했지만 0 비트코인을 보유하고 있습니다. 왜냐하면 비트코인은 초기 블록 100개까지는 보상을 주지 않습니다. 즉, 101번째 블록부터 보상을 주기 시작합니다.

```
$  bitcoin-cli -regtest -rpcuser=test -rpcpassword=test  -rpcport=12345
-datadir=/bitcoin/node1 generate 100
```

100개의 블록을 더 만들어 보겠습니다.

[그림 1.31] 블록 100개 생성

100개의 블록 해시 번호를 출력합니다.

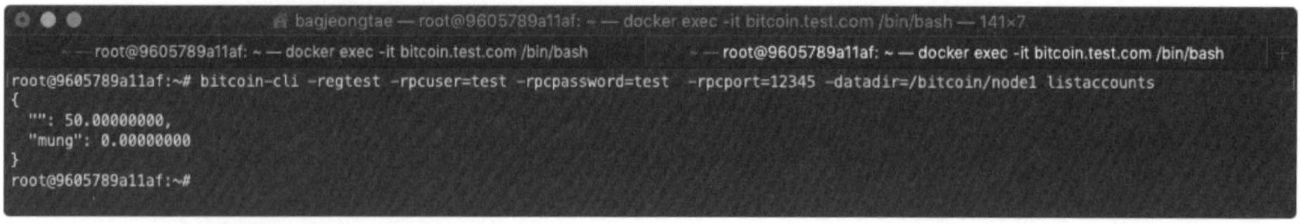

[그림 1.32] 101번째 블록 생성 후 잔액 조회

마스터 주소가 보상을 받습니다. 그리고 생성된 블록 개수에 따라 보상으로 받는 비트코인은 다릅니다. 초기에 보상되는 비트코인은 50비트코인입니다.

```
$  bitcoin-cli -regtest -rpcuser=test -rpcpassword=test  -rpcport=12345
-datadir=/bitcoin/node1 getblockcount
```

getblockcount를 이용하면 생성된 블록 개수를 조회합니다.

```
$  bitcoin-cli -regtest -rpcuser=test -rpcpassword=test  -rpcport=12345
-datadir=/bitcoin/node1 getblock [block 해시]
```

getblock은 블록 해시를 이용하여 블록 정보를 조회합니다.

3-5 비트코인 전송

비트코인에서는 두 가지 형태로 전송할 수 있습니다. 첫 번째 방법은 sendtoaddress를 이용하여 트랜잭션을 발생합니다.

```
$  bitcoin-cli -regtest -rpcuser=test -rpcpassword=test  -rpcport=12345
-datadir=/bitcoin/node1 sendtoaddress [받는 주소] [전송량]
```

sendtoaddress는 받는 주소와 전송량을 함께 전달합니다. 여기서 받는 주소는 라벨이 아닌 주소 값을 넣어줘야 합니다. 만약 라벨주소의 주소값을 모른다면 getaccountaddress [라벨]을 이용하여 확인할 수 있습니다.

[그림 1.33] sendtoaddress 트랜잭션 발생

[그림 1.34] 트랜잭션 발생 후 노드의 로그

트랜잭션을 발생하면 트랜잭션 해시를 출력합니다.

[그림 1.35] 블록 생성 전후의 결과

트랜잭션 발생 직후 listaccounts를 통해 잔액을 확인하면 마스터 계정은 비트코인이 빠져나갔지만, mung은 비토코인을 아직 받기 전입니다. 또한 마스터 계정은 전송 금액 + 수수료만큼 차감된 상태입니다.

generate를 블록을 통해 sendtoaddress 시 발생한 트랜잭션이 포함되어야 정상적으로 전송 처리를 완료합니다. 블록에 해당 트랜잭션을 포함해야 mung이 10비트코인을 받게 됩니다. listaccounts를 이용하여 전송을 확인할 수 있습니다.

3-6 UTXO 확인

sendtoaddress를 이용하여 트랜잭션을 발생시켜 보았고 generate를 이용하여 비트코인 보상을 받아보았습니다. 두 가지의 공통점은 지갑 계정에 비트코인 변동이 일어난다는 점입니다. 비트코인에서는 UTXO라는 구조를 가지고 관리합니다.

```
$ bitcoin-cli -regtest -rpcuser=test -rpcpassword=test  -rpcport=12345
-datadir=/bitcoin/node1 listunspent
```

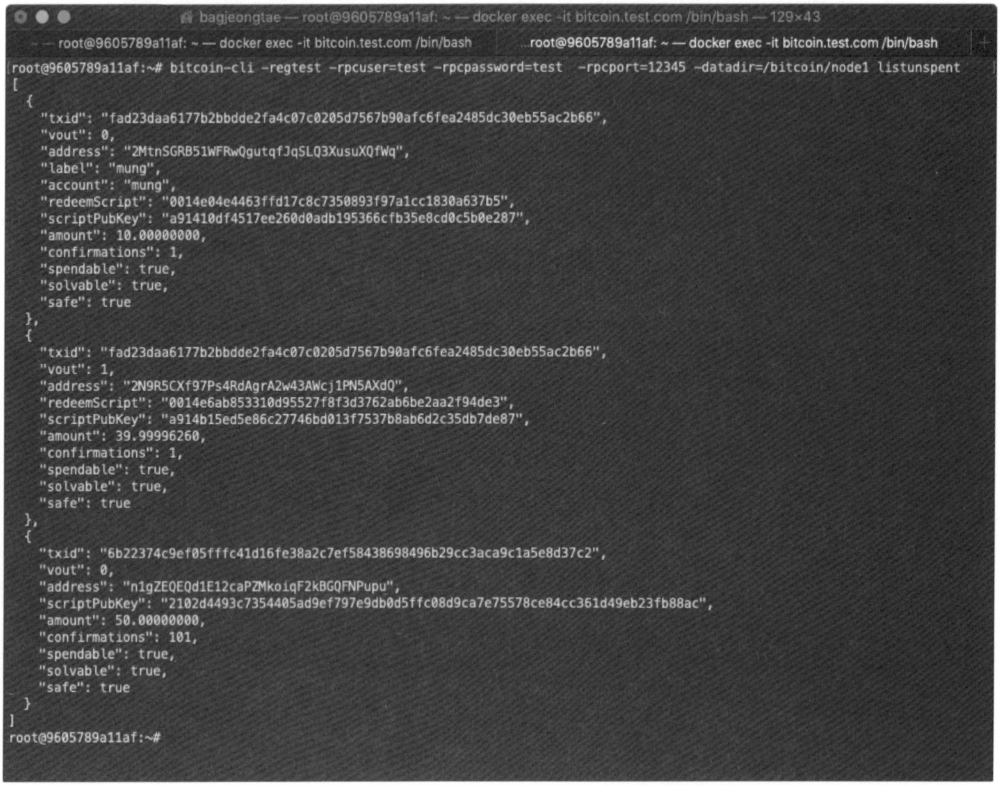

[그림 1.36] UTXO 조회

UTXO는 소비되지 않은 트랜잭션의 의미입니다. 우리가 돈을 쓸 때 현금을 주고받는 것과 비슷한 개념입니다. 3개의 UTXO가 있다는 것은 3개의 동전 또는 지폐를 가지고 있음을 의미합니다. 트랜잭션이 발생하면 해당 금액에 맞는 UTXO를 주고 남은 금액만큼 새로운 UTXO를 만듭니다. 슈퍼에서 물건을 살 때 돈(UTXO)을 주고 남은 금액(UTXO)을 받는 개념과 같습니다. 비트코인 특정 노드에서 listunspents로 조회했을 때 나오는 결과만큼 비트코인을 보유하고 있음을 의미합니다.

3-7 잔액 조회

listaccounts는 라벨링된 주소들의 비트코인 보유량을 조회했지만, getbalance는 전체 금액을 조회합니다.

```
$   bitcoin-cli -regtest -rpcuser=test -rpcpassword=test   -rpcport=12345
-datadir=/bitcoin/node1 getbalance
```

[그림 1.37] 세 가지 형태의 조회 방식

3-8 수수료 없는 비트코인 전송

sendtoaddress를 이용하여 트랜잭션을 발생하여 비트코인 전송을 했습니다. 즉, 블록에 해당 트랜잭션 해시가 포함되어야 정상적인 거래를 완료합니다. 하지만 같은 노드에서 관리하는 주소들을 수수료 없고, 트랜잭션 처리를 하지 않기를 원할 때가 있는데 그럴 경우 move를 사용합니다.

```
$ bitcoin-cli -regtest -rpcuser=test -rpcpassword=test  -rpcport=12345
-datadir=/bitcoin/node1 move [보내는 지갑 라벨] [받는 지갑 라벨] [전송량]
```

[그림 1.38] move 결과

move를 하게 되면 [그림 1.38]처럼 트랜잭션을 생성하지 않고 하나의 노드에서 관리되는 지갑에서 지갑으로 비트코인을 이동합니다. 또한 UTXO를 확인하면 변화가 없음을 의미합니다.

[그림 1.39] move 후 unspent 조회

해당 노드에서 관리되는 지갑 주소들은 형식상의 지갑 주소입니다. 해당 노드에서 누가 **address**를 소유하고 있는지는 중요하지 않습니다. 해당 노드에서 관리되는 UTXO만 깨지지 않는다면 UTXO와 각 지갑에서 listaccounts가 다르더라도 문제 없습니다.

3-9 피어 연결

앞에 생성한 노드 1에 추가적인 노드를 연결해 보겠습니다.

```
$ docker exec -it bitcoin.test.com /bin/bash
```

앞에서와 마찬가지로 node2를 실행하기 위해 컨테이너에 접속합니다.

```
$ cd ~/
$ rm -rf node2
$ mkdir node2
```

테스트했던 내용이 남아있을 수 있으므로 삭제한 후 다시 만들어 줍니다.

```
$ bitcoind -regtest -rpcuser=test -rpcpassword=test -server -rpcport=22345
-port=22346 -datadir=$PWD/node2 -addnode=127.0.0.1:12346
```

addnode에 node1의 **ip:port**를 전달합니다.

```
2019-03-05T12:39:22Z UpdateTip: new best=63ca6d263eeb66e913760e3a1be036949646968376c782ee990798ceee386613 height=83 version=0x20000000 log2_work=7.392
3174 tx=84 date='2019-03-05T11:45:20Z' progress=1.000000 cache=0.0MiB(83txo)
2019-03-05T12:39:22Z UpdateTip: new best=254f7231f71b3429d6aedd8729a59ef07b24642bc047a07f26ff8ab646880701 height=84 version=0x20000000 log2_work=7.409
3909 tx=85 date='2019-03-05T11:45:20Z' progress=1.000000 cache=0.0MiB(84txo)
2019-03-05T12:39:22Z UpdateTip: new best=19564aae164f17fd47693b22a600e23c7c49abe875a2efc32d60706f83eb7499 height=85 version=0x20000000 log2_work=7.426
2648 tx=86 date='2019-03-05T11:45:20Z' progress=1.000000 cache=0.0MiB(85txo)
2019-03-05T12:39:22Z UpdateTip: new best=41d67751f52c73146265045e3c1beaa86202c93205fa70b0682f2ed4930017b7 height=86 version=0x20000000 log2_work=7.442
9435 tx=87 date='2019-03-05T11:45:21Z' progress=1.000000 cache=0.0MiB(86txo)
2019-03-05T12:39:22Z UpdateTip: new best=6dfb8adf3267f25fa12bb4f8ec6493e22b62350328eb96311fe67d160020d11a height=87 version=0x20000000 log2_work=7.459
4316 tx=88 date='2019-03-05T11:45:21Z' progress=1.000000 cache=0.0MiB(87txo)
2019-03-05T12:39:22Z UpdateTip: new best=0d6591db0d67240731e9c1fd158216c91beaedbce73447a3a24ec36ad97b8adb height=88 version=0x20000000 log2_work=7.475
7334 tx=89 date='2019-03-05T11:45:21Z' progress=1.000000 cache=0.0MiB(88txo)
2019-03-05T12:39:22Z UpdateTip: new best=33a0837b81cc506552c0e1462d6d0bcce855ac539a6fec3950f355d4a9d1349d height=89 version=0x20000000 log2_work=7.491
8531 tx=90 date='2019-03-05T11:45:21Z' progress=1.000000 cache=0.0MiB(89txo)
2019-03-05T12:39:22Z UpdateTip: new best=39f384f22fb657aa5d4ee814ec742fd60562b5cffaecb5994b17f705c49d234f height=90 version=0x20000000 log2_work=7.507
7946 tx=91 date='2019-03-05T11:45:21Z' progress=1.000000 cache=0.0MiB(90txo)
2019-03-05T12:39:22Z UpdateTip: new best=1bf18659eaf24ad48191f2c7fa93617da363dc9086990e23a6cc98f036c1985a height=91 version=0x20000000 log2_work=7.523
562 tx=92 date='2019-03-05T11:45:21Z' progress=1.000000 cache=0.0MiB(91txo)
2019-03-05T12:39:22Z UpdateTip: new best=56cb02804bfbc06e0b72a0ee24b3a8fe66afe797f57d7656037075fe3415ed82 height=92 version=0x20000000 log2_work=7.539
1588 tx=93 date='2019-03-05T11:45:22Z' progress=1.000000 cache=0.0MiB(92txo)
2019-03-05T12:39:22Z UpdateTip: new best=65cce76deb8a25192b6723fa80f01d6db21f3f692c1b7274e05524758c0aedbe height=93 version=0x20000000 log2_work=7.554
5889 tx=94 date='2019-03-05T11:45:22Z' progress=1.000000 cache=0.0MiB(93txo)
2019-03-05T12:39:22Z UpdateTip: new best=31938b99dae0d11388198dc8990d750b00045e994e6bf005e6353b0d5ca93b67 height=94 version=0x20000000 log2_work=7.569
8556 tx=95 date='2019-03-05T11:45:22Z' progress=1.000000 cache=0.0MiB(94txo)
2019-03-05T12:39:22Z UpdateTip: new best=6745bf772455e5bc3c77f274db825ba442e63ebcf7dd92bfe268ef2614ce7fa7 height=95 version=0x20000000 log2_work=7.584
9625 tx=96 date='2019-03-05T11:45:22Z' progress=1.000000 cache=0.0MiB(95txo)
2019-03-05T12:39:22Z UpdateTip: new best=22215eaaa9cadafc09fea53f39cecd979ee4e33ce80d901e560061bf0b2b9282 height=96 version=0x20000000 log2_work=7.599
9128 tx=97 date='2019-03-05T11:45:22Z' progress=1.000000 cache=0.0MiB(96txo)
2019-03-05T12:39:22Z UpdateTip: new best=6b56979ca168ac188b962b6bdf891a62e10049ccff5ce393da632a70fcc0077e height=97 version=0x20000000 log2_work=7.614
7098 tx=98 date='2019-03-05T11:45:22Z' progress=1.000000 cache=0.0MiB(97txo)
2019-03-05T12:39:22Z UpdateTip: new best=5f2b94c7bdda92d3616ab29f660b5aaafba5c064583c2111e23712b97a5b35e8 height=98 version=0x20000000 log2_work=7.629
3566 tx=99 date='2019-03-05T11:45:23Z' progress=1.000000 cache=0.0MiB(98txo)
2019-03-05T12:39:22Z UpdateTip: new best=4c165224a5279d58dbff1120e06591f6ed1f2860cfcf5a48ee8d37f8ac4481e8 height=99 version=0x20000000 log2_work=7.643
8562 tx=100 date='2019-03-05T11:45:23Z' progress=1.000000 cache=0.0MiB(99txo)
2019-03-05T12:39:22Z UpdateTip: new best=15911980c742d3a02e1901c7b57b205c2240a18275f2a50e8e7ae51178d7095b height=100 version=0x20000000 log2_work=7.65
82115 tx=101 date='2019-03-05T11:45:23Z' progress=1.000000 cache=0.0MiB(100txo)
2019-03-05T12:39:22Z UpdateTip: new best=13747b21a47a1f664c72c1bc0c22fc4c91f523444975f5d6c6c4a60aa62824ce height=101 version=0x20000000 log2_work=7.67
24253 tx=102 date='2019-03-05T11:45:23Z' progress=1.000000 cache=0.0MiB(101txo)
2019-03-05T12:39:22Z UpdateTip: new best=34da614947d724334875056b3a2b84d53633a2e881d8916d236779a36ecd9baf height=102 version=0x20000000 log2_work=7.68
65005 tx=104 date='2019-03-05T12:03:55Z' progress=1.000000 cache=0.0MiB(104txo)
2019-03-05T12:40:23Z Adding fixed seed nodes as DNS doesn't seem to be available.
```

[그림 1.40] node2 실행 후 블록 싱크

node2를 실행하면 addnode와 연결하여 서로 블록 싱크를 맞춥니다. 싱크를 맞추면서 transaction을 하나씩 가져와 실행합니다.

bitcoin-cli를 이용하여 node2 블록 개수를 확인해 보겠습니다.

```
root@9605789a11af:~# bitcoin-cli -regtest -rpcuser=test -rpcpassword=test -rpcport=12345 getblockcount
102
root@9605789a11af:~# bitcoin-cli -regtest -rpcuser=test -rpcpassword=test -rpcport=22345 getblockcount
102
root@9605789a11af:~#
```

[그림 1.41] 노드 연결 후 블록 개수 확인

마지막으로 한 가지 시나리오를 가지고 테스트를 진행합니다.

1. 노드 2에서 노드 1에 존재하는 지갑 주소를 이용하여 트랜잭션 발생
2. 발생한 트랜잭션이 노드 1과 노드 2에 존재하는지 확인
3. 노드 2에서 블록 생성
4. 블록 확인 및 조회

- 노드 1에서 트랜잭션 발생

```
$ bitcoin-cli -regtest -rpcuser=test -rpcpassword=test  -rpcport=12345
-datadir=/bitcoin/node1 sendtoaddress 2MtnSGRB51WFRwQgutqfJqSLQ3XusuXQfWq 10
b18232fa7a5e76f6212b6106f1668102d2a7698bc5bcb6d4e0ae15e37ff349b6

$ bitcoin-cli -regtest -rpcuser=test -rpcpassword=test  -rpcport=12345
-datadir=/bitcoin/node1 getrawmempool

$ bitcoin-cli -regtest -rpcuser=test -rpcpassword=test  -rpcport=22345
-datadir=/bitcoin/node1 getrawmempool
```

[그림 1.42] 트랜잭션 생성, 조회

getrawmempool을 이용하면 발생한 트랜잭션 리스트를 조회할 수 있습니다. 블록체인은 해당 노드에게 트랜잭션이 발생하면 연결되어 있는 노드들에 전파합니다.

- 노드 2에서 블록 생성 후 확인

[그림 1.43] 블록 생성, 조회

특정 노드에서 블록이 발생하면 트랜잭션처럼 연결된 모든 노드에 블록을 전파합니다. 블록을 전파받은 노드는 블록에 포함된 트랜잭션을 하나씩 읽어서 실행합니다. 여기서 주의할 점은 트랜잭션의 경우 memory pool에 임시로 저장하기 때문에 트랜잭션 발생 후 노드를 종료한다면 memory의 휘발성 특징 때문에 해당 트랜잭션을 잃어버릴 수 있습니다. 하지만 다른 노드에서 해당 트랜잭션을 전파받고 블록에 포함하여 처리해준다면 다른 노드에 의해 트랜잭션을 정상적으로 완료할 수 있습니다.

4 bitcoind-rpc-client를 이용하여 프로그램에서 rpc 호출

bitcoind를 이용하여 비트코인 기반 블록체인 노드를 구축했습니다. 구축한 네트워크를 기반으로 bitcoin-cli를 이용하여 해당 네트워크에 계정 생성, 트랜잭션 발생, 블록 생성을 시도했습니다. 하지만 bitcoind와 bitcoin-cli만으로 application(dApp)을 만들 수 없습니다. 이 책에서는 node.js에서 제공하는 bitcoind-rpc-client 패키지를 이용하여 서버에서 bitcoin-cli처럼 조작하는 방법을 다뤄봅니다.

앞에서 사용한 pjt3591oo/bitcoin 이미지로 생성한 컨테이너는 node.js가 설치되지 않았습니다. 간단하게 node.js 설치 방법을 알아보겠습니다. 앞에서 진행한 컨테이너를 기반으로 진행해도 되고 컨테이너를 새로 만들어도 되지만 새로운 컨테이너를 만들어 실습합니다. 이 책에서는 node.js에 대해 자세히 다루지 않습니다.

4-1 node.js 설치 & bitcoind-rpc-client 모듈 설치

비트코인 기반의 프로그램을 만드는 데 필요한 프로그램과 모듈을 설치합니다. 우리가 사용하고 있는 이미지는 ubuntu 계열입니다. ubuntu에서 node.js를 설치해보고 bitcoind-rpc-client를 설치합니다. 먼저 컨테이너를 만들어 줍니다.

```
$ docker run -it --name bitcoin.api.com pjt3591oo/bitcoin:0.17.01 /bin/bash
```

bitcoin.api.com 이름을 가진 컨테이너를 생성하고, 다음으로 node.js를 설치합니다.

```
$ curl -sL https://deb.nodesource.com/setup_10.x | bash -

$ apt install nodejs
```

설치되는 동안 약간의 시간이 소요됩니다. 정상적으로 설치됐다면 다음의 명령어를 실행합니다.

```
$ node -v

$ npm -v
```

[그림 1.44] node 설치 확인

node.js를 설치하면 노드 패키지 관리 툴인 **npm**이 함께 설치됩니다. **npm**을 통해 **node.js**에서 필요한 패키지(모듈)를 설치할 수 있습니다.

이제 비트코인 dApp을 만들기 위해 디렉터리를 만들어줍니다.

```
$ cd ~/

$ mkdir bitcoin_dapp
```

npm을 이용하여 프로젝트를 생성한 후 bitcoind-rpc-client을 설치합니다.

```
$ npm init # package.json 생성

$ npm install -s bitcoin-rpc-client
```

npm init은 package.json을 만들어주는 의미입니다. **package.json**은 해당 프로젝트에서 사용된 패키지, 프로젝트 이름, 설명 등 프로젝트 정보가 포함된 파일입니다.
npm install은 패키지를 설치합니다. s 옵션은 해당 패키지 정보를 package.json에 입력하라는 의미입니다. **package.json**만 보고 해당 프로젝트에서 어떤 패키지를 사용했는지 알 수 있습니다. 설치된 패키지는 **node_modules** 디렉터리가 생성되면서 생성된 디렉터리에 추가합니다.

```
root@e7f2a723e162:~/bitcoin_dapp# ls
node_modules  package-lock.json  package.json
```

ls 명령어를 이용하여 생성된 package.json과 node_modules를 확인할 수 있습니다. 여기서 bitcoin dApp이 될 파일 하나를 만들어 줍니다.

한가지 팁이 있다면, 도커 내부에서 파일을 작성할 때 vim을 이용할 수 있습니다. 하지만 입문자들이 vim을 사용하기에는 다소 어려움이 있습니다. 이럴 때는 docker 명령어 중 cp 명령어를 사용합니다. 로컬에 있는 파일을 컨테이너 내부로 복사하는 명령어입니다. cp를 사용하는 방법은 다음과 같습니다.

```
$ docker cp [복사 대상] [컨테이너 이름]:[복사 위치]
```

복사 대상은 로컬에 존재하는 파일 또는 디렉터리가 될 수 있습니다.

```
$ docker cp dapp.js bitcoin.api.com:/bitcoin/bitcoin_dapp/dapp.js
```

로컬 환경에 존재하는 dapp.js 파일을 bitcoin.api.com 컨테이너의 /bitcoin/bitcoin_dapp 경로에 dapp.js을 만들어 줍니다.

cp 명령어를 통해 터미널 환경이 아니라 gui 환경인 로컬 환경에서 vscode 같은 툴을 이용하여 코드 작성 후 컨테이너로 옮기는 방법을 알아보았습니다. 하지만 꼭 cp를 쓰지 않더라도 vim과 같은 프로그램을 이용하여 컨테이너 내부에서 직접 작업할 수 있습니다.

4-2 rpc 연결 시도

bitcoin-rpc-client를 사용하기 위해서는 bitcoin-cli처럼 rpc 정보를 이용하여 연결합니다.

[코드 1-1] bitcoin-rpc-client와 bitcoind 연결   (파일명: ./codes/ch/ch1/1.1.js)

```
1  let RpcClient = require("bitcoind-rpc-client");
2  let client = new RpcClient({
3    user: "test",
4    pass: "test",
5    host: "127.0.0.1",
6    port: 12345
7  });
```

bitcoin-cli처럼 비트코인 네트워크에 존재하는 특정 노드의 rpc 정보를 입력하여 연결합니다. 해당 코드의 성공적인 실행을 위해 bitcoind를 이용하여 노드를 구축합니다.

```
$ cd ~/
$ rm -rf node1
$ mkdir node1

$ bitcoind -regtest -rpcuser=test -rpcpassword=test  -server -rpcport=12345
-port=12346 -datadir=$PWD/node1 -deprecatedrpc=accounts
```

[코드 1 – 1]을 실행하기 위해서는 다음과 같이 실행해야 합니다.

```
# node 파일명

$ node 1.1.js
```

[코드 1–1] 실행 결과

[코드 1 – 1]을 실행하면 아무런 결과가 뜨지 않습니다. 왜냐하면 아무것도 출력하지 않기 때문입니다. [코드 1 – 1]은 bitcoin – rpc – client 패키지를 가져와 rpc 정보를 이용하여 노드와 연결하는 코드입니다. client 변수를 이용하여 네트워크 조작할 수 있습니다.

이제부터 본격적으로 bitcoin – cli로 비트코인 네트워크 조작했던 기능을 bitcoin – rpc – client 으로 다뤄보겠습니다. 동작하는 메커니즘은 앞에서 다뤘기 때문에 이번에는 사용법만 다룹니다.

● bitcoin–cli와 bitcoin–rpc–client 매칭

	bitcoin–cli	bitcoin–rpc–client
계정 생성	getnewaddress [라벨]	getNewAddress('라벨')
라벨 확인	listaccounts	listAccounts()
블록 개수	getblockcount	getBlockCount()
블록 정보	getblock [블록 해시]	getBlock('블록 해시')
트랜잭션 발생 (비트코인 전송)	sendtoaddress [받는 주소] [전송량]	sendToAddress('받는 주소', '전송량')
UTXO 확인	listunspent	listUnspent()

	bitcoin-cli	bitcoin-rpc-client
잔액 조회	getbalance	getBalance()
move	move [from] [to] [amount]	move('from', 'to', 'amount')

bitcoin-cli와 bitcoin-rpc-client는 다른 개념이 아닙니다. rpc를 연결하므로 네트워크를 구성 중인 노드 입장에서는 같은 요청으로 취급하기 때문에 요청 메소드가 대/소문자 이외에 다른 점은 없습니다.

4-3 계정 생성

[코드 1-2] 계정 생성 (파일명: ./codes/ch/ch1/1.2.js)

```javascript
1   let RpcClient = require("bitcoind-rpc-client");
2   let client = new RpcClient({
3     user: "test",
4     pass: "test",
5     host: "127.0.0.1",
6     port: 12345
7   });
8
9   (async function() {
10    let createdAddress = await client.getNewAddress("mung");
11    console.log(createdAddress);
12  })();
```

[코드 1-2] 실행 결과

```
{
  result: '2N5Uy4onAHbVLrkjt7Drg61FpEQ8jHpDQPr',
  error: null,
  id: 0
}
```

4-4 라벨 확인

[코드 1-3] 라벨 확인 (파일명: ./codes/ch/ch1/1.3.js)

```
1  let RpcClient = require("bitcoind-rpc-client");
2  let client = new RpcClient({
3    user: "test",
4    pass: "test",
5    host: "127.0.0.1",
6    port: 12345
7  });
8
9  (async function() {
10   let labels = await client.listAccounts();
11   console.log(labels);
12 })();
```

[코드 1-3] 실행 결과

```
{
  result: {
    mung: 0
  },
  error: null,
  id: 0
}
```

4-5 블록 개수 확인

[코드 1-4] 블록 개수 확인 (파일명: ./codes/ch/ch1/1.4.js)

```
1  let RpcClient = require("bitcoind-rpc-client");
2  let client = new RpcClient({
3    user: "test",
4    pass: "test",
5    host: "127.0.0.1",
6    port: 12345
```

```
7    });
8
9    (async function() {
10     let blockNumber = await client.getBlockCount();
11     console.log(blockNumber);
12   })();
```

[코드 1-4] 실행 결과

```
{
  result: 0,
  error: null,
  id: 0
}
```

4-6 블록 생성 & 정보

[코드 1-5] 블록 생성 & 정보　　　　　　　　　　　　　　(파일명: ./codes/ch/ch1/1.5.js)

```
1    let RpcClient = require("bitcoind-rpc-client");
2    let client = new RpcClient({
3      user: "test",
4      pass: "test",
5      host: "127.0.0.1",
6      port: 12345
7    });
8
9    (async function() {
10     let blockHash = await client.generate(101);
11     console.log(blockHash);
12
13     let blockNumber = await client.getBlock(blockHash.result[0]);
14     console.log(blockNumber);
15   })();
```

[코드 1-5] 실행 결과

```
{ result:
   [ '2a46e5c18b0883a83288cde351a62e323b5d37ca3e6ade9956f19422ad15fafc' ],
  error: null,
  id: 0 }
{ result:
   { hash:
      '2a46e5c18b0883a83288cde351a62e323b5d37ca3e6ade9956f19422ad15fafc',
     confirmations: 1,
     strippedsize: 226,
     size: 262,
     weight: 940,
     height: 2,
     version: 536870912,
     versionHex: '20000000',
     merkleroot:
      '2bb0a055956c36979fb7bb4c007e593acb189a19db38f52b1e453eeea1c65392',
     tx:
      [ '2bb0a055956c36979fb7bb4c007e593acb189a19db38f52b1e453eeea1c65392' ],
     time: 1551918630,
     mediantime: 1551918577,
     nonce: 1,
     bits: '207fffff',
     difficulty: 4.656542373906925e-10,
     chainwork:
      '0000000000000000000000000000000000000000000000000000000000000006',
     nTx: 1,
     previousblockhash:
      '7cc3b3e8ab2941cbd947f8a50ee4e528799a433ae887df3f957c1e2bad50a527' },
  error: null,
  id: 1 }
```

4-7 트랜잭션 발생

```
1   let RpcClient = require("bitcoind-rpc-client");
2   let client = new RpcClient({
3     user: "test",
4     pass: "test",
5     host: "127.0.0.1",
6     port: 12345
7   });
8
9   (async function() {
10    let to = "2N5Uy4onAHbVLrkjt7Drg61FpEQ8jHpDQPr";
11    let txHash = await client.sendToAddress(to, 5);
12    let txPool = await client.getRawMemPool();
13    await client.generate(1);
14
15    console.log(txHash);
16    console.log(txPool);
17  })();
```

[코드 1-6] 실행 결과

```
{ result:
  [ '16ccfed2f6a84cfec784bb42e021c8286cfbb1e121e9fbff67d78debffd6d3e4' ],
 error: null,
 id: 0 }

{
 result:
  '16ccfed2f6a84cfec784bb42e021c8286cfbb1e121e9fbff67d78debffd6d3e4',
 error: null,
 id: 0
}
```

트랜잭션 확정 처리를 위해 generate()를 이용하여 블록을 생성합니다.

4-8 UTXO 확인

[코드 1-7] UTXO 확인　　　　　　　　　　　　　　　(파일명: ./codes/ch/ch1/1.7.js)

```
1  let RpcClient = require("bitcoind-rpc-client");
2  let client = new RpcClient({
3    user: "test",
4    pass: "test",
5    host: "127.0.0.1",
6    port: 12345
7  });
8
9  (async function() {
10   let UTXO = await client.listUnspent();
11   console.log(UTXO);
12  })();
```

[코드 1-7] 실행 결과

```
{ result:
  [ { txid:
       '05279fb2451ca0a00a3265ba5058c72d6a32042c85ac8e47455a1d94a3c8c4d6',
      vout: 0,
      address: 'n4jj3VrXYgRuJFPL1vp1cEBeskptsUwEoj',
      scriptPubKey:
       '2102950a97b1772fbb3ff0e10cfa2533f5620ec98f6fd29bd26172080d5757f9766bac',
      amount: 50,
      confirmations: 101,
      spendable: true,
      solvable: true,
      safe: true },
    { txid:
       '16ccfed2f6a84cfec784bb42e021c8286cfbb1e121e9fbff67d78debffd6d3e4',
      vout: 0,
      address: '2NBN3XP5wcuuH5uFGrWLwKm7Z1nTt675pKb',
      redeemScript: '00142163ee6ca67a7249de88b8f2dd0508fb19b29dba',
      scriptPubKey: 'a914c6bc70ea184b3d739500c09cb8c4e9f2558ce78987',
      amount: 44.9999626,
      confirmations: 2,
```

```
        spendable: true,
        solvable: true,
        safe: true },
     { txid:
        '16ccfed2f6a84cfec784bb42e021c8286cfbb1e121e9fbff67d78debffd6d3e4',
        vout: 1,
        address: '2N5Uy4onAHbVLrkjt7Drg61FpEQ8jHpDQPr',
        label: 'mung',
        account: 'mung',
        redeemScript: '0014312e38bd524b11e4bb325d60803206bafc1257b0',
        scriptPubKey: 'a914863ae06913621b8b7524f9bceb820095324bc3e987',
        amount: 5,
        confirmations: 2,
        spendable: true,
        solvable: true,
        safe: true } ],
  error: null,
  id: 0 }
```

4-9 잔액 조회

[코드 1-8] 잔액 조회 (파일명: ./codes/ch/ch1/1.8.js)

```
1   let RpcClient = require("bitcoind-rpc-client");
2   let client = new RpcClient({
3     user: "test",
4     pass: "test",
5     host: "127.0.0.1",
6     port: 12345
7   });
8
9   (async function() {
10    let balance = await client.getBalance();
11    console.log(balance);
12  })();
```

[코드 1-8] 실행 결과

```
{
  result: 99.9999626,
  error: null,
  id: 0
}
```

4-10 move

[코드 1-9] move　　　　　　　　　　　　　　　　　　　　　　(파일명: ./codes/ch/ch1/1.9.js)

```
1   let RpcClient = require("bitcoind-rpc-client");
2   let client = new RpcClient({
3     user: "test",
4     pass: "test",
5     host: "127.0.0.1",
6     port: 12345
7   });
8
9   (async function() {
10    let from = "";
11    let to = "mung";
12    let amount = 5;
13    let result = await client.move(from, to, amount);
14    let accounts = await client.listAccounts();
15
16    console.log(result);
17    console.log(accounts);
18  })();
```

[코드 1-9] 실행 결과

```
{
  result: true,
  error: null,
  id: 0
}
```

```
{
  result: {
    '': 89.9999626,
    mung: 10
  },
  error: null,
  id: 1
}
```

node.js와 bitcoin-rpc-client를 이용하면 비트코인 지갑 서버를 만들 수 있고, 지갑 프로그램
도 만들 수 있습니다. getNewAddress를 통해 계정을 생성하고 sendToAddress나 move를 통해
비트코인을 전달할 수 있습니다. bitcoin-rpc-client를 이용하면 [그림 1.45]처럼 블록 익스플
로러를 만들 수 있습니다.

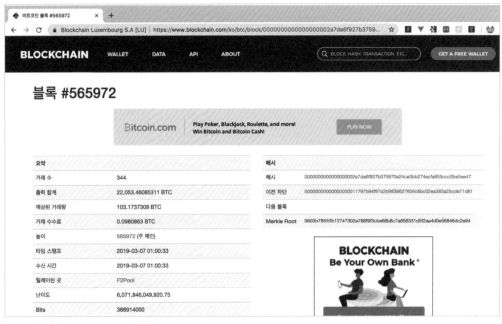

[그림 1.45] blockchain.com 사이트

비트코인 네트워크 구축부터 dApp을 만들기 위해 필요한 라이브러리를 다뤘습니다. 비트코인
은 스마트 컨트랙트가 존재하지 않기 때문에 이더리움이나 Hyperledger Fabric보다는 난이도가
아주 쉽습니다. 비트코인은 단순하게 라이브러리 사용법만 익혔지만, 뒤에 나오는 이더리움이
나 Hyperledger Fabric은 웹 형태로 dApp을 구축하는 실습을 진행하겠습니다.

PART 2
geth를 활용한
이더리움 네트워크 구축

이더리움 기반으로 블록체인 네트워크 구축하는 방법을 다룹니다. 앞장과 마찬가지로 도커를 기반으로 진행합니다. 이더리움의 대표적인 클라이언트 프로그램은 geth(go-ethereum)과 parity가 있습니다. 이번에는 geth를 활용하여 네트워크 구축하는 방법을 다루게 됩니다.

이더리움은 스마트 컨트랙트를 지원하는 플랫폼입니다. 비트코인과 가장 큰 차이점은 어카운트(account) 구조(이더리움에서 state를 관리하는 방식으로 논스, 이더, 계약코드, 저장공간으로 구성된다)데이터를 관리하는 점입니다.

1   geth 기반의 이더리움 네트워크 구축

geth는 google에서 개발한 golang 기반으로 만들어진 이더리움 프로그램입니다. geth를 이용하면 비트코인 기반으로 네트워크를 만든 것처럼 이더리움 기반의 네트워크 구축이 가능합니다. geth는 비트코인, bitcoind, bitcoin-cli처럼 노드 구축과 조작 프로그램을 구분하지 않고 사용합니다. geth는 노드 구성과 cli 역할까지 합니다.

비트코인 기반으로 네트워크를 구축했던 것처럼 이번에도 docker 기반으로 네트워크 구축을 실습합니다.

1-1   이더리움 이미지 받기

도커를 활용해 이더리움 네트워크 개발 환경을 구축하기 위해서는 가장 먼저 이미지를 내려(pull)받아야 합니다. https://hub.docker.com/r/pjt3591oo/ethereum-geth에서 geth가 설치된 도커 이미지를 확인할 수 있습니다.

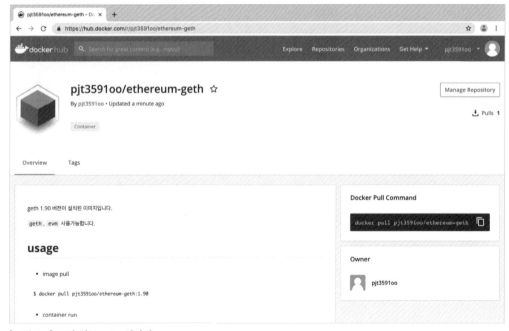

[그림 2.1] 도커 허브 geth 이미지

Overview와 Tags에서 해당 이미지의 설명과 버전을 확인할 수 있습니다.

```
$ docker pull pjt3591oo/ethereum-geth:1.90
```

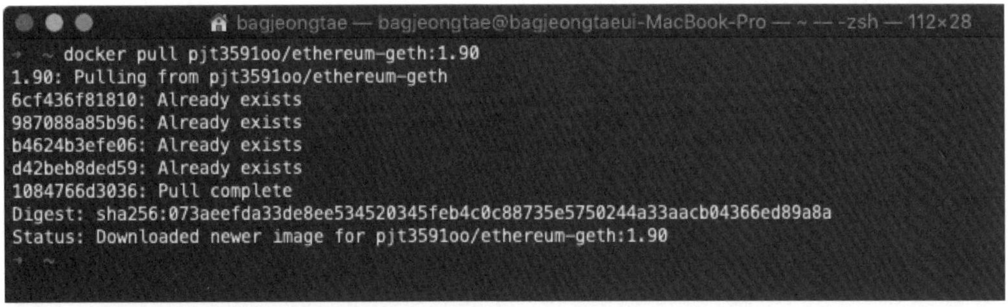

[그림 2.2] 이더리움 환경이 설치된 도커 이미지 받아오기

pull 명령어를 이용하여 [그림 2.2]처럼 이미지를 받아옵니다.

```
$ docker images
```

[그림 2.3] 이더리움 도커 이미지 확인

앞에서 실습한 pjt3591oo/bitcoin 이미지와 함께 출력 결과를 확인할 수 있습니다.

1-2 이더리움 컨테이너 생성

해당 이미지를 이용해 실습 가능한 컨테이너를 생성합니다.

```
$ docker run -it --name ethereum.geth.com -p 8545:8545 -p 30303:30303
pjt3591oo/ethereum-geth:1.90 /bin/bash
```

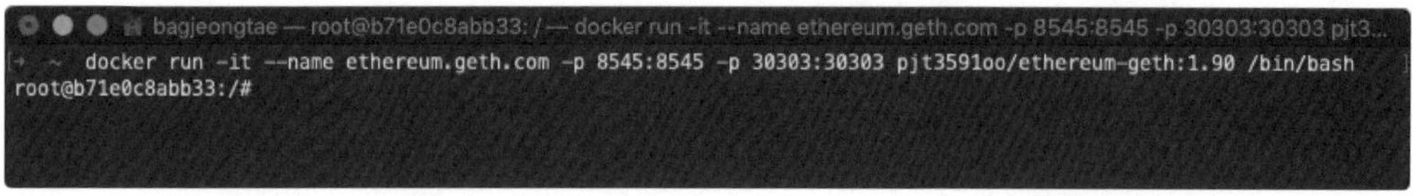

[그림 2.4] 이더리움 컨테이너 실행

run을 이용하여 컨테이너 생성할 때 사용하는 옵션이 조금 더 길어졌습니다. p 옵션은 포트 포워딩[1]을 의미합니다. 호스트 시스템으로 8545, 30303 포트 번호로 들어온 요청(트래픽)을 컨테이너의 8545, 30303 포트 번호로 넘겨주는 역할을 합니다. p 옵션으로 포트 포워딩 설정을 하지 않으면 해당 컨테이너를 제외한 모든 곳에서 접속할 수 없습니다.

[그림 2.5] 이더리움 컨테이너 확인

ps 명령어를 통해 컨테이너 확인이 가능합니다. **PORTS**가 p 옵션을 이용하여 포트 포워딩을 설정한 부분입니다.

```
0.0.0.0:8545->8545/tcp, 0.0.0.0:30303->30303/tcp
```

2개의 포트 포워딩이 설정됐으며 호스트의 8545, 30303 포트 번호로 트래픽이 들어오면 해당 트래픽을 ethereum.geth.com 컨테이너로 넘겨주겠다는 의미입니다. 0.0.0.0이란, IP 허용 범위를 의미하는데 모든 아이피에 대해 요청을 받는다는 의미입니다.

컨테이너 종료, 실행, 재실행, 삭제는 **stop, start, restart, rm**을 통해 앞에서 다뤘던 것과 같습니다.

1-3 호스트와 도커 컨테이너의 관계

앞에서 호스트와 컨테이너 용어를 사용했습니다. 이를 알기 위해서는 도커가 무엇인지에 대한 이해가 필요합니다.

---

1 포트 포워딩: 특정 포트로 들어온 트래픽을 다른 시스템의 포트로 트래픽을 넘겨주는 행위(호스트 → 컨테이너)

도커는 한 마디로 경량화된 **가상머신 기술(VM)**입니다. 가상머신 기술이란 하나의 시스템에 다수의 운영체제(OS)를 올리는 행위를 의미합니다. 예를 들어 윈도우가 설치된 PC에 ubuntu를 설치해서 사용하거나, MAC OSX가 설치된 시스템에 윈도우를 올리고 사용하는 행위를 의미합니다. 경량화된 가상머신이 무엇인지 알아보기 전에 다음의 그림을 살펴보겠습니다.

1-3-1   VM과 Docker의 차이점

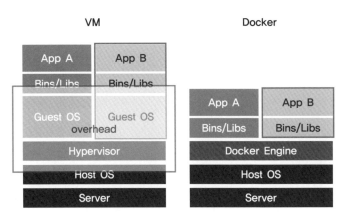

[그림 2.6] 가상 기술 VS 도커
(출처: https://subicura.com/2017/01/19/docker-guide-for-beginners-1.html)

[그림 2.6]은 기존의 가상기술과 도커 기반 가상기술의 차이점을 보여줍니다. 해당 그림은 RAM(메모리) 구조를 의미합니다. 우리가 실행하는 모든 프로그램은 메모리에 올라갑니다. 윈도우, 리눅스, MAC 또한 모두 프로그램이기 때문에 RAM(메모리)에 존재해야 실행됩니다.

Host OS(기본적으로 설치된 운영체제)까지 VM을 쓰지 않는 상황입니다. 프로그램이 실행되면 Host OS 위에 쌓입니다. 추가적인 운영체제를 설치한다면 VM일 경우 Hypervisor 프로그램 기반으로 Guest OS가 설치되고, Docker를 사용할 경우 Docker Engine 프로그램 기반으로 Application이 실행하는 구조입니다.

기존의 VM은 여러 운영체제를 사용하기 위해 Hypervisor 프로그램 기반으로 새로운 운영체제를 설치합니다. 대표적인 프로그램이 Virtual Box, VMware입니다. 여기서는 해당 운영체제(OS)의 모든 내용을 메모리에 올리며 운영체제가 스위칭될 때 엄청난 overhead(과부하)가 발생합니다. 여기서 스위칭이란 다른 운영체제로 넘어가는 행위를 의미합니다.

하지만 도커는 이러한 단점을 해결하기 위한 플랫폼입니다. [그림 2.6]에서 알 수 있지만 VM과 Docker는 구동되는 프로그램의 차이가 있습니다. VM은 OS 형태로 동작하지만, Docker는 운영체제마다 OS를 설치하는 형태가 아닌 Application 형태로 동작합니다. 여기서 Application 이 컨테이너에 해당합니다. [그림 2.6]에서 App A, App B는 각각의 컨테이너를 의미합니다.

도커는 컨테이너를 실행하게 되면 단순한 프로그램이기 때문에 Host OS의 IP에 의존적입니다. 즉, Host OS로 들어온 포트를 사용하여 외부 요청을 처리해야 합니다. 하지만 일반적인 프로그램의 경우 제작 시 사용 포트를 정하게 됩니다. 도커에서도 이처럼 포트를 사용하기 위해 p 옵션을 통해 호스트 계정에서 특정 포트로 들어온 트래픽을 전달받아 처리할 수 있습니다. 트래픽은 다음과 같은 순으로 가게 됩니다.

```
Server -> Host OS -> App [a ~ z]
```

VM 기술에서 각 Guest OS는 커널이 분리됐기 때문에 서로 독립된 IP 대역을 가지고 있습니다. 즉, Server → Guest OS로 바로 트래픽이 넘어갑니다. 또한 docker처럼 Host OS에 의존적이지 않습니다.

1-3-2 이미지 VS 컨테이너

VM과 도커의 차이점을 간단하게 다뤄봤습니다. 마지막으로 도커에서 가장 중요한 개념인 이미지와 컨테이너가 무엇인지 간단히 짚고 넘어가겠습니다.

이미지란 컨테이너를 실행하는 데 필요한 내용 집합체입니다. 이러한 이미지를 실행 상태로 바꾼 것을 **컨테이너**라고 부릅니다. 또한 하나의 이미지를 통해 다수의 컨테이너 생성이 가능합니다. 프로그램을 설치하고 다수의 프로그램을 띄우는 것과 비슷한 개념입니다.

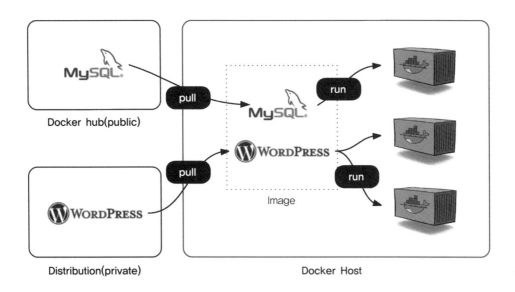

[그림 2.7] 도커 이미지와 컨테이너
(출처: https://subicura.com/2017/01/19/docker-guide-for-beginners-1.html)

node.js가 설치된 이미지를 받아 node.js가 필요할 때마다 해당 이미지를 컨테이너로 만들어 사용할 수 있고, mysql, mongodb, maria 데이터베이스 이미지를 가지고 있다가 필요에 따라 컨테이너를 만들어 사용할 수도 있습니다.

이미지는 베이스와 도커 이미지로 구분합니다. 베이스 이미지란, 배포판에서 최소한의 필요한 부분인 사용자 공간/영역만 포함하여 만들어진 이미지입니다. 도커 이미지는 베이스 이미지를 기반으로 임의로 설치한 프로그램, 설정 등을 포함한 이미지입니다. 앞에서 사용했던 비트코인, 이더리움 이미지는 모두 도커 이미지입니다. 일반적으로 베이스 이미지 + 도커 이미지를 이미지라고 부릅니다.

마지막으로 이러한 이미지를 공유할 수 있게 나온 것이 **도커 허브**입니다. pull을 할 때 도커 허브에 존재하는 이미지를 찾아서 도커가 설치된 호스트로 내려받아 옵니다.

2 genesis block 생성

이더리움은 네트워크(private)를 새롭게 구축할 경우 제네시스 블록을 만들어야 합니다. **제네시스 블록**이란 최초의 블록을 의미합니다. 즉, 블록 번호가 0이 되는 블록입니다. 우리는 제네시스 블록부터 원하는 형태로 이더리움 네트워크를 설계할 수 있습니다.

추가로 제네시스 블록으로 특정 지갑 주소에 이더리움 할당(alloc)이 가능합니다. 해당 부분은 뒤에서 제네시스 블록을 만들어 보며 직접 실습해 보겠습니다.

2-1 메인넷, 테스트넷 제네시스 블록 확인

제네시스 블록을 만들어 네트워크를 구축하기 전에 기존 네트워크의 제네시스 블록은 어떻게 되어 있는지 알아보겠습니다. 이더리움은 이더스캔 사이트를 통해 이더리움 네트워크에서 일어나는 다양한 데이터를 확인할 수 있습니다. 대표적으로 **블록** 정보, **트랜잭션** 정보, **지갑 주소**정보, **토큰** 정보가 있습니다.

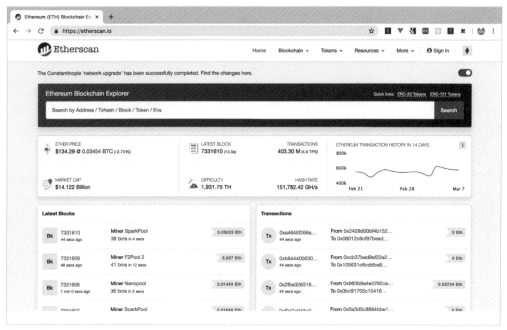

[그림 2.8] 이더스캔 – 메인 네트워크

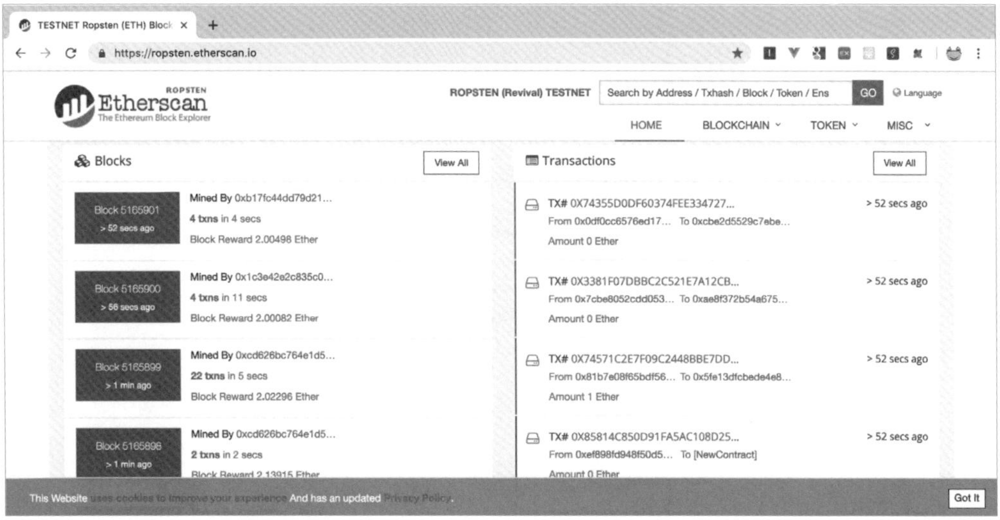
TESTNET Ropsten (ETH) Block
https://ropsten.etherscan.io
ROPSTEN
Etherscan
The Ethereum Block Explorer
ROPSTEN (Revival) TESTNET
Search by Address / Txhash / Block / Token / Ens
GO
Language
HOME
BLOCKCHAIN
TOKEN
MISC
Blocks
View All
Transactions
View All
Block 5165901
> 52 secs ago
Mined By 0xb17fc44dd79d21...
4 txns in 4 secs
Block Reward 2.00498 Ether
Block 5165900
> 56 secs ago
Mined By 0x1c3e42e2c835c0...
4 txns in 11 secs
Block Reward 2.00082 Ether
Block 5165899
> 1 min ago
Mined By 0xcd626bc764e1d5...
22 txns in 5 secs
Block Reward 2.02296 Ether
Block 5165898
> 1 min ago
Mined By 0xcd626bc764e1d5...
2 txns in 2 secs
TX# 0X74355D0DF60374FEE334727...
> 52 secs ago
From 0x0df0cc6576ed17... To 0xcbe2d5529c7ebe...
Amount 0 Ether
TX# 0X3381F07DBBC2C521E7A12CB...
> 52 secs ago
From 0x7cbe8052cdd053... To 0xae8f372b54a675...
Amount 0 Ether
TX# 0X74571C2E7F09C2448BBE7DD...
> 52 secs ago
From 0x81b7e08f65bdf56... To 0x5fe13dfcbede4e8...
Amount 1 Ether
TX# 0X85814C850D91FA5AC108D25...
> 52 secs ago
From 0xef898fd948f50d5... To [NewContract]
Got It

[그림 2.9] 이더스캔 – 테스트 네트워크

http://etherscan.io, http://ropsten.etherscan.io로 이더스캔 사이트에 접속 가능합니다. 상단 검색창에 번호를 입력하면 블록 번호를 조회할 수 있습니다. 0을 입력한 후 검색하면 0번째 블록을 조회합니다.

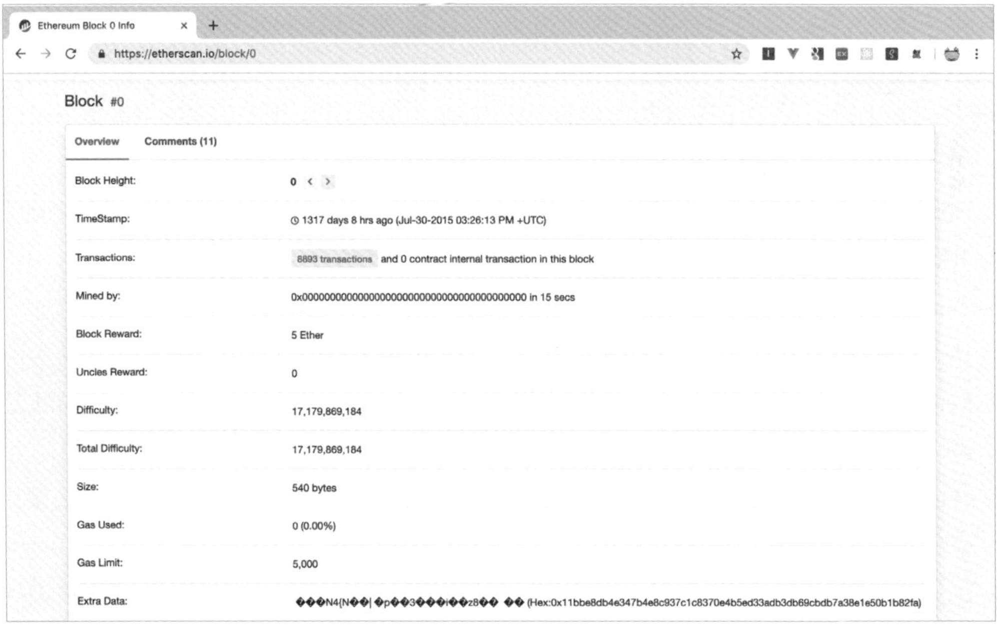
Ethereum Block 0 Info
https://etherscan.io/block/0
Block #0
Overview
Comments (11)
Block Height: 0
TimeStamp: 1317 days 8 hrs ago (Jul-30-2015 03:26:13 PM +UTC)
Transactions: 8893 transactions and 0 contract internal transaction in this block
Mined by: 0x0000000000000000000000000000000000000000 in 15 secs
Block Reward: 5 Ether
Uncles Reward: 0
Difficulty: 17,179,869,184
Total Difficulty: 17,179,869,184
Size: 540 bytes
Gas Used: 0 (0.00%)
Gas Limit: 5,000
Extra Data: (Hex:0x11bbe8db4e347b4e8c937c1c8370e4b5ed33adb3db69cbdb7a38e1e50b1b82fa)

[그림 2.10] 메인 네트워크 제네시스 블록

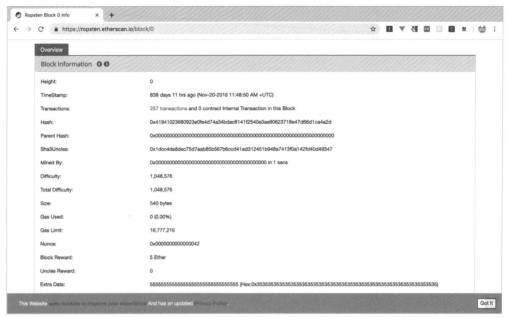

[그림 2.11] 테스트 네트워크 제네시스 블록

[그림 2.10], [그림 2.11]처럼 0번째 블록인 제네시스 블록을 확인할 수 있습니다.

2-2 블록에 담기는 정보

메인 네트워크와 테스트 네트워크의 제네시스 블록을 보았습니다. 블록에 어떤 내용을 포함하는지 중요한 부분만 짚고 넘어가겠습니다.

- **Height** : 블록의 높이입니다. 블록에서 높이란 몇 번째 블록인지 나타냅니다. 간단하게 #0의 형태로 표현할 수 있습니다.
- **TimeStamp** : 해당 블록이 생성된 시간입니다.
- **Hash** : 해당 블록의 해시값입니다.
- **Parent Hash** : 이전 블록의 해시값입니다. 제네시스 블록은 최초의 블록이기 때문에 이전 블록이 없습니다. 블록이 없기 때문에 **0x000**의 형태로 나타냅니다.
- **Mined by** : 블록을 생성한 지갑 주소입니다. 제네시스 블록은 임의로 만들기 때문에 **0x000**으로 없음을 표기합니다. Mined by에 명시된 지갑 주소가 블록 보상을 받습니다.
- **Block Reward** : 블록을 생성하고 얼마만큼의 보상을 제공했는지 나타냅니다. 블록 보상은 블록 개수에 따라 점점 줄어듭니다(7,280,000번째 블록 기준 2이더 보상).

- **Difficulty** : 난이도로, 블록 생성 속도에 따라 조절됩니다.
- **Total Difficulty** : 지금까지 생성된 모든 블록의 Difficulty 총합입니다.
- **Size** : 해당 블록의 크기입니다. 블록의 사이즈 제한이 존재합니다.
- **Gas Used** : 해당 블록에 포함된 트랜잭션의 Gas 사용량 총합입니다. 트랜잭션을 실행할 때 Gas를 소모합니다. Gas는 이더리움에서 굉장히 중요한 개념입니다. 스마트 컨트랙트가 동작할 수 있는 이유 이며, 수수료를 측정하는 기준입니다.
- **Gas Limit** : 해당 블록에 포함된 트랜잭션 Gas 한도의 총합입니다. Gas는 Gas Limit까지 소모할 수 있습니다.

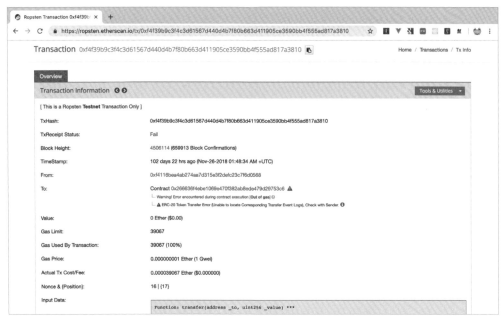

[그림 2.12] Out Of Gas

[그림 2.12]는 Gas 사용량이 한도를 넘어 정상적으로 실행하지 않은 경우입니다. 이때 해당 트랜잭션의 Gas Limit을 높여주어 실행해야 합니다.

- **Extra Data** : 앞의 데이터는 네트워크에서 만들어지는 데이터이지만 Extra Data는 임의로 넣을 수 있는 데이터입니다. 하지만 해당 데이터는 블록을 생성하는 계정에서만 넣을 수 있으므로 해당 부분의 데이터를 넣는 과정은 매우 어렵습니다. 단, 해당 부분이 블록체인에서 데이터가 저장되는 부분이 아닙니다.

2-3 초기 이더리움 할당을 위한 계정 생성

제네시스 블록을 만들기 전에 해야 할 작업은 초기에 이더리움을 할당할 이더리움 지갑 주소를 생성하는 것입니다. 앞에서 생성한 ethereum.geth.com 컨테이너를 활용합니다. 만약 컨테이너가 없거나 죽었다면 다음의 명령어를 활용합니다.

- 컨테이너가 없을 때

```
$ docker run -it --name ethereum.geth.com -p 8545:8545 -p 30303:30303
pjt3591oo/ethereum-geth:1.90 /bin/bash
```

- 컨테이너가 실행 상태가 아닐 때

```
$ docker start ethereum.geth.com
$ docker exec -it ethereum.geth.com /bin/bash
```

이제 작업 디렉터리로 이동합니다.

```
$ cd ~/

$ mkdir node1
$ cd node1
```

작업 디렉터리로 이동 후 노드의 데이터를 쌓을 디렉터리를 만듭니다. 이더리움도 디렉터리 단위로 노드의 데이터를 관리합니다.

```
$ geth --datadir [경로] account new
```

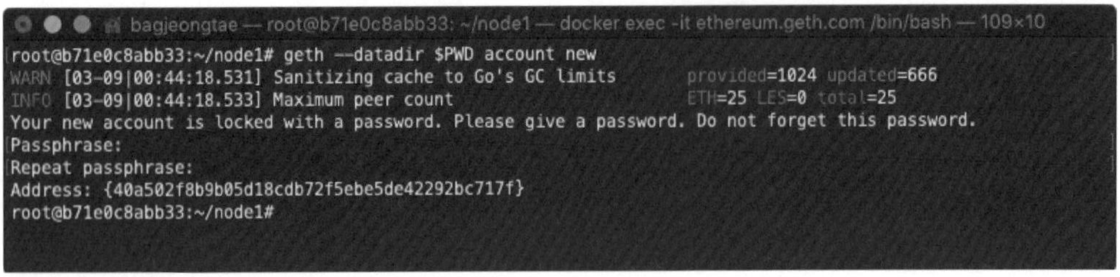

[그림 2.13] 이더리움 계정 생성

$PWD는 현재 디렉터리를 의미합니다. ~/node1 디렉터리에 계정 정보가 담긴 파일 또는 디렉터리를 생성합니다. 이더리움은 계정 생성 시 **account new**를 이용하여 생성할 수 있으며, 라벨을 붙이지 않습니다.

계정 생성 시 비밀번호를 입력하라고 나오는데, 비밀번호를 입력하면 생성된 계정을 출력합니다. 이때 입력한 비밀번호는 화면에 표시되지 않습니다. 이렇게 생성된 계정을 **keystore**(키스토어) 파일이라고 부릅니다. 키스토어 파일은 비밀번호로 보호하기 때문에 **개인키**(private key)보다 보안 측면에서 좋습니다.

```
root@b71e0c8abb33:~/node1# ls
keystore
root@b71e0c8abb33:~/node1# cd keystore/
root@b71e0c8abb33:~/node1/keystore# ls
UTC--2019-03-09T00-44-20.751473901Z--40a502f8b9b05d18cdb72f5ebe5de42292bc717f
root@b71e0c8abb33:~/node1/keystore#
```

[그림 2.14] keystore 확인

[그림 2.14]처럼 keystore 디렉터리가 추가되어 파일 하나가 생성되었습니다. account new를 실행하면 해당 디렉터리에 계속해서 파일을 생성합니다. 이때 중요한 건 반드시 ~/node1에서 작업해야 해당 keystore 디렉터리에 있는 상태로 account new를 하여 계정을 생성해 해당 디렉터리에 keystore 디렉터리를 생성하고 그 안에 파일을 생성합니다.

```
root@b71e0c8abb33:~/node1/keystore# cat UTC--2019-03-09T00-44-20.751473901Z--40a502f8b9b05d18cdb72f5ebe5de42292bc717f
{"address":"40a502f8b9b05d18cdb72f5ebe5de42292bc717f","crypto":{"cipher":"aes-128-ctr","ciphertext":"290bfdb3561e1f8443070e77bda9082c4ed9b699cac847d515b8d5b27446ee37","cipherparams":{"iv":"701d902c059634dc66
2b7e345ddb7d1b"},"kdf":"scrypt","kdfparams":{"dklen":32,"n":262144,"p":1,"r":8,"salt":"254dc6edb76ea264fe46ed5448675bf34464e0e7a67da7580c3c4acca01de704"},"mac":"801dabf3634681ccd576ad7a8efe4da2bb60c06c80331b
3a41cf51ca88e5aaff"},"id":"75c2a450-5e76-48b4-a339-88bee03d89e0","version":3}root@b71e0c8abb33:~/node1/keystore#
```

[그림 2.15] keystore 파일 확인

키스토어 파일은 비밀번호와 함께 개인키를 만들어 주는 내용을 포함하고 있는 파일입니다. 키스토어 파일 사용 시 비밀번호를 입력해야 하는데 비밀번호와 키스토어 내용을 조합하여 개인키(private)를 복구하는 역할을 합니다.

2-4 제네시스 파일 생성

제네시스 블록을 생성하기 위한 제네시스 파일을 만들어 보겠습니다.

```json
 1  {
 2    "config": {
 3      "chainId": 190128,
 4      "homesteadBlock": 0,
 5      "eip155Block": 0,
 6      "eip158Block": 0
 7    },
 8    "alloc": {
 9      "40a502f8b9b05d18cdb72f5ebe5de42292bc717f": { "balance": "3000000000000000000" }
10    },
11    "coinbase": "0x0000000000000000000000000000000000000000",
12    "difficulty": "0x20000",
13    "extraData": "",
14    "gasLimit": "0x2fefd8",
15    "nonce": "0x0000000000000042",
16    "mixhash": "0x0000000000000000000000000000000000000000000000000000000000000000",
17    "parentHash": "0x0000000000000000000000000000000000000000000000000000000000000000",
18    "timestamp": "0x00"
19  }
```

제네시스 블록을 만들기 위한 제네시스 파일입니다. 여기서 가장 중요한 점은 alloc입니다. **alloc**은 초기에 이더리움을 할당하는 부분입니다. 40a502f8b9b05d18cdb72f5ebe5de42292bc 717f 부분은 앞에서 여러분이 생성한 계정 주소를 넣어주면 됩니다. 그리고 balance가 해당 계정에 이더리움을 할당합니다.

이더리움에서는 기본 단위가 **Wei**입니다. 10을 18번 곱한 값인 1000000000000000000Wei가 1ETH이기 때문에 3이더를 초기 할당하기 위해서는 3에 0을 18개를 붙여야 합니다.
[코드 2-1]을 이용하여 제네시스 블록을 생성해 보겠습니다.

```
$ cd ~/
$ cd node1
$ geth --datadir [경로] init [제네시스 파일]
```

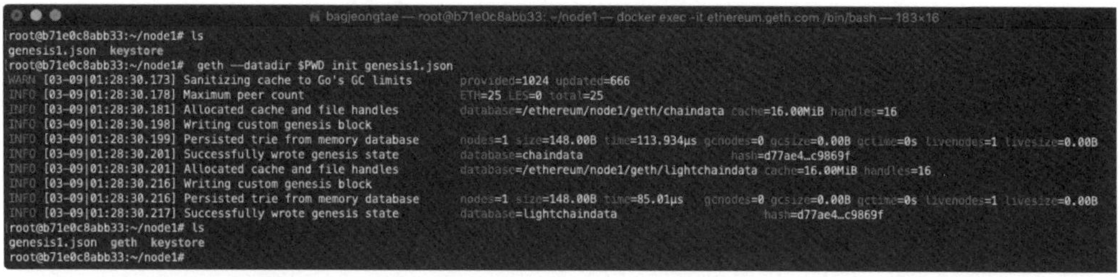

[그림 2.16] 제네시스 블록 생성

제네시스 블록을 생성하면 dadadir에 명시한 디렉터리에 해당 노드에서 관리하는 데이터를 관리합니다. 여기서 중요한 점은 이더리움 네트워크를 원하는 형태로 프라이빗하게 구축하고자할 땐 해당 네트워크에 포함하는 모든 노드의 제네시스 파일이 같아야 합니다. 만약, 제네시스 파일이 같지 않으면 노드를 연결할 때 정상적으로 연결하지 못합니다.

2-5 노드 실행, 0번째 블록 확인

제네시스 블록을 만들었으니 노드를 실행한 후 확인해 보겠습니다.

```
$ cd ~/
$ cd node1

$ geth --datadir [경로]
```

프라이빗 네트워크를 실행할 땐 추가적인 옵션이 필요합니다. 바로 **networkid**입니다. networkid는 1번부터 4번까지는 메인 네트워크와 테스트 네트워크이기 때문에 1~4까지는 제외하고 아무 수치나 넣어주면 됩니다.

networkid도 다음에 노드를 연결할 때 매우 중요한 값입니다. networkid가 일치해야 정상적으로 연결합니다. 즉, 제네시스 블록과 networkid가 노드 간 연결을 정상적으로 합니다.

```
$ geth --datadir $PWD --networkid 1234 console
```

[그림 2.17] 노드 실행, console 접속

노드를 실행할 때 console을 붙이지 않으면 이더리움 노드만 실행합니다. console을 붙여주면 앞에서 bitcoin-cli를 사용했던 것처럼 이더리움을 조작할 수 있습니다. bitcoin-cli와 큰 차이점은 console만 넣어주면 이더리움과 명령어를 주고받을 수 있는 프로그램 실행 상태를 유지합니다. [그림 2.17]처럼 > 표시가 뜨는 건 실행한 노드와 명령어를 주고받을 준비가 되어 있다는 의미입니다.

- 블록 개수 확인

```
> eth.blockNumber
```

- 블록 정보 확인

```
> eth.getBlock(블록 번호)
```

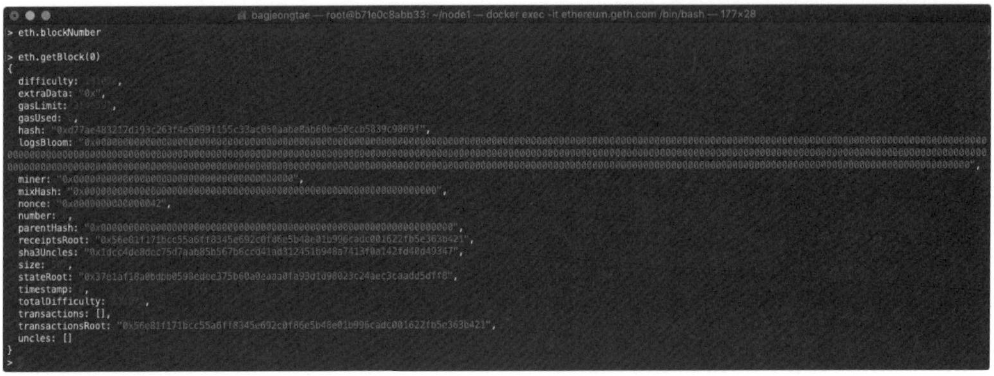

[그림 2.18] 블록 확인

앞의 이더스캔에서는 블록 번호를 Height로 표기하지만 실제로 블록은 number로 블록 번호를 가지고 있습니다.

- 계정 확인

```
> eth.accounts
```

- 계정 잔액 조회

```
> eth.getBalance(지갑 주소)
```

```
> eth.accounts
["0x40a502f8b9b05d18cdb72f5ebe5de42292bc717f"]
> eth.accounts[0]
"0x40a502f8b9b05d18cdb72f5ebe5de42292bc717f"
> eth.getBalance("0x40a502f8b9b05d18cdb72f5ebe5de42292bc717f")
3000000000000000000
> eth.getBalance(eth.accounts[0])
3000000000000000000
>
```

[그림 2.19] 계정 확인

eth.accounts는 해당 노드에서 관리하는 지갑 주소 리스트를 출력합니다. eth.getBalance()는 인자로 전달한 지갑 주소의 이더 보유량을 출력합니다. [그림 2.19]는 제네시스 블록 alloc에서 3ETH를 할당해 주었기 때문에 3ETH가 있다고 출력합니다.

3 account

제네시스 블록 생성을 위해 geth를 이용하여 지갑 주소를 생성했습니다. 노드를 실행하고 console로 들어와서도 지갑 주소를 생성할 수 있습니다.

[그림 2.20] geth 노드 실행 후 모듈 확인

geth를 console 모드로 노드를 실행하면 사용할 수 있는 모듈이 있습니다. modules 옆에 나열되어 있는 admin, debug, eth, ethash, miner, net, personal, rpc, txpool, web3입니다. 해당 모듈이 어떤 기능이 있는지는 콘솔 화면에서 모듈을 입력하면 됩니다.

[그림 2.21] eth 모듈 확인

eth는 해당 노드의 일반적인 정보를 알려줍니다. 노드가 관리하는 지갑 주소, 마이닝 상태, 블록 조회, 트랜잭션 조회 등 노드가 가지고 있는 일반적인 기능입니다.

계정을 생성할 땐 **personal**을 사용합니다. 출력 결과는 지갑 주소를 생성할 때마다 다르기 때문입니다.

[그림 2.22] personal 모듈 확인

personal 모듈은 지갑 주소를 관리합니다. 정확히는 키스토어 파일을 관리합니다. 주소를 생성하고 보관하고 lock/unlock을 담당합니다. 지갑을 생성하면 Locked 상태가 됩니다. Locked 상태에서는 트랜잭션을 발생할 수 없습니다. 이때 personal의 unlockAccount를 이용하여 unlocked으로 만들어줘야 합니다. 이 부분은 트랜잭션을 발생할 때 자세히 알아보겠습니다.

3-1 지갑 생성

지갑을 생성하기 위해서는 personal 모듈의 newAccount를 이용하면 됩니다.

```
> personal.newAccount('p')
"0x843dee6a531a7e611fed76050585846e0dbc021e"
```

newAccount를 호출할 때 해당 지갑 주소의 비밀번호를 입력합니다. 정확히는 키스토어 파일에 대한 비밀번호이며 추후에 개인키를 얻기 위해 복호화를 합니다. 만약 newAccount를 호출할 때 비밀번호를 전달하지 않으면 비밀번호를 입력하라고 알려줍니다.

```
> personal.newAccount()
Passphrase:
Repeat passphrase:
"0xd209932d4fce329633a126145255e857e47c2b72"
```

제네시스 블록에 초기 이더 할당을 위해 지갑 주소를 생성했을 때와 같습니다.

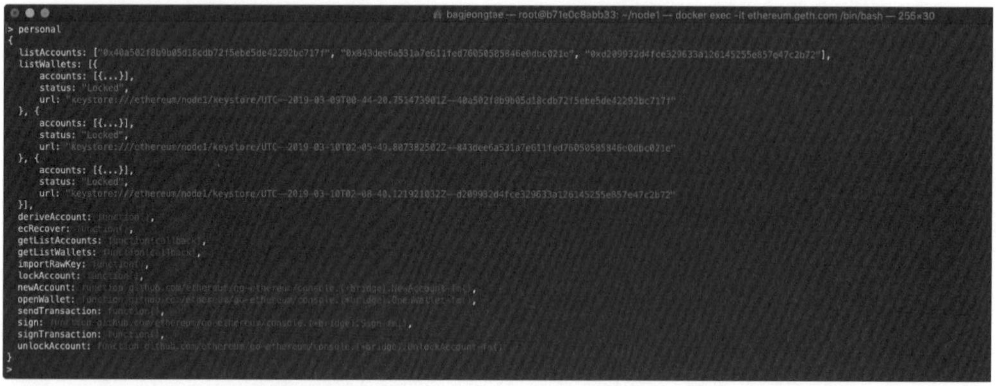

[그림 2.23] 지갑 주소 생성 후 personal 모듈 확인

지갑 주소를 생성했기 때문에 주소 정보가 더 늘어났습니다. listWallets 부분만 출력하고 싶으면 다음과 같이 입력하면 됩니다.

```
> personal.listWallets
```

[그림 2.24] 지갑 리스트 조회

listWallets를 이용하면 지갑 리스트만 조회할 수 있습니다. 지갑 리스트는 노드에서 관리 중인 지갑 주소에 관련한 키스토어 파일 위치와 Locked/unlocked 상태, 주소를 알려줍니다.

eth.accounts를 이용하면 지갑 주소 리스트만 출력할 수 있습니다.

```
> eth.accounts
["0x40a502f8b9b05d18cdb72f5ebe5de42292bc717f", "0x843dee6a531a7e611fed760505858
46e0dbc021e", "0xd209932d4fce329633a126145255e857e47c2b72"]
```

exit를 입력하면 콘솔을 나가면서 노드를 종료할 수 있습니다.

[그림 2.25] 노드 종료

keystore 디렉터리에 정말로 키스토어 파일이 있는지 알아보겠습니다.

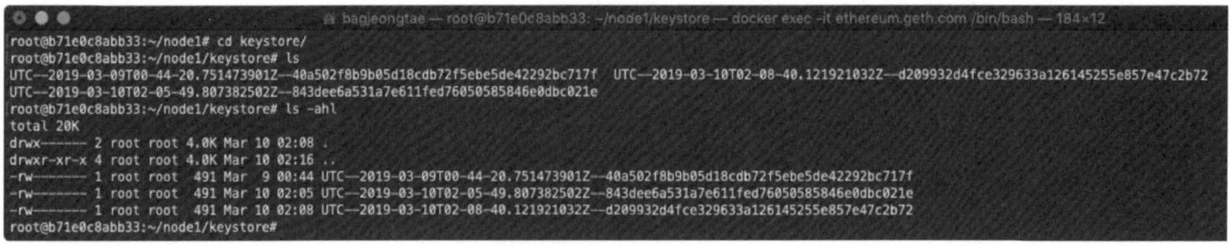

[그림 2.26] 키스토어 파일

정상적으로 키스토어 파일이 생성된 것을 확인할 수 있습니다. 물론 생성할 때마다 결과가 다르기 때문에 [그림 2.26]과 같지 않습니다.

3-2 계정 생성 원리

계정은 무엇이고, 키스토어 파일은 무엇이고, 개인키(private key)는 무엇인지 알아보겠습니다. 그리고 키스토어 파일을 만드는 이유와 키스토어 파일 암호화/복호화 과정을 알아보겠습니다.

이더리움 네트워크에서 가장 중요한 것은 **개인키**입니다. 그 이유는 트랜잭션을 발생할 때 개인키로 서명을 해야 하기 때문입니다. 예를 들어 A라는 계정이 있으면 A 계정에 대응되는 개인키를 이용하여 트랜잭션에 서명해야 정상적으로 트랜잭션을 발생할 수 있습니다.

```
Private key -> public Key -> account
```

가장 먼저, 256bit가 무작위로 섞인 숫자를 생성합니다. 이때 생성 범위는 1~ 2^256 −1입니다. 이렇게 생성된 결과가 **private key**입니다.
다음으로 **public key**는 private key와 타원 곡선 함수를 사용하여 만듭니다.
마지막으로 public key를 SHA256과 RIPEMD160 해시함수를 사용하여 나온 결과가 **account**입니다. SHA256과 RIPEMD160을 차례로 적용하는데 각각 나온 결과의 160bit(20byte)만 사용합니다.

[코드 2-2] account 생성	(파일명: ./codes/ch/ch2/generate_wallet.py)

```
1  from ecdsa import SigningKey, SECP256k1
2  import sha3
3
4  def checksum_encode(addr_str): # Takes a hex (string) address as input
5      keccak = sha3.keccak_256()
```

```
 6      out = ''
 7      addr = addr_str.lower().replace('0x', '')
 8      keccak.update(addr.encode('ascii'))
 9      hash_addr = keccak.hexdigest()
10      for i, c in enumerate(addr):
11          if int(hash_addr[i], 16) >= 8:
12              out += c.upper()
13          else:
14              out += c
15      return '0x' + out
16
17   keccak = sha3.keccak_256()
18
19   priv = SigningKey.generate(curve=SECP256k1)
20   pub = priv.get_verifying_key().to_string()
21
22   keccak.update(pub)
23   address = keccak.hexdigest()[24:]
24
25   print("Private key:", priv.to_string())
26   print("Public key: ", pub)
27   print("Address:    ", checksum_encode(address))
```

이렇게 만들어지는 지갑 주소 즉, account를 외부 소유 계정(External Owner Account)의 약자인 **EOA**라고 표현합니다. [코드 2-2]처럼 꼭 geth를 활용해서 지갑을 만들 필요는 없습니다. address가 생성되는 원리(알고리즘)대로 구현되면 만들어진 키는 사용 가능합니다.

우리가 사용하는 지갑 주소(account)는 private key에서 public key를 거쳐서 만들어집니다. private key만 알고 있다면 주소를 바로 알 수 있습니다. 대신 account를 이용하여 public key를 찾고 private key를 찾는 것은 거의 불가능에 가깝습니다. private key만 알고 있다면 해당 지갑에 대한 모든 **소유권**을 가지게 됩니다. 즉, private key가 노출되면 지갑에서 보유 중인 모든 이더를 임의로 사용할 수 있습니다. 그러므로 private key를 그대로 저장하는 것은 매우 위험한 방식입니다. 그래서 키스토어 파일을 사용합니다. 키스토어 파일은 private key를 비밀번호로 암호화한 파일입니다. 또한 파일로 관리하기 때문에 private key를 외우거나 다시 저장하지 않기 때문에 사용성 측면에서도 우수합니다.

즉, 키스토어 파일만 있으면 어느 지갑이든지 사용 가능합니다.

이더리움에서 어카운트는 4개의 정보를 저장합니다. balance, nonce, code, data를 가지고 있습니다.

- **balance**: 이더 보유량
- **nonce**: 트랜잭션 발생 횟수
- **code**: 컨트랙트 코드
- **data**: 데이터 저장 공간

이더리움은 어카운트를 두 가지로 구분합니다. 첫 번째는 앞에서 설명한 EOA이고, 두 번째는 CA입니다. CA란, Contract Account로 스마트 컨트랙트를 배포하면 발생하는 어카운트입니다. EOA와 CA는 차이점이 있습니다. CA 또한 balance, nonce, code, data를 가지고 있습니다. EOA는 code와 data가 비어 있지만, CA는 code와 data가 비어 있지 않습니다. 스마트 컨트랙트 코드와 관리하는 데이터가 존재하기 때문입니다.

다음으로는 private key의 존재 여부입니다. EOA는 private key를 소유하지만, CA는 소유하지 않습니다. 즉, CA는 자체적으로 트랜잭션을 발생하지 못합니다. EOA가 CA의 특정 기능을 호출하여 기능을 호출한 EOA의 private key로 해당 트랜잭션에 서명하여 EOA가 트랜잭션을 발생하는 원리입니다.

3-3 키스토어 파일 원리

EOA 생성 원리를 알아봤고 private key의 중요성을 알아봤습니다. 마지막으로 키스토어 파일 **구조**와 **암호화**, **복호화** 원리를 알아보겠습니다.

- 이름 구조

```
UTC-{생성 시간}-{address}
```

- 키스토어 파일 구조

```
{
  "address":"40a502f8b9b05d18cdb72f5ebe5de42292bc717f",
```

```
"crypto":{
  "cipher":"aes-128-ctr",
  "ciphertext":"290bfdb3561e1f8443070e77bda9082c4ed9b699cac847d515b8d5b27446ee37",
  "cipherparams":{
    "iv":"701d902c059634dc662b7e345ddb7d1b"
  },
  "kdf":"scrypt",
  "kdfparams":{
    "dklen":32,
    "n":262144,
    "p":1,
    "r":8,
    "salt":"254dc6edb76ea264fe46ed5448675bf34464e0e7a67da7580c3c4acca01de704"
  },
  "mac":"801dabf3634681ccd576ad7a8efe4da2bb60c06c80331b3a41cf51ca88e5aaff"
},
"id":"75c2a450-5e76-48b4-a339-88bee03d89e0",
"version":3
}
```

키스토어 파일 구조입니다. 해당 내용은 개인키를 만드는 데 필요한 데이터입니다.

- **Cipher**: 개인키를 암호화하기 위해 사용하는 알고리즘으로, 이때 **AES**(대칭 키 알고리즘)을 사용합니다.

- **Cipherparams**: 개인키를 암호화하기 위해 필요한 매개변수, iv는 초기화 벡터입니다.

- **Ciphertext**: private key를 암호화한 결과입니다.

- **Kdf**: 계정 생성 시 입력한 패스워드를 암호화하기 위해 사용하는 알고리즘입니다.

- **Kdfparams**: kdf를 위해 필요한 매개변수(**salt**는 랜덤한 값을 사용)입니다.

- **Mac**: 키스토어 파일 사용 시 검증(암호 확인)을 위해 사용합니다.

- **키스토어 파일 생성(암호화)**: kdf를 이용하여 입력한 패스워드를 암호화합니다. 개인키를 암호화할 때 cipher에 명시된 알고리즘을 이용하여 cipherparams를 매개변수로 이용하고 암호화된 패스워드를 키값으로 넣습니다. 2개의 암호화된 결과에서 비밀번호 암호화 결과의 뒷부분과 개인키를 암호화한 전체 부분을 합친 후 SHA256 해시한 결과를 mac에 집어넣습니다. 패스워드를 암호화할 때 SCRYPT 알고리즘을 사용합니다. 해시 알고리즘 중 **SCRYPT**가 가장 강력한 해시 알고리즘입니다.

- **키스토어 파일 복호화**: 키스토어 파일을 개인키로 복호화하기 전에 입력한 패스워드가 맞는지 검증을 해야 합니다. 키스토어 파일은 개인키를 암호화한 결과를 ciphertext에 저장합니다. 즉, 비밀번호를 입력한 후 kdf를 이용하여 암호화한 후 뒷부분과 chipertext를 합쳐 sha256 결과와 mac에 저장된 값을 비교합니다. 같으면 정상적인 비밀번호고 다를 경우 비정상적인 비밀번호입니다. 정상적인 비밀번호를 입력했다면 cipertext를 AES를 이용하여 암호화된 패스워드를 키값으로 사용하여 복호화합니다. 복호화된 결과가 개인키입니다.

4 Transaction

이더리움 계정을 생성하고 계정의 핵심인 개인키와 이를 효과적으로 저장하기 위한 키스토어 파일을 다뤘습니다. 이번에는 앞에서 생성한 계정을 가지고 트랜잭션을 발생하는 과정을 실습합니다.

4-1 트랜잭션 발생하기

트랜잭션을 발생할 땐 eth 모듈에서 sendTransaction을 이용합니다.

```
> eth.sendTransaction({from: 보내는 계정, to: 받는 계정, value: 전송량})
```

[그림 2.27] 트랜잭션 보내기 전 이더 보유량 확인

트랜잭션 보내기 전 이더 보유량을 확인합니다.

[그림 2.28] 트랜잭션 발생 실패

이더를 보내는 계정의 status가 Locked 상태이면 트랜잭션 발생 시 에러가 발생합니다. personal 을 이용하여 계정 잠금 상태를 풀어줍니다.

```
personal.unlockAccount(계정, 비밀번호)
```

[그림 2.29] 계정 잠금 해제

personal 모듈의 unlockAccount를 이용하여 계정 잠금을 풀어주면 true를 반환합니다. listWallets을 이용하여 지갑 상태를 조회하면 Unlocked를 확인할 수 있습니다. 계정이 Unlocked된 상태에서 트랜잭션을 발생하면 정상적으로 발생합니다.

[그림 2.30] 트랜잭션 발생 성공

트랜잭션 발생이 성공하면 트랜잭션 해시값을 반환하여 출력합니다.

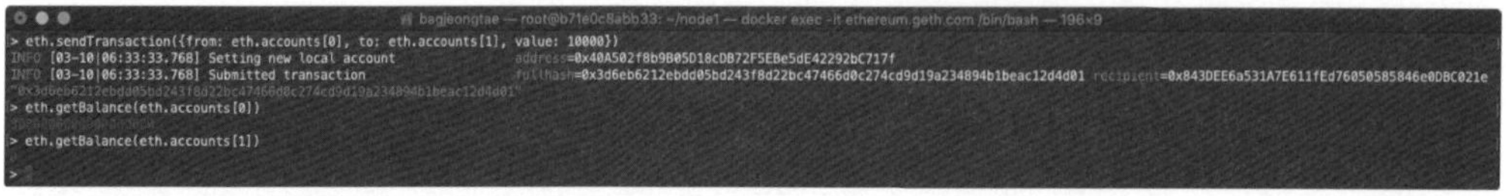

[그림 2.31] 트랜잭션 발생 후 이더 보유량 조회

트랜잭션이 발생한다고 해서 이더 보유량은 변화하지 않습니다. 해당 트랜잭션이 포함된 블록이 생성되어야 state(상태)가 바뀝니다. 해당 트랜잭션은 아직 블록에 포함되지 않았기 때문에 트랜잭션 풀에 저장되어 있습니다.

트랜잭션을 발생할 때 from, to, value 이외로 더 많은 정보를 설정할 수 있습니다.

- **Gas**: 가스 한도입니다.
- **gasPrice**: gasPrice로 일반적으로 21을 사용합니다. 단위는 GWei(10^9)입니다.
- **Data**: 트랜잭션에 특정 데이터를 포함하여 보낼 수 있습니다.
- **Nonce**: from으로 전달한 계정의 nonce 값을 임의로 넣을 수 있습니다. 해당 값은 기본값으로 계정에서 저장하고 있는 nonce + 1 계산한 값을 전달합니다.

4-2 트랜잭션 조회

앞에서 발생한 트랜잭션 해시값을 이용하여 트랜잭션을 조회해 보겠습니다.

```
> eth.getTransaction(트랜잭션 해시)
```

[그림 2.32] 트랜잭션 조회

```
> eth.pendingTransactions
```

[그림 3.33] pending 상태 트랜잭션 조회

트랜잭션 pending이란, 트랜잭션이 블록에 포함되지 않고 트랜잭션 풀에 저장된 상태를 의미합니다. blockHash와 blockNumber가 null 값으로 아직 정해져 있지 않은 상태입니다.

트랜잭션을 보면 알 수 없는 r, s, v가 생성됩니다. r, s, v는 트랜잭션 송신자의 서명을 위해 필요한 값입니다. 트랜잭션을 서명하기 위해 ECDSA 알고리즘을 사용합니다. v는 1byte이며 r과 s는 32byte로 이루어져 있습니다. 서명을 통해 해당 트랜잭션 송신자가 발생했다는 것을 증명하는 데 사용합니다.

input data는 일반적으로 컨트랙트에 관련된 것을 실행하는 데 사용합니다. 하지만 트랜잭션을 발생하는 송신자가 임의로 데이터를 넣어서 발생할 수 있습니다.

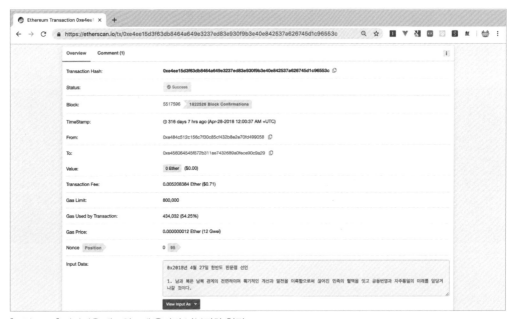

[그림 2.34] 이더리움 네트워크에 올라간 남북평화 협정

이더스캔 메인넷에서 0xe4ee15d3f63db8464a649e3237ed83e930f9b3e40e842537a626745d1c96553c 해시를 조회하면 [그림 2.34]처럼 볼 수 있습니다.

4-3 트랜잭션 처리(마이닝)

마이닝을 통해 트랜잭션을 블록에 포함하여 처리하는 방법을 알아봅니다. 마이닝을 하기 전에 블록 생성 시 보상받을 지갑을 확인해야 합니다.

```
> eth.coinbase
"0x40a502f8b9b05d18cdb72f5ebe5de42292bc717f"
```

miner 모듈의 **setEtherbase**를 사용하면 보상받을 지갑 주소를 바꿀 수 있습니다.

```
> miner.setEtherbase(이더 계정)
```

마이닝을 시작하기 위해서는 miner 모듈의 **start**를 사용하면 됩니다.

[그림 2.35] 마이닝 시작

이더리움은 마이닝을 할 때 DAG라는 파일을 생성합니다. DAG는 약 2Gb 정도의 저장소를 사용합니다. 이더리움은 마이닝할 때 DAG를 메모리에 적재합니다. **percentage**가 100이 되면 블록을 생성하기 시작합니다.

마이닝을 실행하면 터미널에 로그가 많이 출력되어 작업하기 힘들어 터미널을 하나 더 띄우고 작업을 진행합니다. 컨테이너에 접속하여 다음의 명령어를 실행합니다.

```
$ cd ~/

$ ls -ahl

total 20K
drwxr-xr-x 1 root root 4.0K Mar 10 07:51 .
drwxr-xr-x 1 root root 4.0K Mar  7 23:50 ..
drwxr-xr-x 2 root root 4.0K Mar 10 07:51 .ethash
-rw------- 1 root root 1.7K Mar  9 01:26 .viminfo
drwxr-xr-x 4 root root 4.0K Mar 10 06:52 node1
```

DAG 파일은 .ethash에 저장합니다.

[그림 2.36] DAG 설치 완료, 블록 생성

마이닝을 하는 노드를 확인했을 때 **DAG** 설치가 완료되면 블록 생성을 시작합니다.

```
> eth.getBalance(eth.accounts[0])
17999999999999990000
> eth.getBalance(eth.accounts[1])
10000
>
```

트랜잭션을 성공적으로 완료했기 때문에 트랜잭션에서 전송했던 10,000Wei가 전송 완료됐습니다. 10,000Wei를 전송한 eth.accounts[0] 계정은 블록을 생성했기 때문에 보상받은 금액이 포함되었습니다.

[그림 2.37] 블록 생성 후 트랜잭션 조회

앞에서 생성한 트랜잭션이 #1에 포함되었습니다. 또한 pendingTransactios이 비워집니다.

[그림 2.38] 블록 조회

getBlock()을 이용하여 첫 번째 블록 정보를 조회하면 트랜잭션 해시가 포함된 것을 확인할 수 있습니다. blockNumber를 통해 현재 몇 개의 블록이 생성됐는지 조회합니다.

[그림 2.39] 트랜잭션을 포함하지 않은 블록 조회

블록을 생성할 때 트랜잭션이 없더라도 블록 생성을 계속합니다. 그렇기 때문에 트랜잭션이 비어 있는 상태로 블록을 생성합니다. 뒤에서는 실제 프라이빗 네트워크처럼 멀티노드 환경을 구축하여 운영하는 방법을 다뤄보겠습니다.

5 geth 기반 네트워크 운영

geth를 이용하여 계정 생성, 트랜잭션 생성, 블록 생성 등 노드를 조작하는 방법을 다뤄봤습니다. 이번엔 geth를 이용하여 private network 멀티노드 환경 운영 방법을 세 가지 형태로 다뤄보겠습니다.

- 단일 컨테이너에서 멀티노드 운영
- 다중 컨테이너에서 멀티노드 운영
- 도커컴포즈 기반 다중 컨테이너에서 멀티 운영

이번에는 멀티노드를 운영하면서 도커컴포즈를 다루는 방법을 함께 알아봅니다.

5-1 단일 컨테이너에서 멀티노드 운영

run을 이용하여 컨테이너를 만들어 줍니다.

```
$ docker run -it --name ethereum.single.geth.com -p 8545:8545 -p 30303:30303
pjt3591oo/ethereum-geth:1.90 /bin/bash
```

ethereum.single.geth.com 이름을 가진 컨테이너를 생성합니다. 포트는 8545, 30303을 포워딩합니다. 다음으로 노드가 될 디렉터리를 생성합니다. 책에서는 node1, node2 디렉터리를 생성합니다.

```
$ cd ~/

$ mkdir node1
$ mkdir node2
```

작업은 편의상 ~/ 디렉터리를 기준으로 합니다. 제네시스 블록을 만들기 위해 geth를 이용하여 계정을 만들어 줍니다. 계정을 만드는 방법은 다음과 같습니다.

```
$ geth --datadir [노드 경로] account new
```

첫 번째 노드인 node1 디렉터리로 이동하여 계정(키스토어 파일)을 만들어 줍니다.

```
$ cd ~/
$ cd node1

$ geth --datadir $PWD account new
```

$PWD는 현재 터미널이 위치한 디렉터리 위치입니다. node1로 옮겼기 때문에 node1 디렉터리를 의미합니다. account new를 하면 비밀번호를 입력합니다.

[그림 2.40] 계정(키스토어 파일) 생성

계정 생성이 정상적으로 되었습니다. 이제 제네시스 파일을 만들어 줍니다.

```
$ cd ~/
$ cd node1
```

[코드 2-3] 제네시스 파일 생성 　　　　　(파일명: ./codes/ch/ch2/singlecontainer_genesis.json)

```
1  {
2    "config": {
3      "chainId": 190128,
4      "homesteadBlock": 0,
5      "eip155Block": 0,
6      "eip158Block": 0
7    },
8    "alloc": {
9      "bf377a1a7a36e6c2e2034f8b3c417e7c58a0c471": { "balance": "3000000000000000000" }
10   },
11   "coinbase": "0x0000000000000000000000000000000000000000",
12   "difficulty": "0x20000",
```

```
13     "extraData": "",
14     "gasLimit": "0x2fefd8",
15     "nonce": "0x0000000000000042",
16     "mixhash": "0x0000000000000000000000000000000000000000000000000000000000000000",
17     "parentHash": "0x0000000000000000000000000000000000000000000000000000000000000000",
18     "timestamp": "0x00"
19  }
```

초기 이더 할당을 위해 **alloc**을 [그림 2.40]처럼 생성한 계정을 넣어줍니다. 만약 다수의 계정을 생성하여 초기 할당하고 싶다면 다음과 같이 **alloc**을 수정하면 됩니다.

```
"alloc": {
  "af377a1a7a36e6c2e2034f8b3c417e7c58a0c471": { "balance": "3000000000000000000" },
  "bf377a1a7a36e6c2e2034f8b3c417e7c58a0c471": { "balance": "1000000000000000000" },
  "cf377a1a7a36e6c2e2034f8b3c417e7c58a0c471": { "balance": "2000000000000000000" }
}
```

KVS[2] 형태로 추가해주면 됩니다. 이렇게 만들어진 제네시스 파일을 node2 디렉터리에도 넣어줍니다. 넣어줄 땐 직접 만드는 방법도 있지만 똑같은 파일을 만들므로 cp를 이용하여 카피합니다.

```
$ cd ~/
$ cd node1

$ cp singlecontainer_genesis.json ~/node2/
```

[그림 2.41] 제네시스 파일 생성

제네시스 블록 생성을 위해 제네시스 파일 생성을 완료했습니다. 이제 네트워크 구동 준비가 끝났습니다. 노드를 더 늘린다면 같은 방법으로 제네시스 파일을 위치하면 됩니다.

---

2   KVS: Key Value Store의 약자로 key : value 형태로 저장하는 형태

● 노드 1 구동

```
$ cd ~/node1 # 노드 1 디렉터리 이동

$ geth --datadir $PWD init singlecontainer_genesis.json

$ geth --networkid 1234 --datadir $PWD --rpc --rpcport 8545 --rpcaddr "0.0.0.0"
--rpccorsdomain "*" --rpcapi "admin,db,eth,debug,miner,net,shh,txpool,personal,
web3" --port 30303 console
```

[그림 2.42] 제네시스 블록 초기화 후 노드 1 구동

노드 구동을 하기 전에 init을 이용하여 제네시스 파일로부터 제네시스 블록을 만들어 줍니다.
networkid는 1234를 맞춰줍니다. 여기서 중요한 점은 rpcport와 port입니다. rpcport는 추후
web3나 외부 지갑 프로그램을 연동할 때 사용하는 포트이며, port는 노드끼리 연결할 때 사용
하는 포트입니다. 하나의 컨테이너에서 동작하기 때문에 rpcport와 port가 노드 2를 구동할 때
중복되지 않게 실행합니다.

● 노드 2 구동

노드 2를 구동할 땐 터미널을 하나 더 띄워서 exec를 이용하여 접속합니다. 노드 1이 구동 중인
상태에서 다중 접속 가능합니다.

```
$  docker exec -it ethereum.single.geth.com /bin/bash
```

앞에서 컨테이너 이름을 ethereum.single.geth.com으로 만들었기 때문에 ethereum.single.
geth.com에 접속합니다.

```
$ cd ~/node2 # 노드 2 디렉터리 이동

$ geth --datadir $PWD init singlecontainer_genesis.json

$ geth --networkid 1234 --datadir $PWD --rpc --rpcport 8546 --rpcaddr "0.0.0.0"
--rpccorsdomain "*" --rpcapi "admin,db,eth,debug,miner,net,shh,txpool,personal,
web3" --port 30304 console
```

노드 1과 동일하지만 rpcport, port는 다르게 설정합니다. 노드 2는 rpcport 8546, port 30304
를 사용합니다. 여기서 중요한 점은 **networkid**는 반드시 일치해야 한다는 점입니다.

[그림 2.43] 제네시스 블록 초기화 후 노드 2 구동

노드 2 구동을 완료했습니다. 노드 2도 노드 1처럼 제네시스 블록을 생성한 후 노드를 실행합니다.
net 모듈을 이용하면 해당 몇 개의 노드와 연결했는지 알 수 있습니다. 또한 다른 노드와 연결할
준비가 됐는지 확인할 수 있습니다.

```
> net
{
  listening: true,
  peerCount: 0,
  version: "1234",
  getListening: function(callback),
  getPeerCount: function(callback),
  getVersion: function(callback)
}
```

net 모듈을 호출하면 listening, peerCount, version 정보를 알려줍니다. listening은 해당 노드가 다른 노드와 연결할 준비가 되어 있는지에 대한 데이터입니다. true이면 다른 노드와 연결할 준비가 완료된 것입니다. peerCount는 현재 몇 개의 노드와 연결했는지 알려주는 정보입니다. version은 networkid를 의미합니다.

노드 1과 노드 2에서 net 모듈을 호출하면 동일한 결과를 얻을 수 있습니다. 피어를 연결하기 전에 한 가지 확인하고 넘어가겠습니다. 노드 2에는 계정(키스토어 파일)이 없습니다. 계정은 노드 1에서만 보유하고 있습니다.

```
> eth.accounts
["0xbf377a1a7a36e6c2e2034f8b3c417e7c58a0c471"]
> eth.getBalance('0xbf377a1a7a36e6c2e2034f8b3c417e7c58a0c471')
3000000000000000000
>

> eth.accounts
[]
> eth.getBalance('0xbf377a1a7a36e6c2e2034f8b3c417e7c58a0c471')
3000000000000000000
>
```

[그림 2.44] 노드 1, 노드 2에서 계정 비교

노드 2에서는 키스토어 파일을 가지고 있지 않더라도 동일하게 조회가 가능합니다. 계정을 생성한다는 의미는 개인키를 부여하여 해당 지갑 주소의 소유권을 준다는 의미입니다. 지갑 주소의 이더 보유량은 state를 통해 관리하고 블록과 트랜잭션을 통해 변경하기 때문에 개인키를 가지고 있다고 state에 데이터가 추가되거나 수정이 일어나지 않습니다. 그렇기 때문에 이더리움은 주소가 없다는 개념은 존재하지 않습니다. 단지 해당 주소에 대해 소유권을 아무도 가지고 있지 않을 뿐입니다. 그래서 소유권이 없는 주소에 이더를 보내더라도 정상적으로 처리가 됩니다.

결론은 계정 생성이란 계정의 소유권인 개인키를 제공하며, 개인키는 오직 트랜잭션을 발생할 때 서명을 목적으로 사용합니다. 계정을 생성한다고 실제 데이터가 저장되는 공간인 state에 변화는 없습니다.
다만 해당 시스템에서는 노드 1에서만 키스토어 파일을 가지고 있기 때문에 계정 잠금을 노드 1에서만 할 수 있으며, 노드 1에서만 트랜잭션을 발생할 수 있습니다. 만약 개인키를 안다면 어떠한 노드든 트랜잭션을 발생할 수 있습니다. 발생한 블록과 트랜잭션은 연결된 노드들끼리 공유하여 state를 동일하게 유지합니다. admin 모듈을 이용하여 노드의 정보 조회와 노드를 연결할 수 있습니다.

[그림 2.45] 노드 1 노드 정보

[그림 2.46] 노드 2 노드 정보

admin을 이용하면 노드에 대한 정보를 볼 수 있습니다. 여기서 중요한 부분은 노드 정보가 들어 있는 nodeInfo의 enode와 노드를 연결할 때 호출하는 addPeer()입니다. 노드 2에서 노드 1 연결을 시도하겠습니다.

노드 1에 있는 enode를 복사합니다.

```
enode://adf10741abc765acf42a561f7501c29120f80d97e9cf145b32ef94bfcd5
2cd9ae582c798200b395724cfd9a9b4b41a608c4372819ec1c90cacbe8f4c22ddb
9c1@1.224.170.209:30303?discport=63830
```

해당 내용을 노드 1에서 admin.addPeer()를 호출할 때 인자로 넘겨줍니다.

```
admin.addPeer('enode://adf10741abc765acf42a561f7501c29120f80d97e9cf145b32e
f94bfcd52cd9ae582c798200b395724cfd9a9b4b41a608c4372819ec1c90cacbe8f4c22ddb
9c1@127.0.0.1:30303')
```

enode 정보를 전달할 땐 그대로 넘기지 않고 주소 부분만 살짝 바꿔줍니다. 해당 경우는 한 컨테이너에서 테스트하기 때문에 127.0.0.1인 로컬 IP로 접속합니다.

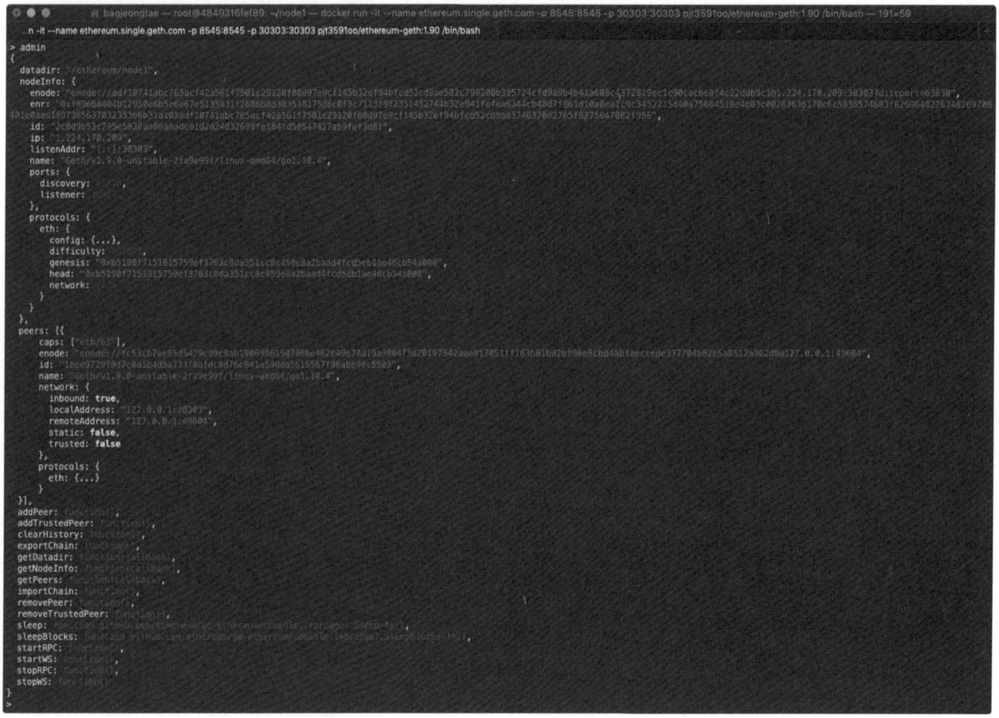

[그림 2.47] 노드 1에서 노드 2 연결 확인

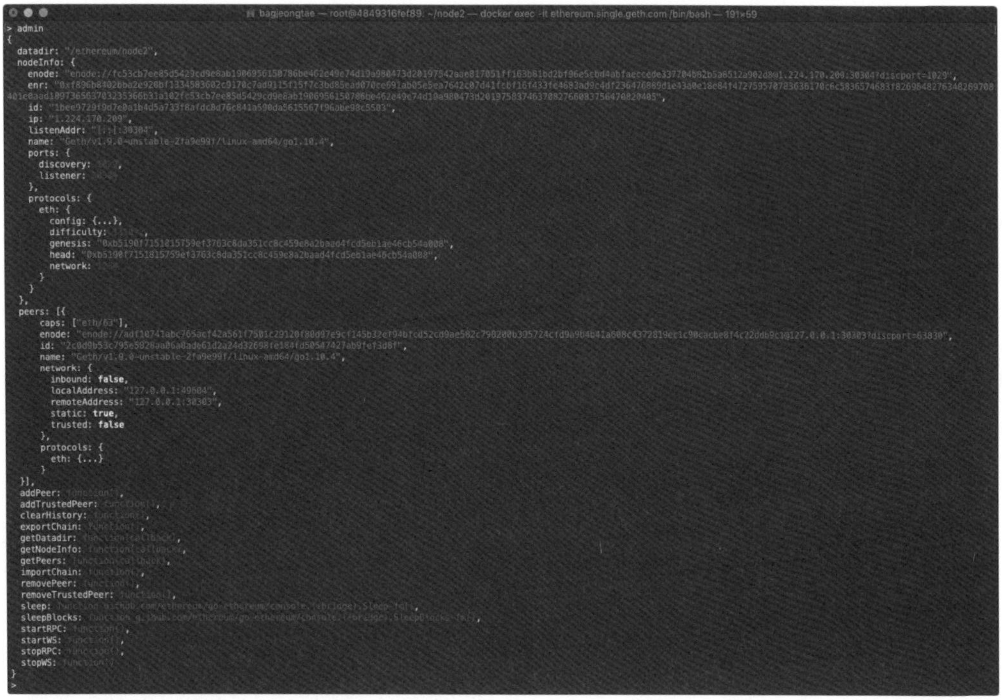

[그림 2.48] 노드 2에서 노드 1 연결 확인

admin을 확인하면 peers에 서로의 노드 정보가 있습니다.

```
> net
{
  listening: true,
  peerCount: 1,
  version: "1234",
  getListening: function(callback),
  getPeerCount: function(callback),
  getVersion: function(callback)
}
```

net 모듈을 다시 확인하면 peerCount가 1로 올랐습니다. geth를 이용하여 단일 컨테이너에서 인프라 구성을 완료했습니다. 노드를 더 늘리고 싶다면 같은 방법으로 작업하면 됩니다.

이제 노드 2에서 마이닝을 통해 블록을 생성하면 노드 1에서 블록을 동기화합니다. 양쪽 노드는 동일한 체인을 형성하여 state를 공유합니다.

[그림 2.49] 멀티노드에서 이더리움 단일 체인

노드 2에서 블록을 생성하면 노드 1에 전달하고 노드 1은 블록 생성자에 대해서 똑같이 이더 보상을 주어 state를 업데이트합니다. 만약 노드 2에서 트랜잭션을 발생하면 노드 1로 트랜잭션을 전달하게 됩니다.

만약 다수의 노드를 구축할 때 admin.addPeer()을 매번 입력할 경우 시간이 오래 걸리기 때문에 파일로 저장하여 노드를 구동할 때 자동으로 연결할 수 있습니다. 이때 파일 이름은 static-nodes.json으로 해야 합니다. 해당 파일의 위치는 각 노드 디렉터리에서 keystore 디렉터리와 동일한 위치에 두면 됩니다.

```
[
    "enode://adf10741abc765acf42a561f7501c29120f80d97e9cf145b32ef94bf
cd52cd9ae582c798200b395724cfd9a9b4b41a608c4372819ec1c90cacbe8f4c22ddb
9c1@1.224.170.209:30303",
    "enode://fc53cb7ee85d5429cd9e8ab1906956150786be462e49e74d19a980473d20197542
aae817051ff163b81bd2bf96e5cbd4abfaeccede337704b82b5a8512a902d8@127.0.0.1:30304"
]
```

지금까지 단일 컨테이너 기반에서 멀티노드를 운영하는 방법을 알아보았습니다. 다음으로는 도커 컨테이너를 다수의 형태로 멀티노드 환경을 알아보겠습니다. 앞의 내용을 잘 이해했다면 컨테이너를 생성하는 부분을 제외하고 크게 달라진 부분은 없습니다.

5-2 다중 컨테이너에서 멀티노드 운영

앞에서는 하나의 컨테이너에서 로컬로 노드를 운영해 보았습니다. 이번에는 물리적으로 분리된 것처럼 환경을 구성해보기 위해 다수의 컨테이너를 사용합니다.

- 컨테이너 1 생성

```
$ docker run -it --name ethereum.multi1.geth.com -p 8545:8545 -p 30303:30303
pjt3591oo/ethereum-geth:1.90 /bin/bash
```

- 컨테이너 2 생성

```
$ docker run -it --name ethereum.multi2.geth.com -p 8546:8545 -p 30304:30303
pjt3591oo/ethereum-geth:1.90 /bin/bash
```

각각의 컨테이너는 독립된 공간을 사용하기 때문에 8545, 30303을 사용합니다. 하지만 호스트로부터 포트 포워딩을 하기 때문에 호스트 포트는 겹치지 않게 합니다.

[코드 2-4] 제네시스 파일 생성   (파일명: ./codes/ch/ch2/multicontainer_genesis.json)

```
 1  {
 2    "config": {
 3      "chainId": 190128,
 4      "homesteadBlock": 0,
 5      "eip155Block": 0,
 6      "eip158Block": 0
 7    },
 8    "alloc": {},
 9    "coinbase": "0x0000000000000000000000000000000000000000",
10    "difficulty": "0x20000",
11    "extraData": "",
12    "gasLimit": "0x2fefd8",
13    "nonce": "0x0000000000000042",
14    "mixhash": "0x0000000000000000000000000000000000000000000000000000000000000000",
15    "parentHash": "0x0000000000000000000000000000000000000000000000000000000000000000",
16    "timestamp": "0x00"
17  }
```

alloc은 {} 비워서 진행해 보겠습니다.

```
$ cd ~/

$ mkdir node
```

제네시스 파일을 각 컨테이너에 접속하여 ~/node에서 만들어 줍니다.

- 노드 1 구동(**ethereum.multi1.geth.com**)

```
$ cd ~/node

$ geth --datadir $PWD init multicontainer_genesis.json

$ geth --networkid 1234 --datadir $PWD --rpc --rpcport 8545 --rpcaddr "0.0.0.0"
--rpccorsdomain "*" --rpcapi "admin,db,eth,debug,miner,net,shh,txpool,personal,
web3" --port 30303 console
```

- 노드 2 구동(**ethereum.multi2.geth.com**)

```
$ cd ~/node

$ geth --datadir $PWD init multicontainer_genesis.json

$ geth --networkid 1234 --datadir $PWD --rpc --rpcport 8545 --rpcaddr "0.0.0.0"
--rpccorsdomain "*" --rpcapi "admin,db,eth,debug,miner,net,shh,txpool,personal,
web3" --port 30303 console
```

[그림 2.50] 다수의 컨테이너에서 제네시스 블록 생성

각각의 컨테이너에서 노드를 구동한 후 단일 컨테이너에서 작업한 것과 동일하게 진행하면 됩니다.

admin을 이용하여 각 컨테이너에 실행 중인 노드의 enode 정보를 가져온 후 admin.addPeer( )을 이용하여 연결을 시도하면 됩니다. static−nodes.json을 이용하면 노드 실행 시 해당 파일에 명시된 노드들과 연결을 시도합니다. 다중 컨테이너지만 동일한 호스트에 있으므로 IP는 127.0.0.1로 표기할 수 있습니다.

5-3 도커컴포즈를 이용하여 다수 컨테이너 관리

앞에서 다수의 컨테이너를 생성하여 노드를 운영했습니다. 멀티노드를 운영할 컨테이너를 생성하기 위해 docker run을 여러 번 동작해야 합니다. 이 방법은 노드가 많아질수록 매우 비효율적으로 되며 각 컨테이너마다 설정값을 기억하기는 쉽지 않습니다. 마지막으로 도커컴포즈를 이용하여 다수의 컨테이너를 생성하는 방법을 알아보겠습니다.

[코드 2-5] 제네시스 파일　　　　　　　　　　(파일명: ./codes/ch/ch2/genesis2.json)

```
 1  {
 2    "config": {
 3      "chainId": 190128,
 4      "homesteadBlock": 0,
 5      "eip155Block": 0,
 6      "eip158Block": 0
 7    },
 8    "alloc": {},
 9    "coinbase": "0x0000000000000000000000000000000000000000",
10    "difficulty": "0x20000",
11    "extraData": "",
12    "gasLimit": "0x2fefd8",
13    "nonce": "0x0000000000000042",
14    "mixhash": "0x000000000000000000000000000000000000000000000000000000000
15 00000",
16    "parentHash": "0x0000000000000000000000000000000000000000000000000000
17 00000000",
18    "timestamp": "0x00"
19  }
```

```
 1  version: "2"
 2
 3  services:
 4    ethereum.node1.com:
 5      image: "pjt3591oo/ethereum-geth:1.90"
 6      tty: true
 7      ports:
 8        - 8545:8545
 9        - 30305:30305
10      environment:
11        ENV: ETHERNODE1
12        RPCPORT: 8545
13        PORT: 30303
14      volumes:
15        - ./genesis2.json:/ethereum/genesis.json
16      container_name: ethereum.node1.com
17      # command: geth --networkid 1234 --datadir /ethereum --rpc --rpcport
18  8545 --rpcaddr "0.0.0.0" --rpccorsdomain "*" --rpcapi "admin,db,eth,debug,m
19  iner,net,shh,txpool,personal,web3" --port 30303
20      working_dir: /ethereum
21
22    ethereum.node2.com:
23      image: "pjt3591oo/ethereum-geth:1.90"
24      tty: true
25      ports:
26        - 8546:8546
27        - 30304:30304
28      environment:
29        ENV: ETHERNODE2
30        RPCPORT: 8546
31        PORT: 30304
32      volumes:
33        - ./genesis2.json:/ethereum/genesis.json
34      container_name: ethereum.node2.com
35      # command: geth --networkid 1234 --datadir /ethereum --rpc --rpcport
36  8545 --rpcaddr "0.0.0.0" --rpccorsdomain "*" --rpcapi "admin,db,eth,debug,m
37  iner,net,shh,txpool,personal,web3" --port 30303
38      working_dir: /ethereum
```

genesis2.json과 docker-compose.yaml을 같은 디렉터리에 놔둡니다. 도커컴포즈 설정 방법을 알아보겠습니다. 도커컴포즈는 서비스명으로 시작하여 설정 정보로 이루어져 있습니다. docker run으로 실행할 때 어떤 옵션과 매핑되는지 알아보겠습니다.

docker-compose	docker run
port	p
volume	v
working_dir	w

image는 해당 서비스(컨테이너)를 생성하기 위해 사용할 이미지입니다. command는 해당 서비스 생성 시 실행할 명령어입니다.

```
$ docker-compose -f [docker-compose.yaml 파일] up -d
```

docker-compose의 up을 이용하여 docker-compose.yaml에 정의된 설정값으로 컨테이너를 생성합니다. f는 어떤 파일을 기준으로 실행시킬지 설정하며, d는 해당 컨테이너들을 백그라운드 형태로 동작하겠다는 것을 의미합니다. 만약 d 옵션을 붙이지 않으면 백그라운드로 동작하지 않아 터미널에서 세션을 계속 유지하고 있습니다.

docker-compose로 컨테이너를 띄울 때 docker-compose.yaml 파일 이름일 경우 f와 파일명을 생략해도 됩니다. f [파일명]을 생략할 경우 자동으로 docker-compose.yaml 파일을 찾습니다.

```
$ docker-compose up -d
```

[그림 2.51] 도커컴포즈를 이용하여 다수 컨테이너 생성

도커컴포즈 파일에 정의된 설정값대로 컨테이너를 생성했습니다.

- 컨테이너 1 접속

```
$ docker exec -it ethereum.node1.com /bin/bash
```

- 컨테이너 2 접속

```
$ docker exec -it ethereum.node2.com /bin/bash
```

생성된 컨테이너에 접속하면 워킹 디렉터리(작업 디렉터리)가 ~/로 설정되어 있어 cd ~/을 하지 않더라도 해당 디렉터리로 들어와 있습니다. 그리고 ls를 이용하여 파일 또는 디렉터리를 확인하면 genesis.json 파일도 함께 있습니다. 이후 geth를 이용하여 네트워크 운용 방법은 앞에서 진행했던 내용과 동일합니다.

모든 컨테이너를 없애고 싶을 경우 **docker-compose down**을 이용합니다. docker-compose 로 실행한 컨테이너를 종료합니다.

```
$ docker-compose down
```

[그림 2.52] 도커컴포즈로 생성한 컨테이너 종료

5-4 geth 배포 환경

앞에서 이더리움 노드를 실행할 때 console 옵션을 이용하여 콘솔 모드로 노드를 실행했습니다. 하지만 console 모드로 노드를 실행하면 백그라운드로 실행하는 데 어려움이 있습니다. production(배포) 환경에 배포할 땐 console 옵션을 명시하지 않고 & 표시를 주어 백그라운드로 동작하도록 합니다. 이럴 경우 geth의 attach 명령어를 통해 외부 서버에서 콘솔 모드로 접속할 수 있습니다.

```
$ geth attach [노드 IP]:[노드 RPC PORT]
```

[그림 2.53] geth attach 접속

노드의 IP와 RPC PORT를 알고 있다면 attach를 이용하면 원격 시스템에서 특정 노드에 접속 가능합니다.

```
$ geth --networkid 1234 --datadir $PWD --rpc --rpcport 8545 --rpcaddr "0.0.0.0"
--rpccorsdomain "*" --rpcapi "admin,db,eth,debug,miner,net,shh,txpool,personal,
web3" --port 30303 console
```

노드를 실행할 때 rpcapi를 입력하게 됩니다. 이 부분이 외부에서 접속 시 사용 가능한 모듈 (API)입니다. 일반적으로 personal은 계정 생성 시 키스토어 파일을 계속 생성하기 때문에 personal은 노출하지 않습니다.

노드를 구동할 때 genesis.json을 init하고 geth를 실행하도록 수정합니다.

[코드 2-7] 운영 환경에서의 도커컴포즈 파일 (파일명: ./codes/ch/ch2/docker-compose-production.yaml)

```
1  version: "2"
2
3  services:
4    ethereum.node1.com:
5      image: "pjt3591oo/ethereum-geth:1.90"
6      tty: true
7      ports:
8        - 8545:8545
9        - 30305:30305
10     environment:
11       ENV: ETHERNODE1
12       RPCPORT: 8545
```

```
13      PORT: 30303
14    volumes:
15      - ./genesis2.json:/ethereum/genesis.json
16    container_name: ethereum.node1.com
17    command: >
18      sh -c "geth --datadir $PWD init genesis.json
19            geth --networkid 1234 --datadir /ethereum --rpc --rpcport 8545
20  --rpcaddr '0.0.0.0' --rpcvhosts='*' --rpccorsdomain '*' --rpcapi 'admin,db,
21  eth,debug,miner,net,shh,txpool,web3' --port 30303"
22    working_dir: /ethereum
23
24  ethereum.node2.com:
25    image: "pjt3591oo/ethereum-geth:1.90"
26    tty: true
27    ports:
28      - 8546:8546
29      - 30304:30304
30    environment:
31      ENV: ETHERNODE2
32      RPCPORT: 8546
33      PORT: 30304
34    volumes:
35      - ./genesis2.json:/ethereum/genesis.json
36    container_name: ethereum.node2.com
37    command: >
38      sh -c "geth --datadir $PWD init genesis.json
39            geth --networkid 1234 --datadir /ethereum --rpc --rpcport 8545
40  --rpcaddr '0.0.0.0' --rpcvhosts='*' --rpccorsdomain '*' --rpcapi 'admin,db,
41  eth,debug,miner,net,shh,txpool,web3' --port 30303"
42    working_dir: /ethereum
43
44  cli:
45    image: "pjt3591oo/ethereum-geth:1.90"
46    tty: true
47    container_name: cli
48  working_dir: /ethereum
49    command: /bin/bash
50    depends_on:
```

```
51          - ethereum.node1.com
52          - ethereum.node2.com
```

앞의 예제와 다르게 cli 컨테이너를 추가했습니다. 그리고 이더리움 노드의 command를 genesis 생성한 후 노드를 실행하는 명령어까지 자동으로 실행합니다. sh -c는 여러 명령어를 실행할 때 사용하는 명령어입니다. 실제 운영 환경에서는 실행 중인 노드에 직접 접속하지 않고 하나의 제어 서버에서 해당 노드에 접속하여 제어하게 됩니다.

```
$ docker-compose -f docker-compose-production.yaml up -d
```

d 옵션을 주지 않으면 로그를 확인할 수 있습니다. d 옵션을 주지 않았다면 터미널 창을 하나 더 띄워서 다음의 명령어를 입력하여 cli 컨테이너 접속을 합니다.

```
$ docker exec -it cli /bin/bash
```

● 노드 1 접속

```
컨테이너id# geth attach http://ethereum.node1.com:8545
```

● 노드 2 접속

```
컨테이너id# geth attach http://ethereum.node2.com:8545
```

cli 컨테이너에서 **attach** 명령어를 통해 각 노드에 접속하여 제어하게 됩니다. 컨테이너끼리 컨테이너 이름을 이용하여 통신이 가능합니다. 그렇기 때문에 노드에 접속할 때 ip를 직접 명시하지 않고 컨테이너 이름으로 대체 가능합니다.

geth 기반으로 세 가지 형태의 private network 구축 방법을 알아보았습니다. 또한 운영 환경에서 적합한 형태로 도커 환경을 구성하는 방법을 다뤄봤습니다. 다음 장에서는 parity를 기반으로 네트워크 운영 방법을 알아보겠습니다.

PART 3

parity를 활용한
이더리움 네트워크 구축

geth를 활용하여 이더리움 기반의 네트워크 구축 방법을 알아봤습니다. 이 번에는 parity를 활용하여 private 환경에 적합한 형태의 네트워크 구축 방법을 다룹니다. 전체적인 흐름은 geth와 동일합니다. private 환경에 최적화된 인프라 구축 방법을 다룹니다.

1 parity 기반의 이더리움 환경 구축

parity는 rust 언어로 만들어진 이더리움 클라이언트 프로그램입니다. geth는 작업증명인 POW 방식의 합의 알고리즘만 사용 가능합니다. 하지만 parity는 권한증명인 **POA**와 **POW**를 선택적으로 사용 가능합니다. 또한 parity는 자체적으로 cli 접속을 할 수 없기 때문에 geth의 attach를 활용하여 조작 가능합니다. 이번에도 도커를 활용하여 parity 기반 환경을 구축합니다.

1-1 이더리움 이미지 받기

도커를 활용해서 이더리움 네트워크 개발 환경을 구축하기 위해서는 가장 먼저 이미지를 내려 (pull)받아야 합니다.

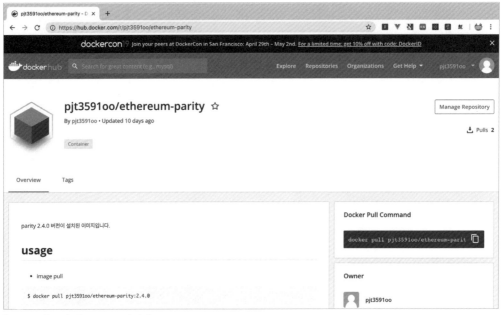

[그림 3.1] 도커 허브 parity 이미지

https://hub.docker.com/r/pjt3591oo/ethereum-parity에서 parity가 설치된 이미지를 확인할 수 있습니다.

Overview와 Tags에서 해당 이미지의 설명과 버전을 확인할 수 있습니다.

```
$ docker pull pjt3591oo/ethereum-parity:2.4.0
```

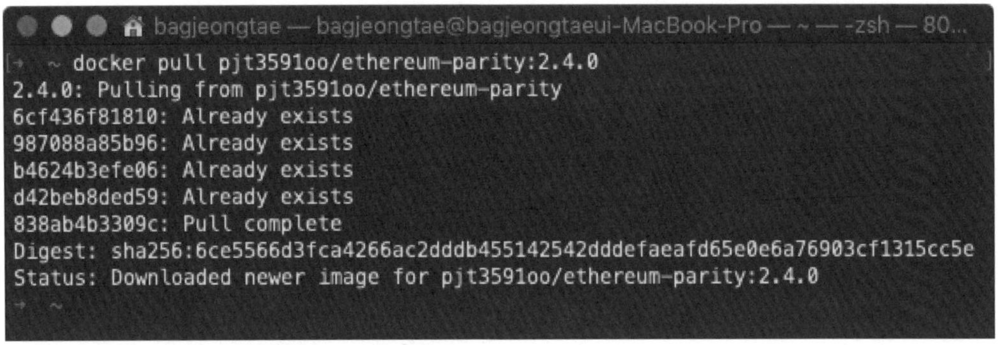
bagjeongtae — bagjeongtae@bagjeongtaeui-MacBook-Pro — ~ — -zsh — 80...
→ ~ docker pull pjt3591oo/ethereum-parity:2.4.0
2.4.0: Pulling from pjt3591oo/ethereum-parity
6cf436f81810: Already exists
987088a85b96: Already exists
b4624b3efe06: Already exists
d42beb8ded59: Already exists
838ab4b3309c: Pull complete
Digest: sha256:6ce5566d3fca4266ac2dddb455142542dddefaeafd65e0e6a76903cf1315cc5e
Status: Downloaded newer image for pjt3591oo/ethereum-parity:2.4.0
→ ~
[그림 3.2] 이더리움 환경이 설치된 도커 이미지 받아오기

pull 명령어를 이용하여 [그림 3.2]처럼 이미지를 받아옵니다.

```
$ docker images
```

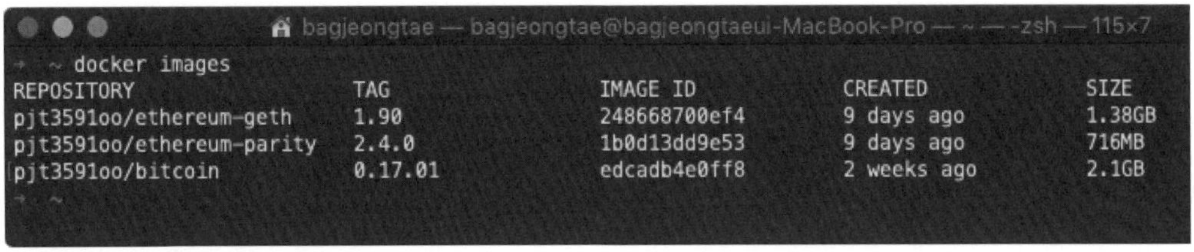
bagjeongtae — bagjeongtae@bagjeongtaeui-MacBook-Pro — ~ — -zsh — 115×7
→ ~ docker images
REPOSITORY TAG IMAGE ID CREATED SIZE
pjt3591oo/ethereum-geth 1.90 248668700ef4 9 days ago 1.38GB
pjt3591oo/ethereum-parity 2.4.0 1b0d13dd9e53 9 days ago 716MB
pjt3591oo/bitcoin 0.17.01 edcadb4e0ff8 2 weeks ago 2.1GB
→ ~
[그림 3.3] 이더리움 도커 이미지 확인

ethereum-geth와 bitcoin과 같이 내려받은 이미지를 확인할 수 있습니다.

1-2 이더리움 컨테이너 생성

해당 이미지를 통해 실습 가능한 컨테이너를 생성합니다.

```
$ docker run -it --name ethereum.parity.com -p 8545:8545 -p 30303:30303
pjt3591oo/ethereum-parity:2.4.0 /bin/bash
```

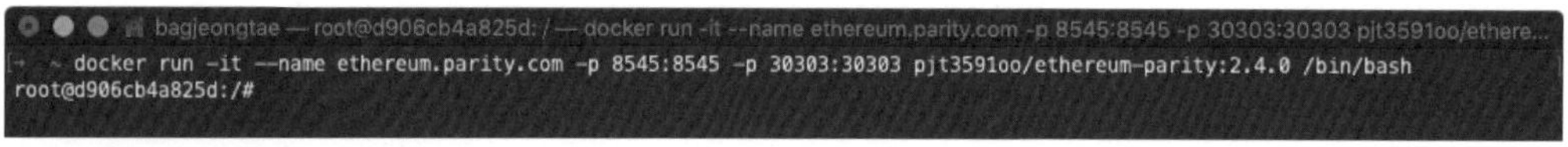

[그림 3.4] 이더리움 컨테이너 실행

run을 이용하여 parity 기반의 이더리움 환경 구축을 완료했습니다. geth와 마찬가지로 8545번과 30303번 포트를 포워딩합니다.

```
~ docker ps
CONTAINER ID   IMAGE                              COMMAND       CREATED         STATUS          PORTS                                              NAMES
d906cb4a825d   pjt3591oo/ethereum-parity:2.4.0    "/bin/bash"   2 minutes ago   Up 12 seconds   0.0.0.0:8545->8545/tcp, 0.0.0.0:30303->30303/tcp   ethereum.parity.com
```

[그림 3.5] 이더리움 컨테이너 확인

exit로 해당 컨테이너를 종료하고 ps를 이용하여 컨테이너를 확인합니다. 아무것도 뜨지 않는다면 해당 컨테이너가 종료됐기 때문입니다. 이럴 때는 start를 이용하여 해당 컨테이너를 다시 실행한 후 exec로 해당 컨테이너에 접속할 수 있습니다.

```
$ docker start ethereum.parity.com
```

```
$ docker exec -it ethereum.parity.com /bin/bash
```

해당 컨테이너에 접속한 후 help 옵션을 통해 parity 사용법을 알 수 있습니다.

2 POA 기반 네트워크 구축을 위한 제네시스 블록 생성

제네시스 블록을 생성하기 전에 POA가 무엇인지 알아보겠습니다.

2-1 POA

POA는 Proof Of Authority의 약자로 권한증명을 의미합니다. POA 기반의 네트워크는 POW처럼 컴퓨팅 파워를 사용하지 않습니다. 블록을 생성하는 계정을 미리 등록하여 등록된 계정들이 순차적으로 블록을 생성하는 방식입니다. 즉, 블록을 생성할 계정을 미리 등록합니다. POA에서 블록을 생성하는 계정을 validator이라고 합니다.

POA는 private network에 최적화된 알고리즘입니다. private network는 노드의 신뢰를 보장합니다. POW같은 많은 리소스를 사용하는 알고리즘은 적합하지 않습니다. 또한 POA는 validator가 정해져 있기 때문에 블록 생성 속도를 컨트롤할 수 있습니다. 일반적으로 5초 정도 설정을 합니다. 한 가지 단점이 있다면 처음 설정한 validator를 네트워크 구동이 되고 나면 추가/삭제가 불가능합니다. 그리고 validator를 너무 많이 등록하면 블록 생성 주기를 5초로 설정해도 더 많은 시간을 소요합니다.

POA는 POS와 비슷하지만 POS와 다르게 지분 개념이 없습니다. POS는 보유 코인량으로 지분력을 행하지만 POA는 validator로 등록된 계정들이 순차적으로 블록을 생성합니다.

이더리움은 합의 알고리즘에 따라 부르는 명칭이 있습니다.

- **POW:** Ethash
- **POS:** Casper
- **POA:** Clique

POA는 속도가 빠르다는 장점을 가지고 있지만, 블록 생성 노드가 validator로 정해져 있기 때문에 신뢰를 분산해야 한다면 적합하지 않을 수 있습니다.

이더리움의 공개된 네트워크는 1개의 메인 네트워크와 3개의 테스트 네트워크로 이루어져 있습니다. 3개의 테스트 네트워크 중에 Kovan 이름을 가진 테스트 네트워크는 POW가 아닌 POA기반으로 구성된 네트워크입니다.

Validator 계정 생성 & 제네시스 블록 파일 생성

validator로 등록할 지갑 주소를 생성합니다. validator로 등록할 지갑 주소는 일반적인 지갑 주소(EOA)와 동일합니다.

```
$ mkdir node1
$ cd node1

$ parity account new --keys-path $PWD/keys
```

```
root@d906cb4a825d:~/node1/keys/ethereum# cd ~/node1
root@d906cb4a825d:~/node1# parity account new --keys-path $PWD/keys
Please note that password is NOT RECOVERABLE.
Type password:
Repeat password:
0x6828e7cc0f42945a678447effc814800e46a360a
root@d906cb4a825d:~/node1# parity account new --keys-path $PWD/keys
Please note that password is NOT RECOVERABLE.
Type password:
Repeat password:
0x279d5ddcdcde0ca842c025fc2ada7287aa2b5a7f
root@d906cb4a825d:~/node1# parity account new --keys-path $PWD/keys
Please note that password is NOT RECOVERABLE.
Type password:
Repeat password:
0xe604f302354b95ca851272ecd1fe37776824a399
root@d906cb4a825d:~/node1# parity account new --keys-path $PWD/keys
Please note that password is NOT RECOVERABLE.
Type password:
Repeat password:
0x914e472c45cb1156a2dd2a138b82832b67cd9e4c
root@d906cb4a825d:~/node1# cd keys/ethereum/
root@d906cb4a825d:~/node1/keys/ethereum# ls
UTC--2019-03-17T06-28-23Z--b141da74-6957-f7ed-4ccc-a605c403006c
UTC--2019-03-17T06-38-27Z--106f7628-c9a2-2686-dbac-a73f767d40cf
UTC--2019-03-17T06-38-29Z--227ddc42-0711-4ed4-d7e0-e673ee882a39
UTC--2019-03-17T06-38-38Z--f13d9238-60a7-c585-b97c-e7128b068448
UTC--2019-03-17T06-38-39Z--e8e72819-4543-a029-2172-5c61bd3e8d2a
root@d906cb4a825d:~/node1/keys/ethereum#
```

[그림 3.6] 계정 생성

계정을 생성하면 생성된 주소를 출력합니다.

parity는 keys 디렉터리에서 키스토어 파일을 디렉터리로 구분하여 관리합니다. [그림 3.6]은 5개의 계정을 생성한 모습입니다. 여기서 생성한 계정을 validator 등록과 초기 이더 할당을 위해 제네시스 파일을 만듭니다.

[코드 3-1] POA_genesis.json	(파일명: ./codes/ch/ch3/poa_genesis.json)

```
1  {
2    "name": "ethereum",
3    "engine": {
```

```
 4      "authorityRound": {
 5        "params": {
 6          "blockReward": "0x4563918244F40000",
 7          "stepDuration": "5",
 8          "validators": {
 9            "list": [
10              "0x6828e7cc0f42945a678447effc814800e46a360a",
11              "0x279d5ddcdcde0ca842c025fc2ada7287aa2b5a7f",
12              "0xe604f302354b95ca851272ecd1fe37776824a399",
13              "0x914e472c45cb1156a2dd2a138b82832b67cd9e4c"
14            ]
15          }
16        }
17      }
18    },
19    "params": {
20      "gasLimitBoundDivisor": "0x400",
21      "maximumExtraDataSize": "0x20",
22      "minGasLimit": "0x1388",
23      "networkID": "0x2323",
24      "eip155Transition": 0,
25      "validateChainIdTransition": 0,
26      "eip140Transition": 0,
27      "eip211Transition": 0,
28      "eip214Transition": 0,
29      "eip658Transition": 0
30    },
31    "genesis": {
32      "seal": {
33        "authorityRound": {
34          "step": "0x0",
35          "signature": "0x0000000000000000000000000000000000000000000000000
36 0000000000000000000000000000000000000000000000000000000000000000000000000
37 0000"
38        }
39      },
40      "difficulty": "0x1000000000000012010210201201021000000",
41      "gasLimit": "0x2625A00"
```

```
42      },
43      "accounts": {
44        "0xc4bb4570a1a635cb52cf798152dc9196b3494346": {
45          "balance": "100000000000000000000000000"
46        }
47      }
48  }
```

해당 파일을 node1 디렉터리 안에 keys와 같은 위치에 만듭니다. parity에서 제네시스를 만들기 위해 사용하는 파일은 크게 5개의 구조로 이루어집니다.

- **name**: 체인을 식별하는 데 사용하는 이름입니다. 블록, 트랜잭션, 상태를 저장하는 디렉터리 이름으로 사용합니다. 또한 keys에서 name에 해당하는 이름을 가진 디렉터리에 있는 계정을 사용합니다.
- **engine**: 합의 알고리즘 엔진을 선택합니다. 엔진 종류는 **ethash, authorityRound**가 있습니다. ethash는 POW를 의미하고 authorityRound는 POA를 의미합니다. authorityRound는 params를 가지고 있으며 blockReward, stepDuration, validators를 통해 블록 보상, 블록 생성 주기, 블록 생성자를 정할 수 있습니다.
- **params**: 체인을 생성하기 위해 사용할 파라미터입니다.
- **genesis**: 이 부분이 실제 제네시스 블록에 포함될 내용입니다. 0번째 블록의 헤더 정보를 포함하고 있습니다.
- **accounts**: 제네시스 블록 생성 시 특정 계정에 이더리움을 할당합니다.

2-3 제네시스 블록 생성 & 노드 실행

parity는 geth와 다르게 init 명령어를 이용하여 제네시스 블록을 만들지 않습니다.

```
$ cd ~/node1

$ parity --base-path $PWD --chain poa_genesis.json --jsonrpc-cors "*"
--jsonrpc-interface "0.0.0.0" --geth
```

[그림 3.7] parity 노드 실행 - 제네시스 블록 생성

parity는 노드를 실행하면 자동으로 제네시스 블록을 생성합니다. 또한 enode 정보를 출력하여 다른 노드에서 해당 enode로 연결할 수 있습니다.

[Ctrl] + [C]를 눌러 노드를 종료하거나 exec로 컨테이너에 접속하여 node1 디렉터리 구조를 보면 다음과 같습니다.

[그림 3.8] 노드 실행 후 디렉터리 변경

노드를 실행하면 geth보다 더 다양한 형태의 디렉터리를 생성합니다. chains가 block, transaction, state를 저장하는 공간이며 해당 디렉터리 내부에 ethereum 이름을 가진 디렉터리에 데이터를 쌓습니다. 이유는 poa_genesis.json의 name을 ethereum으로 했기 때문입니다.

2-4 노드 실행 옵션

parity를 이용하여 네트워크 구축을 할 때 다양한 옵션을 넣어줄 수 있습니다.

```
$ parity -h
```

parity, geth, bitcoind 등 다양한 프로그램을 터미널을 통해 사용할 수 있습니다. -h 옵션은 해당 프로그램의 옵션 도움말을 가져옵니다. parity도 마찬가지로 -h 옵션을 이용하여 어떤 옵션을 설정할 수 있는지 확인할 수 있습니다.

parity 기반의 네트워크 운용 시 주요한 옵션 위주로 알아보겠습니다. 앞에서 parity 노드를 실행하기 위해 간단하게 옵션을 보았습니다.

- **base-path**: 데이터 저장 경로 명시
- **chain**: 제네시스 블록, 합의 알고리즘 등 정보 명시
- **jsonrpc-cors**: 크로스 도메인 명시
- **jsonrpc-interface**: rpc 허용 IP 명시(0.0.0.0은 모든 IP 대역 허용)
- **gas-floor-target**: 블록이 생성될 때 가스의 총합 제한 명시(기본값: 8000000)
- **min-gas-price**: 트랜잭션 발생했을 때 gasprice 설정(0으로 설정하면 수수료 지불하지 않음)
- **reserved-peers**: 연결할 피어들의 enode가 작성된 파일 경로 명시
- **min-peers**: 피어 연결 노드의 최소값 명시
- **max-peers**: 피어 연결 노드의 최대값 명시
- **engine-signer**: genesis 파일에서 validator로 등록한 지갑 주소 중 하나 명시(validator에 명시하지 않은 지갑 주소를 넣으면 에러 발생)
- **password**: validator에 등록한 지갑 주소의 키스토어 파일의 패스워드가 적힌 파일 경로 명시
- **port**: 피어들끼리 연결할 때 사용할 포트 번호 명시(기본값: 30303)
- **jsonrpc-port**: rpc 연결을 하기 위해 사용할 포트 번호 명시(기본값: 8545)
- **config**: 옵션을 파일로 설정한 파일 경로 명시(기본값: $BASE/config.toml)
- **log-file**: parity 노드에서 발생한 로그를 기록할 파일 명시

password, reserved-peers는 파일을 명시합니다. 해당 파일들은 각 노드의 enode, validator에 등록한 지갑 주소의 키스토어 파일의 비밀번호를 엔터로 구분하여 저장하면 됩니다.

```
$ parity --base-path $PWD/DATA_STORE --gasprice 0 --rpc --jsonrpc-cors "*"
--jsonrpc-interface "0.0.0.0" --geth --gas-floor-target 40000000 --chain $PWD/
chain.json --config $PWD/node.toml --reserved-peers $PWD/nodes --password $PWD/
password --engine-signer "0x6828e7cc0f42945a678447effc814800e46a360a" --port
30303 --jsonrpc-port 8545
```

앞에 나열한 옵션들을 사용하여 노드를 실행하면 앞의 명령어처럼 길어집니다. config 옵션을 통해 다양한 옵션을 파일로 전달 가능합니다.

2-5 config 파일을 이용하여 실행 옵션 관리

config 옵션을 이용하여 효율적으로 노드 실행 옵션을 관리하는 방법을 다뤄보겠습니다.

기존에 작업하던 컨테이너는 삭제합니다. 컨테이너에서 exit를 이용하여 빠져나온 후 다음의 명령어를 입력합니다.

● 기존 컨테이너 삭제

```
$ docker stop $(docker ps -qa) # 모든 컨테이너 stop
$ docker rm $(docker ps -qa).  # 모든 컨테이너 제거
```

$(docker ps -qa)는 모든 컨테이너 ID를 가져옵니다. 모든 컨테이너 ID를 가져와서 stop, rm을 실시합니다.

● 컨테이너 생성 & 접속

```
$ docker run -it --name ethereum.parity.com -p 8545:8545 -p 30303:30303
pjt3591oo/ethereum-parity:2.4.0 /bin/bash
```

```
$ docker exec -it ethereum.parity.com /bin/bash
```

● 파일 만들기

[코드 3-2] 옵션 설정 파일　　　　　　　　　　　　(파일명: ./codes/ch/ch3/config.toml)

```
 1  [parity]
 2  chain = "/ethereum/genesis.json"
 3  base_path = "/ethereum/" # 데이터를 저장할 경로
 4
 5  [network]
 6  port = 30303
 7  reserved_peers=  "/ethereum/nodes" # 연결될 피어 정보
 8  allow_ips = "all"
 9
10  [rpc]
11  port = 8545
12  apis = ["web3", "eth", "net", "personal", "parity", "parity_set", "traces"
13  ,"rpc", "parity_accounts"]
14
15  [account]
```

```
16   password = ["/ethereum/password"] # validator에 등록된 계정 비밀번호
17
18   [mining]
19   engine_signer = ""  # validator에 등록한 계정 중 하나 넣기
20   gas_floor_target = "40000000"
21
22   [misc]
23   logging = "own_tx=trace"
24   log_file = "/ethereum/log.log" # parity에서 발생한 로그가 쌓일 경로
25   color = true
```

genesis.json, nodes, password 파일을 만들어줍니다.

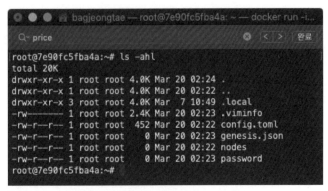

[그림 3.9] 설정 파일 생성 및 필요 파일 생성

[코드 3 – 2]처럼 config.toml 파일을 생성후 [그림 3.9]처럼 파일을 생성합니다. 다음으로 genesis.json 파일의 validator 등록을 위해 계정을 생성합니다. 생성된 계정을 genesis.json 파일의 validator에 등록 후 계정 중 하나를 config.toml의 engine_signer에 넣어준 후 password 파일에 비밀번호를 명시합니다.

● 계정 생성 후 **genesis.json** 생성

```
$ cd ~/

$ parity account new --keys-path $PWD/keys
```

[그림 3.10] 계정 생성

5개의 계정을 생성합니다. 생성된 계정 리스트는 다음과 같습니다.

```
1번 계정: 0x1024c83228eb1e487e599e8c0205508d869cfb82

2번 계정: 0x053224c0ede187c6d316e7c8d4e8982d8e3fd37d

3번 계정: 0xa7c10bf4f29b5099d0a0e4cf04d35be77481ff1c

4번 계정: 0x0c6d48ff98cdc298fc6d79dfe918736af1ff675c

5번 계정: 0x1d89b07fc3795be3903af36aab4b82b0196d8566
```

계정들을 validator에 등록하고 초기 이더를 할당하도록 genesis.json 파일과 config.toml 파일을 수정합니다.

[코드 3-3] genesis.json for POA	(파일명: ./codes/ch/ch3/genesis.json)

```
1  {
2    "name": "ethereum",
3    "engine": {
```

```
 4      "authorityRound": {
 5        "params": {
 6          "blockReward": "0x4563918244F40000",
 7          "stepDuration": "5",
 8          "validators": {
 9            "list": [
10              "0x1024c83228eb1e487e599e8c0205508d869cfb82",
11              "0x053224c0ede187c6d316e7c8d4e8982d8e3fd37d",
12              "0xa7c10bf4f29b5099d0a0e4cf04d35be77481ff1c",
13              "0x0c6d48ff98cdc298fc6d79dfe918736af1ff675c"
14            ]
15          }
16        }
17      }
18    },
19    "params": {
20      "gasLimitBoundDivisor": "0x400",
21      "maximumExtraDataSize": "0x20",
22      "minGasLimit": "0x1388",
23      "networkID": "0x2323",
24      "eip155Transition": 0,
25      "validateChainIdTransition": 0,
26      "eip140Transition": 0,
27      "eip211Transition": 0,
28      "eip214Transition": 0,
29      "eip658Transition": 0
30    },
31    "genesis": {
32      "seal": {
33        "authorityRound": {
34          "step": "0x0",
35          "signature": "0x0000000000000000000000000000000000000000000000000000
36  00000000000000000000000000000000000000000000000000000000000000000000000000
37  0000"
38        }
39      },
40      "difficulty": "0x10000000000000012010210201201021000000",
41      "gasLimit": "0x2625A00"
```

```
42      },
43      "accounts": {
44        "0x1d89b07fc3795be3903af36aab4b82b0196d8566": {
45          "balance": "1000000000000000000000000000"
46        }
47      }
48    }
```

1번부터 4번 계정은 validator로 등록하고 5번 계정은 accounts에 넣어서 초기에 이더를 할당합니다.

```
[mining]
engine_signer = "0x1024c83228eb1e487e599e8c0205508d869cfb82"
```

validator에 등록한 계정 리스트에서 1번 계정을 마이닝합니다.

[코드 3-4] 계정 비밀번호 파일	(파일명: ./codes/ch/ch3/password)

```
1  P
2  P
3  P
4  P
```

비밀번호를 나열합니다. genesis.json 파일의 validator에 등록한 계정들의 비밀번호를 입력하면 됩니다. 리스트에 등록한 계정의 구분은 엔터로 합니다.

● 노드 실행

```
$ cd ~/

$ parity --config $PWD/config.toml --geth
```

[그림 3.11] 설정 파일로 노드 실행

정상적으로 실행하면 [그림 3.11]처럼 출력 결과를 확인할 수 있습니다. parity는 현재 몇 개의 노드와 연결했는지 띄워줍니다.

config.toml에 설정된 옵션으로 노드를 실행할 수 있습니다. 여기서 노드를 연결하기 위해선 노드를 실행할 때 출력하는 enode 정보를 nodes 파일에 명시한 후 실행하면 됩니다. nodes가 비어 있으면 다른 노드와 연결하지 않습니다. 그리고 해당 디렉터리에서 노드를 다시 실행하더라도 같은 enode 정보를 얻습니다.

parity에서 POA를 사용할 경우 트랜잭션이 발생하지 않는다면 약 2분에 하나의 블록을 생성하고, 트랜잭션이 발생할 경우 genesis.json 파일 engine에서 **stepDuration**에 명시한 시간 동안 블록을 생성합니다(이 경우 너무 많은 지갑 주소를 validator에 등록하면 느려질 수 있음). 그리고 config.toml에서 engine_signer을 지우면 해당 노드는 마이닝을 하지 않습니다. 즉 engine_signer의 존재 여부에 따라 해당 노드가 마이닝을 할지 말지 선별할 수 있고, engine_signer는 genesis.json에서 validator 리스트에 명시한 지갑 주소 중 하나를 넣습니다.

3 멀티노드 운영

geth 기반의 이더리움 네트워크를 도커 기반으로 운영하는 방식에 이어 parity를 이용하여 네트워크 운영 방식도 도커 기반으로 진행합니다. geth에서는 하나의 노드와 멀티노드 두 가지 방법으로 멀티노드 운영 방법을 다뤄봤는데, 하나의 시스템에서 여러 개의 노드를 운영하는 방법은 권장하지 않습니다. parity 기반의 멀티노드 운영법은 다중 컨테이너를 기반으로 알아보겠습니다.

3-1 컨테이너 생성

노드로 운영될 컨테이너를 생성하고 노드 1과 노드 2를 만들어 줍니다. 각각 8545/30303과 8546/30304로 포트를 열어줍니다.

- 노드 1 컨테이너 생성

```
$ docker run -it --name ethereum.multi1.parity.com -p 8545:8545 -p 30303:30303
pjt3591oo/ethereum-parity:2.4.0 /bin/bash
```

- 노드 2 컨테이너 생성

```
$ docker run -it --name ethereum.multi2.parity.com -p 8546:8545 -p 30304:30303
pjt3591oo/ethereum-parity:2.4.0 /bin/bash
```

3-2 genesis.json 생성

두 번째 단계로 genesis.json 파일을 생성합니다. 앞에서 2개의 노드를 실행할 컨테이너를 생성했습니다. 노드 1번과 노드 2번 각각 2개의 계정을 따로 생성한 후 총 4개의 지갑 주소를 validator에 등록합니다.

- 노드 1에서 지갑 생성

```
$ docker exec -it ethereum.multi1.parity.com /bin/bash
$ cd ~/

$ parity account new --keys-path $PWD/keys
```

[그림 3.12] 노드 1에서 지갑 생성

- 노드 2에서 지갑 생성

```
$ docker exec -it ethereum.multi2.parity.com /bin/bash
$ cd ~/

$ parity account new --keys-path $PWD/keys
```

[그림 3.13] 노드 2에서 지갑 생성

각 노드에서 2개의 지갑을 생성합니다. 생성된 계정은 다음과 같습니다.

```
노드 1의 1번 계정: 0xd5bd2f47f735162e18a1214979128ef52cb1da86
노드 1의 2번 계정: 0x9086299eceb892774004d1093bbdf26ddb3b6bd7
노드 2의 1번 계정: 0xef5c88c53c65a170e3bef9399c394c3fffae0698
노드 2의 2번 계정: 0xff2149fb666865230bf7b818d06f485b0478b8a5
```

여기서 모든 노드는 validator로 등록하고 각 노드의 1번 계정은 초기 이더를 할당합니다.

[코드 3-5] 멀티노드 환경에서의 제네시스 파일   (파일명: ./codes/ch/ch3/multi_node/genesis.json)

```
1   {
2       "name": "ethereum",
3       "engine": {
4         "authorityRound": {
5           "params": {
6             "blockReward": "0x4563918244F40000",
7             "stepDuration": "5",
8             "validators": {
9               "list": [
10                  "0xd5bd2f47f735162e18a1214979128ef52cb1da86",
11                  "0x9086299eceb892774004d1093bbdf26ddb3b6bd7",
12                  "0xef5c88c53c65a170e3bef9399c394c3fffae0698",
13                  "0xff2149fb666865230bf7b818d06f485b0478b8a5"
14              ]
15            }
16          }
17        }
18      },
19      "params": {
20        "gasLimitBoundDivisor": "0x400",
21        "maximumExtraDataSize": "0x20",
22        "minGasLimit": "0x1388",
23        "networkID": "0x2323",
24        "eip155Transition": 0,
25        "validateChainIdTransition": 0,
26        "eip140Transition": 0,
27        "eip211Transition": 0,
28        "eip214Transition": 0,
29        "eip658Transition": 0
30      },
31      "genesis": {
32        "seal": {
33          "authorityRound": {
34            "step": "0x0",
35            "signature":
```

```
36    "0x000000000000000000000000000000000000000000000000000000000000000000
37    0000000000000000000000000000000000000000000000000000000"
38          }
39      },
40      "difficulty": "0x100000000000001201021020120102100000",
41      "gasLimit": "0x2625A00"
42    },
43    "accounts": {
44      "0xd5bd2f47f735162e18a1214979128ef52cb1da86": {
45        "balance": "1000000000000000000000000000"
46      },
47      "0xef5c88c53c65a170e3bef9399c394c3fffae0698": {
48        "balance": "1000000000000000000000000000"
49      }
50    }
51  }
```

해당 코드는 각 노드에 넣어줍니다. [그림 3.14]처럼 validator로 등록한 지갑 주소의 키스토어 파일에 대한 패스워드 파일을 만들어줍니다. 이제 설정 파일을 만든 후 노드를 실행합니다.

[그림 3.14] 제네시스 파일 생성

3-3 config.toml 생성

genesis.json 파일을 만들었으니 설정 파일을 만들어 줍니다.

- 노드 1 **config1.toml**

[코드 3-6] 노드 1 설정 파일   (파일명: ./codes/ch/ch3/multi_node/config1.toml)

```
 1  [parity]
 2  chain = "/ethereum/genesis.json"
 3  base_path = "/ethereum/"
 4
 5  [network]
 6  port = 30303
 7  reserved_peers=  "/ethereum/nodes"
 8  allow_ips = "all"
 9
10  [rpc]
11  port = 8545
12  apis = ["web3", "eth", "net", "personal", "parity", "parity_set", "traces"
13  ,"rpc", "parity_accounts"]
14  interface = "all"
15  cors = ["all"]
16
17  [account]
18  password = ["/ethereum/password"]
19
20  [mining]
21  engine_signer = "0x9086299eceb892774004d1093bbdf26ddb3b6bd7"
22  gas_floor_target = "40000000"
23
24  [misc]
25  logging = "own_tx=trace"
26  log_file = "/ethereum/log.log"
27  color = true
```

- 노드 2 **config2.toml**

[코드 3-7] 노드 2 설정 파일   (파일명: ./codes/ch/ch3/multi_node/config2.toml)

```
 1  [parity]
 2  chain = "/ethereum/genesis.json"
 3  base_path = "/ethereum/"
 4
```

```
 5  [network]
 6  port = 30303
 7  reserved_peers=  "/ethereum/nodes"
 8  allow_ips = "all"
 9
10  [rpc]
11  port = 8545
12  apis = ["web3", "eth", "net", "personal", "parity", "parity_set", "traces"
13  ,"rpc", "parity_accounts"]
14  interface = "all"
15  cors = ["all"]
16
17  [account]
18  password = ["/ethereum/password"]
19
20  [mining]
21  engine_signer = "0xff2149fb666865230bf7b818d06f485b0478b8a5"
22  gas_floor_target = "40000000"
23
24  [misc]
25  logging = "own_tx=trace"
26  log_file = "/ethereum/log.log"
27  color = true
```

각 노드에 들어가는 설정 파일에서 engine_signer만 다르게 넣어줍니다. 노드 1은 노드 1에서
생성한 두 번째 지갑 주소, 노드 2는 노드 2에서 생성한 두 번째 주소를 넣어줍니다.

여기서 중요한 점은 각 노드가 관리하는 지갑 주소에 보유 중인 키스토어 파일만 engine_
signer에 등록할 수 있습니다. 즉, 노드 2에서 생성한 지갑 주소를 노드 1에서 config1.toml의
engine_signer에 넣어주면 에러가 발생합니다. 하지만 노드 2에서 지갑을 생성하여 키스토어
파일을 노드 1에 옮겨주면 정상 동작합니다.

아직 각 노드의 enode 정보를 알지 못하기 때문에 빈 nodes 파일을 만듭니다. [그림 3.15]처럼
최종적으로 디렉터리 구조가 됩니다.

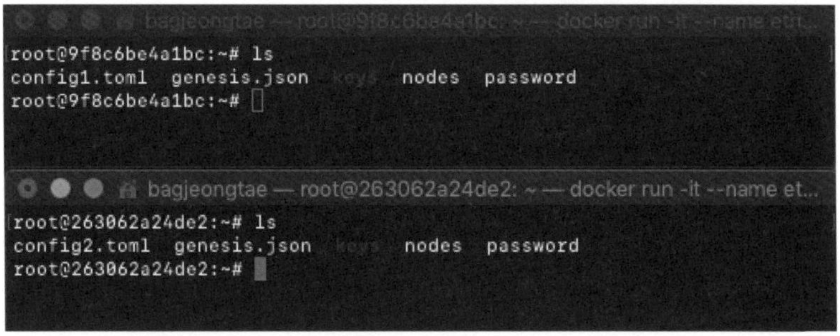

[그림 3.15] 설정 파일 / nodes 파일 생성

3-4 노드 실행

● 노드 1 실행

```
$ cd ~/

$ parity --config $PWD/config1.toml --geth
```

[그림 3.16] 노드 1 실행

● 노드 2 실행

```
$ cd ~/

$ parity --config $PWD/config2.toml --geth
```

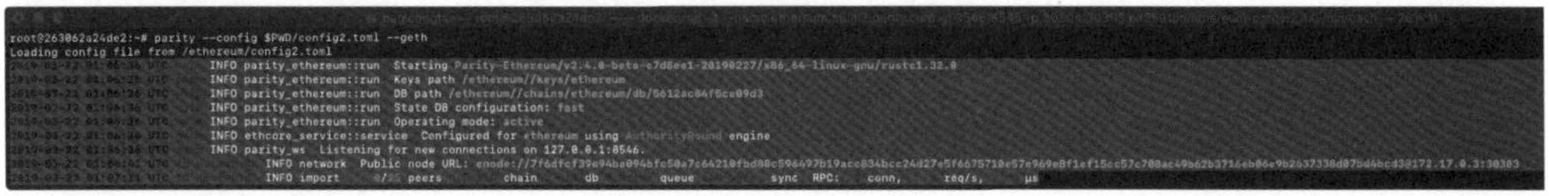

[그림 3.17] 노드 2 실행

노드를 실행하면 enode 정보를 출력합니다.

```
enode://9451de0618cc7646328ea91f290b3315e48961d71bf0e41e9a8b3a9c5cdcd7b50313f16
a8d96f654d9a8876d706bc30d8fb7f632ffc61d179eb459836feb5394@172.17.0.2:30303
enode://7f6dfcf39e94ba094bfc50a7c64210fbd80c596497b19acc834bcc24d27e5f6675710e5
7e969e8f1ef15cc57c708ac49b62b3716eb06e9b2637338d07bd4bcd3@172.17.0.3:30303
```

3-5 노드 연결

노드를 실행한 후 나오는 enode 정보를 각 노드에 있는 nodes 파일에 넣어줍니다. 해당 정보를 넣어주기 위해 Ctrl + C를 눌러 노드를 종료한 후 nodes 파일을 수정합니다.

[코드 3-8] enode 리스트	(파일명: ./codes/ch/ch3/multi_node/nodes)

```
1  enode://9451de0618cc7646328ea91f290b3315e48961d71bf0e41e9a8b3a9c5cdcd7b5031
2  3f16a8d96f654d9a8876d706bc30d8fb7f632ffc61d179eb459836feb5394@172.17.0.2:30-
3  303
4  enode://7f6dfcf39e94ba094bfc50a7c64210fbd80c596497b19acc834bcc24d27e5f66757
5  10e57e969e8f1ef15cc57c708ac49b62b3716eb06e9b2637338d07bd4bcd3@172.17.0.3:30-
6  303
```

해당 파일을 만들어 준 후 다시 노드를 동작합니다.

● 노드 1 실행

```
$ cd ~/

$ parity --config $PWD/config1.toml --geth
```

[그림 3.18] 노드 연결 후 노드 1 실행

- 노드 2 실행

```
$ cd ~/

$ parity --config $PWD/config2.toml --geth
```

[그림 3.19] 노드 연결 후 노드 2 실행

노드가 성공적으로 연결되면 1/25 peers 형태로 표시됩니다. 최대 25개의 노드 중 1개의 노드
와 연결했다는 것을 의미합니다.

4 도커컴포즈 기반 시스템

parity 기반의 멀티노드 운영 방법을 알아보았습니다. 프로젝트를 진행하다 보면 1~2개의 노드가 아닌 다수의 노드를 운영하게 됩니다. geth에서 docker-compose를 이용하여 노드를 운영하는 것처럼 여기서도 docker-compose 기반으로 운영하는 방법을 알아보겠습니다. 앞에서 만든 파일들과 키스토어 파일을 하나의 디렉터리로 만드는 작업이 필요합니다.

4-1 컨테이너에 있는 파일 호스트로 복사

앞에서 알아본 도커의 cp를 이용하여 컨테이너에 있는 파일을 호스트로 복사할 수 있습니다. cp는 두 가지 형태로 사용할 수 있습니다. 첫 번째는 호스트에서 컨테이너로 복사하기, 두 번째는 컨테이너에서 호스트로 복사하기가 있습니다.

- 호스트에서 컨테이너로 옮기기

```
$ docker cp [호스트 파일 경로] [컨테이너 이름]:[컨테이너 경로]
```

- 컨테이너에서 호스트로 옮기기

```
$ docker cp [컨테이너 이름]:[컨테이너 경로] [호스트 파일 경로]
```

[그림 3.20] 노드 1 디렉터리 구조

[그림 3.21] 노드 2 디렉터리 구조

[그림 3.20], [그림 3.21]은 앞에서 만든 피어에 대한 디렉터리 상태입니다. 여기서 필요한 데이터만 호스트로 옮기겠습니다.

공통 사항인 genesis.json과 password는 하나의 노드에서만 옮깁니다. 노드 1에서 config1.toml과 keys/ethereum에 존재하는 키스토어 파일을 호스트로 옮깁니다. 노드 2에서는 config2.toml과 keys/ethereum에 존재하는 키스토어 파일을 호스트로 옮깁니다.

터미널을 복사하고자 하는 디렉터리로 이동 후 다음의 명령어를 입력하면 됩니다. 해당 디렉터리에 docker-compose.yaml을 만듭니다.

- **genesis.json, password 옮기기**

```
$ docker cp ethereum.multi1.parity.com:/ethereum/password password

$ docker cp ethereum.multi1.parity.com:/ethereum/genesis.json genesis.json
```

[그림 3.22] genesis.json, password 복사

- **config.toml 옮기기**

```
$ docker cp ethereum.multi1.parity.com:/ethereum/config1.toml config1.toml

$ docker cp ethereum.multi2.parity.com:/ethereum/config2.toml config2.toml
```

[그림 3.23] config.toml 복사

- **config.toml 옮기기**

```
$ docker cp ethereum.multi1.parity.com:/ethereum/keys keys1

$ docker cp ethereum.multi2.parity.com:/ethereum/keys keys2
```

[그림 3.24] key 디렉터리 복사

마지막으로 nodes는 바뀔 수 있으므로 일단은 빈 파일로 만들어 줍니다.

- **nodes, docker-compose.yaml**

```
$ echo "" > nodes

$ echo "" > docker-compose.yaml
```

해당 명령어를 통해 빈 nodes, docker-compose-yaml 파일을 생성할 수 있습니다.

[그림 3.25] 컨테이너에서 호스트로 복사 완료

앞의 cp 명령어가 정상적으로 수행됐다면 [그림 3.25]처럼 디렉터리에 복사된 모습을 볼 수 있습니다. 이제 기존에 만들어 둔 컨테이너는 날려줍니다.

4-2 컨테이너 삭제

docker-compose 기반으로 노드자동화 구성을 위해 기존에 만들어 둔 컨테이너는 모두 삭제합니다. stop과 rm 뒤에 $(docker ps -qa)를 전달하면 모든 컨테이너를 stop, rm할 수 있습니다.

```
$ docker stop $(docker ps -qa)
$ docker rm $(docker ps -qa)
```

4-3 docker-compose 자동화

앞에서 복사한 파일들을 노드에 넣어준 후 노드를 실행하는 docker-compose.yaml 파일을 만들어 보겠습니다.

[코드 3-9] docker-compose.yaml 파일(파일명: ./codes/ch/ch3/multi_node/docker-compose.yaml)

```
1  version: "2"
2
3  services:
4    ethereum.node1.com:
5      image: "pjt3591oo/ethereum-parity:2.4.0"
6      tty: true
7      ports:
8        - 8545:8545
9        - 30303:30303
10     environment:
11       ENV: ETHERNODE1
12       RPCPORT: 8545
13       PORT: 30303
14     volumes:
15       - ./config1.toml:/ethereum/config.toml
16       - ./genesis.json:/ethereum/genesis.json
17       - ./password:/ethereum/password
```

```
18        - ./nodes:/ethereum/nodes
19        - ./keys1:/ethereum/keys
20      container_name: ethereum.node1.com
21      link:
22        - ethereum.node2.com:ethereum.node2.com
23      command: >
24        sh -c "cd ~/
25              parity --config /ethereum/config.toml --geth"
26      working_dir: /ethereum
27
28    ethereum.node2.com:
29      image: "pjt3591oo/ethereum-parity:2.4.0"
30      tty: true
31      ports:
32        - 8546:8545
33        - 30304:30303
34      environment:
35        ENV: ETHERNODE2
36        RPCPORT: 8545
37        PORT: 30303
38      volumes:
39        - ./config2.toml:/ethereum/config.toml
40        - ./genesis.json:/ethereum/genesis.json
41        - ./password:/ethereum/password
42        - ./nodes:/ethereum/nodes
43        - ./keys2:/ethereum/keys
44      container_name: ethereum.node2.com
45      link:
46        - ethereum.node1.com:ethereum.node1.com
47      command: >
48        sh -c "cd ~/
49              parity --config /ethereum/config.toml --geth"
50      working_dir: /ethereum
51
52    cli:
53      image: "pjt3591oo/ethereum-geth:1.90"
54      tty: true
55      container_name: cli
56      working_dir: /ethereum
```

```
57      command: /bin/bash
58      link:
59        - ethereum.node1.com:ethereum.node1.com
60        - ethereum.node2.com:ethereum.node2.com
61      depends_on:
62        - ethereum.node1.com
63        - ethereum.node2.com
```

[그림 3.26] docker-compose 실행

ethereum.node1.com과 ethereum.node2.com 컨테이너 노드를 띄웠습니다. cli로 접속하여 2개의 노드를 연결해 보겠습니다. 각 노드의 enode 정보는 다음과 같습니다.

```
node1 enode 정보: enode://eebfc049a7534c999f1c9b112c5ace82448c1bced22b2a7c2a
c12fe09e835ebf58e9fffa6e7d55f1ec32bf3eb94b151f79499972066ee0545b5e56d624d9f
5b4@172.31.0.3:30303


node2 enode 정보: enode://9079dde82b7cf763ea309bd30e0fad181766f3ba12f90658df
0fa5c4c99b0b6b8dcc6889aa1b843e08e14ba1d79edf139b119aae07f9f9f7dffb7fcaa6c8b
3a7@172.31.0.2:30303
```

4-4 피어 연결

터미널을 하나 더 띄워준 후 cli 노드에 접속합니다.

[그림 3.27] cli 제어 노드 접속

cli에서 curl을 이용하여 피어들을 연결할 수 있습니다. curl은 다양한 통신 프로토콜을 이용하여 데이터를 전송하기 위해 c로 만들어진 프로그램입니다. 피어를 연결하기 전 curl을 이용하여 이외의 기능을 사용해 보겠습니다.

- 노드에서 지갑 주소 조회

```
$ curl --data '{"method":"personal_listAccounts","params":[],"id":1,"jsonr
pc":"2.0"}' -H "Content-Type: application/json" -X POST http://ethereum.node1.
com:8545
```

```
$ curl --data '{"method":"personal_listAccounts","params":[],"id":1,"jsonr
pc":"2.0"}' -H "Content-Type: application/json" -X POST http://ethereum.node2.
com:8545
```

curl을 이용하여 노드에서 관리중인 지갑 주소를 리스트로 가져올 수 있습니다. 여기서 IP를 대신하여 컨테이너 이름을 가지고 통신할 수 있습니다.

[그림 3.28] curl로 노드의 지갑 주소 조회

curl을 이용하여 http 통신 정보를 조회하거나 피어 연결 등 다양한 기능을 할 수 있습니다.

- 노드 연결

```
$ curl --data '{"jsonrpc":"2.0","method":"parity_addReservedPeer","params":
["enode://9079dde82b7cf763ea309bd30e0fad181766f3ba12f90658df0fa5c4c99b0b6b
8dcc6889aa1b843e08e14ba1d79edf139b119aae07f9f9f7dffb7fcaa6c8b3a7@ethereum.
node2.com:30303"],"id":0}' -H "Content-Type: application/json" -X POST http://
ethereum.node1.com:8545
```

[그림 3.29] cli 노드에서 피어 연결 요청

[그림 3.30] 피어 연결 성공

피어 연결 시 노드 1 컨테이너에 떠 있는 parity에게 노드 2 enode 정보와 IP:PORT를 전달하여 피어끼리 연결을 요청합니다. 성공적으로 연결되면 1/25 peers라고 표시됩니다.

parity를 활용하여 네트워크 인프라 구축 방법과 도커를 활용하여 효율적인 인프라 구성법을 다뤄봤습니다. 4장에서는 solidity를 이용하여 2, 3장에서 구축한 인프라에 스마트 컨트랙트를 배포하는 방법을 다뤄보겠습니다.

PART 4

solidity를 활용한 이더리움
스마트 컨트랙트 개발

geth와 parity를 활용하여 private 네트워크를 구축하는 방법을 알아봤습니다. 이번에는 public 환경의 메인넷 또는 테스트 네트워크나 private 환경의 네트워크에 스마트 컨트랙트를 배포하여 dApp을 만들기 위해 필수적인 요소를 배웁니다. 세 개의 요소로 블록체인 위에서 동작하는 스마트 컨트랙트를 개발할 수 있습니다.

1 스마트 컨트랙트 개발 도구 remix 다루기

스마트 컨트랙트를 개발하기 앞서 스마트 컨트랙트를 개발하는 툴을 다룰 줄 알아야 합니다. 이 책에서는 온라인으로 제공하는 remix 프로그램을 사용합니다.

remix가 무엇을 하는 툴인지 먼저 알아보겠습니다. remix는 컴파일러 프로그램입니다. 컴파일러란 컴파일하는 프로그램입니다. 그렇다면 컴파일이 무엇일까요?

컴퓨터는 매우 단순한 기계입니다. 이해할 수 있는 문자가 0과 1밖에 없기 때문입니다. 즉, 프로그램을 만들기 위해 컴퓨터가 이해할 수 있는 0과 1로만 명령을 해야하는데, 0과 1로만 조작하기에는 프로그래머가 매우 힘듭니다. 그래서 0과 1이 아닌 프로그래머가 이해할 수 있는 언어를 컴퓨터가 이해할 수 있는 언어로 변환합니다. 이때 프로그래머가 이해할 수 있는 언어를 컴퓨터가 이해할 수 있는 언어로 바꿔주는 과정을 컴파일이라고 합니다.

```
contract mung {
    string public var1 = "hello world";

    function setData(string memory _s) public {
        var1 = _s;
    }
}
```

위의 코드는 우리가 작성할 코드입니다. 아직은 무엇을 의미하는 지 잘 모르겠지만 컴파일 결과물을 보면 "아 그래도 알아볼 수는 있구나"를 느낄 수 있습니다.

608060405260408051908101604052806 00b81526020017f68656c6c6f20776f726c64000 00000000000000000000000000000000000000000081525060009080519060200190 61004f929190-610062565b5034801561005c57600080fd5b5061010756 5b82805460018160011615610100020316600290049060005260206000 2090601f016020900481019282601f106100a357805160ff191683800117 85556100d1565b82800160010185558215610 0d1579182015b82811115610 0d05782518255916020019190600101906100b5565b5b5090506100de9190 6100e2565b5090565b61010491905b80821115 6101010057600081600090555060 01016100e8565b5090565b90565b61032c80610116 6000396000f3fe60806040 5260043610610046576000357c0100000000

```
0000000000000000000000000000000000000000000000009004806347064d6a1461004b578
06367e919b614610113575b600080fd5b34801561005757600080fd5b506101116004803603-
602081101561006e57600080fd5b81019080803590602001906401000000008111156100 8b5
7600080fd5b82018360208201111561009d57600080fd5b80359060200191846001830284 01-
11640100000000831117156100bf57600080fd5b919080806 01f01602080910402602001604
0519081016040528093929190818152602001838380828437600081840152601f1 9601f8201-
1690508083019250505050505050509192919290505050506101a3565b005b34801561011f576 00
080fd5b506101286101bd565b604051808060200182810382528381815181526020 0191508 0-
51906020019080838360005b8381101561016857 80201518184 01526020810190506101
4d565b5050 50509050908101906 01f168015610195578082038051600183602000361010 0
0a031916815260 200191505b509250505060405180910390f35b80600090805190602001906
101b992919061025b565b5050565b600080546001816001165610100020316600290048 060
1f016020809104026020016040519081016040528092919081815260200182805460 0181 60011
6156101000203166002900480156102535780601f1061022857 6101 0080835404028352916020
0191610253565b8201906000526020600020905b8154 81529060 010190602001808311 6102
3657829003601f168201915b50505050508 1565b8280546 001 816001165610100020 3166002-
9004906000526020600020906 01f0160209 0048101928260 1f1061029c57805160ff1916838
0011785555610 2ca565b82800160 0101855582156102ca579182015b828 111156102c9578251-
825591602001919060010190610 2ae565b5b5090506102d791906102db565b50 90565b6102fd919
05b808211156102f9576000816000905550600101 6102e1565b5090 565b9056fea165627a7a7230
5820771dbfb522d73d95ba03130f06e45af6d95d339aaeb7561baaf4896fbdc909ea0029
```

위의 코드는 기계가 이해할 수 있는 형태인 언어입니다. 한 가지 의문점이 들 수 있습니다. 앞에서는 0과 1만 사용한다고 했는데 0과 1 이외의 문자가 포함되어 있습니다. 그 이유는 0과 1로만 표현하게 되면 데이터 길이가 너무 길어져서 16진수로 표현합니다.

2진수와 16진수의 관계는 16진수에서 한 자리가 2진수 4자리로 표현합니다. 즉, 4배 줄어든 길이로 표현 가능합니다. 16진수는 0~9까지 10개의 숫자와 a(10) ~ f(15)까지 6개의 문자를 사용하여 총 16개의 숫자와 문자로 표현합니다.

스마트 컨트랙트를 개발해야 할 경우 배포와 테스트를 하기 위해 인터페이스를 연결하는데 이러한 귀찮은 과정을 개발에만 집중할 수 있도록 도와줍니다. 즉, 스마트 컨트랙트 개발과 스마트 컨트랙트를 연동하여 web, app을 개발하는 영역을 보장합니다.

1-1 　remix 사이트 접속

remix가 무엇을 하는 프로그램인지 살펴봤습니다. 이제부터 remix 사용법을 다룹니다. 다음의
링크(http://remix.ethereum.org)를 통해 온라인으로 제공하는 이더리움 스마트 컨트랙트 개발
툴을 사용할 수 있습니다. remix의 화면 구성부터 시작하여 어떻게 배포하는지 하나하나 알아
보겠습니다.

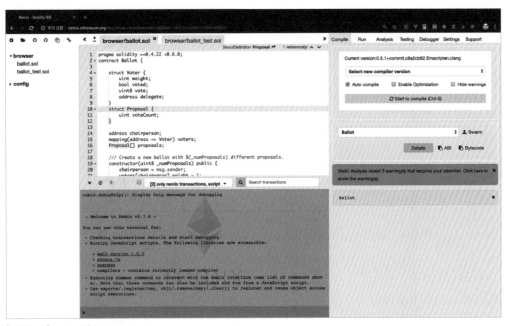

[그림 4.1] remix 접속

1-2 　화면 구성

remix뿐 아니라 어떤 툴이라도 가장 먼저 배워야 하는 것은 해당 툴의 구성입니다. 툴을 잘 사
용하기 위해서는 어떤 구성으로 되어 있는지 알아야 합니다.

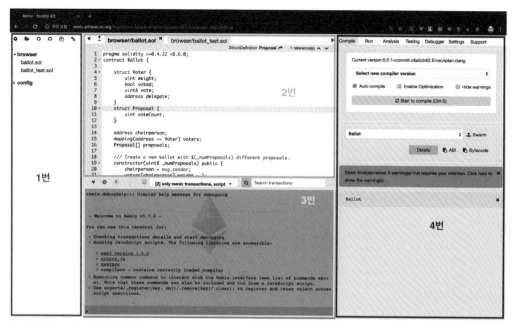

[그림 4.2] remix 레이아웃 구성

remix는 [그림 4.2]처럼 4개의 레이아웃으로 구성되어 있습니다.

- **1번 영역**: remix에서 관리하는 파일입니다. remix는 온라인으로 제공하지만, remix에서 관리하는 파일이나 설정들은 브라우저에 저장되어 remix 사이트를 종료하고 다시 접속해도 기존에 만들어둔 파일 및 소스와 설정들을 유지합니다. 상단 좌측에 [+] 버튼을 누르면 파일을 생성할 수 있습니다. 파일 생성 시 유의사항은 확장자를 **sol**로 해야 합니다.

- **2번 영역**: solidity 코드를 통해 스마트 컨트랙트를 개발하는 부분입니다. 문법에 맞춰 코드를 작성하면 됩니다. 1번 영역에서 파일을 클릭하면 소스 코드를 수정할 수 있습니다.

- **3번 영역**: 스마트 컨트랙트를 배포 및 조작을 할 때 관련된 로그를 볼 수 있는 영역입니다.

- **4번 영역**: 해당 영역은 remix를 설정하고 작성한 스마트 컨트랙트를 배포하고 테스트할 수 있는 영역입니다. 이 영역은 굉장히 중요한 부분입니다. remix를 이용하여 스마트 컨트랙트를 개발하기 전에 **Compile** 탭을 통해 세팅을 합니다. [select new compiler version]을 누르면 어떤 버전으로 solidity를 컴파일할 지 리스트를 보여줍니다.

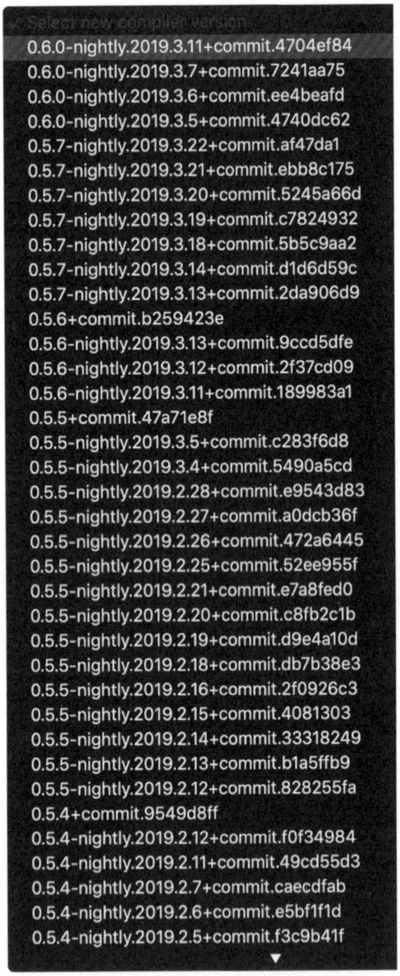

```
✓ Select new compiler version
0.6.0-nightly.2019.3.11+commit.4704ef84
0.6.0-nightly.2019.3.7+commit.7241aa75
0.6.0-nightly.2019.3.6+commit.ee4beafd
0.6.0-nightly.2019.3.5+commit.4740dc62
0.5.7-nightly.2019.3.22+commit.af47da1
0.5.7-nightly.2019.3.21+commit.ebb8c175
0.5.7-nightly.2019.3.20+commit.5245a66d
0.5.7-nightly.2019.3.19+commit.c7824932
0.5.7-nightly.2019.3.18+commit.5b5c9aa2
0.5.7-nightly.2019.3.14+commit.d1d6d59c
0.5.7-nightly.2019.3.13+commit.2da906d9
0.5.6+commit.b259423e
0.5.6-nightly.2019.3.13+commit.9ccd5dfe
0.5.6-nightly.2019.3.12+commit.2f37cd09
0.5.6-nightly.2019.3.11+commit.189983a1
0.5.5+commit.47a71e8f
0.5.5-nightly.2019.3.5+commit.c283f6d8
0.5.5-nightly.2019.3.4+commit.5490a5cd
0.5.5-nightly.2019.2.28+commit.e9543d83
0.5.5-nightly.2019.2.27+commit.a0dcb36f
0.5.5-nightly.2019.2.26+commit.472a6445
0.5.5-nightly.2019.2.25+commit.52ee955f
0.5.5-nightly.2019.2.21+commit.e7a8fed0
0.5.5-nightly.2019.2.20+commit.c8fb2c1b
0.5.5-nightly.2019.2.19+commit.d9e4a10d
0.5.5-nightly.2019.2.18+commit.db7b38e3
0.5.5-nightly.2019.2.16+commit.2f0926c3
0.5.5-nightly.2019.2.15+commit.4081303
0.5.5-nightly.2019.2.14+commit.33318249
0.5.5-nightly.2019.2.13+commit.b1a5ffb9
0.5.5-nightly.2019.2.12+commit.828255fa
0.5.4+commit.9549d8ff
0.5.4-nightly.2019.2.12+commit.f0f34984
0.5.4-nightly.2019.2.11+commit.49cd55d3
0.5.4-nightly.2019.2.7+commit.caecdfab
0.5.4-nightly.2019.2.6+commit.e5bf1f1d
0.5.4-nightly.2019.2.5+commit.f3c9b41f
▼
```

[그림 4.3] solidity 컴파일러 버전

[그림 4.3]처럼 사용 가능한 버전 리스트를 보여줍니다. 앞에 있는 숫자가 버전을 의미하며 +commit. 문자의 형태로 짧게 되어 있는 부분이 해당 버전의 정식 출시판으로 이해하면 됩니다. 버전+commit이 붙어 있는 정식 버전을 선택하여 진행합니다. 이 책에서는 0.5.x 버전이면 정상적으로 동작합니다. 0.5.x라는 의미는 0.5.1, 0.5.2 등의 버전을 의미합니다.

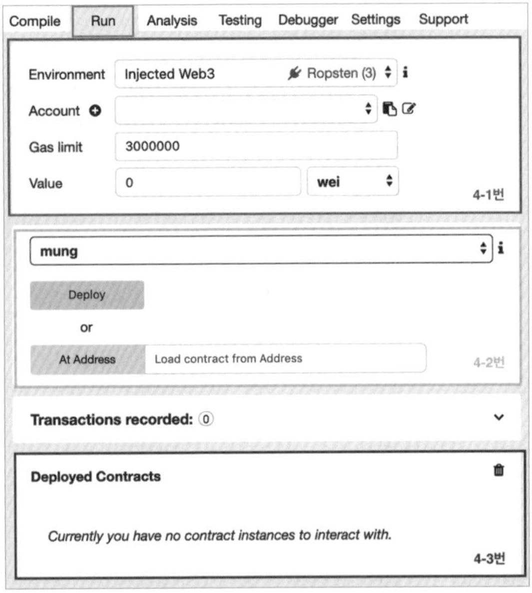

[그림 4.4] run 탭

다음으로 버전 선택 아래 [Auto compile]을 체크합니다. [Auto compile]을 체크하면 코드 작성 중 코드가 변경되면 자동으로 컴파일합니다. 해당 부분을 체크하지 않으면 아래에 있는 [Start to compile]을 눌러 수동으로 컴파일해야 합니다.

해당 영역의 아래에는 컴파일 결과를 표시합니다. [그림 4.2]처럼 초록색으로 표시된 부분은 컴파일을 정상적으로 마쳤음을 의미합니다. 아래를 보면 [Details], [ABI], [Bytecode] 버튼이 있는데 다음 장에서 web3.js를 다루면서 알아보겠습니다. 여기까지 remix의 세팅입니다. 다음으로 배포 환경을 위한 세팅을 합니다.

run 탭을 클릭하면 [그림 4.4]처럼 해당 레이아웃이 바뀝니다. 스마트 컨트랙트를 배포하고 조작합니다.

- **4-1번 영역**: 스마트 컨트랙트를 배포할 네트워크와 계정을 설정하는 부분입니다. Environment 에서 네트워크를 설정할 수 있는데 remix는 세 가지 형태로 배포할 수 있는 환경을 제공합니다. Environment를 누르면 세 가지 선택 창이 뜹니다.

[그림 4.5] 4-1번 영역의 Environment

JavaScript VM은 remix 로컬 환경에서 가상 노드를 구축하고 100이더가 충전된 5개의 지갑을 제공하여 테스트를 수월하게 합니다. 일반적으로 테스트를 할 땐 JavaScript VM을 선택합니다. JavaScript VM을 선택하고 그 아래의 Accounts를 선택하면 100이더가 충전된 5개의 주소를 볼 수 있습니다.

Injected Web3는 크롬 확장프로그램인 Metamask를 연결합니다. Metamask가 연결된 네트워크와 Metamask에 연결된 지갑 주소를 accounts에 띄워줍니다. accounts에 띄워줄 때 해당 주소의 이더 보유량도 같이 표시합니다.

Web3 Provider는 특정 노드의 IP와 PORT 번호를 이용하여 직접 연결할 때 사용합니다.

- **4-2번 영역**: 컨트랙트를 배포하는 영역입니다. [deploy] 버튼을 누르면 4-1에서 설정한 Environment와 account로 트랜잭션을 발생하여 작성한 컨트랙트를 배포합니다. At Address는 배포된 컨트랙트의 주소를 통해 가져오는 역할을 합니다. 컨트랙트를 배포하면 4-3 영역에서 테스트할 수 있는데 remix를 재접속하면 4-3은 초기화 상태가 됩니다. 배포한 컨트랙트의 주소만 알면 At Address를 이용하여 다시 불러올 수 있습니다.

- **4-3번 영역**: 배포된 컨트랙트를 조작하는 부분입니다. 조작이란, 데이터를 조회하고 트랜잭션을 발생하여 데이터를 변경하는 것을 의미합니다.

[그림 4.6] 컨트랙트 배포 – JavaScript VM

4-2 영역에서 [deploy] 버튼을 누르면 작성한 코드를 4-1에서 선택한 네트워크와 지갑 주소로 배포합니다. 정상적으로 처리 완료하면 [그림 4.6]처럼 배포된 컨트랙트를 띄워줍니다. 여기서 빨간/파란 버튼의 의미는 다음과 같습니다.

- 빨간 버튼: 트랜잭션 발생 → 데이터 변경/추가/삭제
- 파란 버튼: 데이터 조회

(memory)가 의미하는 건 배포 환경을 의미하는데 4-1 영역 Environment에서 JavaScript VM을 선택했음을 의미합니다. (blockchain)은 4-1 영역 Environment에서 Injected Web3를 선택했음을 의미합니다.

[그림 4.7] 컨트랙트 배포 – Injected Web3

각각의 버튼을 누르면 배포한 컨트랙트의 데이터를 수정/삭제/조회할 수 있습니다. 파란 버튼은 변수 또는 함수로부터 데이터를 조회하고, 빨간 버튼은 함수로부터 데이터를 변경 또는 삭제할 수 있습니다.

[그림 4.7]처럼 버튼 옆에 데이터를 입력할 수 있는 창이 있으면 조작/조회 시 필요한 데이터를 전달할 수 있습니다.

2 스마트 컨트랙트 생성

contract 키워드를 이용하여 스마트 컨트랙트를 선언해야 합니다.

[코드 4-1] 컨트랙트 생성	(파일명: ./codes/ch/ch4/4.1.sol)

```
1  pragma solidity >=0.4.22 <0.6.0;
2
3  contract mung{
4
5  }
```

[그림 4.8] 스마트 컨트랙트 컴파일 성공

Compile 탭에서 Auto compile을 체크하면 코드가 변경될 때마다 컴파일합니다. [그림 4.8]처럼 초록색으로 컨트랙트 이름이 표시되면 배포를 할 수 있는 상태입니다. Run 탭에서 [Deploy] 버튼 위에 컨트랙트 이름이 표시되면 [Deploy] 버튼을 눌러 스마트 컨트랙트를 배포할 수 있습니다. [코드 4-8]은 간단한 스마트 컨트랙트입니다. pragma solidity는 해당 코드가 solidity 버전을 명시합니다. 0.4.22 버전보다 높고 0.6.0보다 낮은 버전을 사용한다는 의미입니다.

[그림 4.9] 배포 준비 완료

다음으로 contract 키워드로 스마트 컨트랙트를 생성합니다. 해당 스마트 컨트랙트의 이름은 mung이지만, 원하는 이름을 사용할 수 있습니다. {}로 감싼 내부에 데이터와 데이터를 조작할 수 있는 코드를 작성할 수 있습니다.

[코드 4-2] 컨트랙트 기본 구조 (파일명: ./codes/ch/ch4/4.2.sol)

```
1  pragma solidity >=0.4.22 <0.6.0;
2
3  contract mung{
4    string val1 = "hello world";
5    uint val2 = 10;
6
7    function Getdata() public view returns( string memory, uint) {
8      return (val1, val2);
9    }
10
11   function setVal1(string memory _val1) public {
12     val1 = _val1;
13   }
14
```

```
15    function setVal2(uint _val2) public {
16      val2 = _val2;
17    }
18  }
```

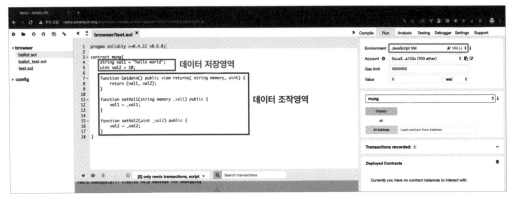

[그림 4.10] 스마트 컨트랙트 구조

스마트 컨트랙트는 데이터를 정의하고 조작하는 두 개의 구조를 가집니다. [그림 4.10]에서 위의 박스로 표시된 영역이 해당 컨트랙트가 관리하는 데이터를 정의하는 부분입니다. 아래 박스로 표시된 영역은 위의 데이터를 조작하거나 조회할 수 있는 형태의 기능을 제공하는 부분입니다. 변수의 개념과 데이터를 저장하기 위해 중요한 데이터 타입을 알아보겠습니다.

3 변수/데이터 타입

변수는 프로그램에서 데이터를 저장하기 위해 할당받은 공간입니다. 즉, 스마트 컨트랙트가 데이터를 저장하기 위해 블록체인 시스템으로부터 할당받은 공간입니다.

3-1 변수 생성 방법

solidity는 정적 언어입니다. 변수를 만들 땐 어떤 타입의 데이터를 저장할지 명시해야 합니다. 또한 변수를 만들고 값을 바로 넣어서 초기화할 수 있지만, 초기화를 하지 않고 공간만 만들어도 됩니다.

```
데이터 타입 변수 이름 = 값;  // 변수 생성, 초기화
데이터 타입 변수 이름;      // 변수 생성
```

3-2 Boolean(불리언)

true와 false를 가지는 타입입니다. Boolean 타입의 변수를 만들땐 bool 키워드를 이용합니다. 데이터를 검사할 때 사용합니다.

```
bool dataTrue = true;
bool dataFalse = false;
```

3-3 Uint

부호 없는 정수 타입입니다. 데이터 길이에 따라 uint8, uint16, uint24부터 uint256가지 있습니다. 이때 수치는 8의 배수로 증가합니다.

```
uint8 datauint8 = 1;
uint16 datauint16 = 16;
uint24 datauint24 = 24;
uint256 datauint256 = 256;


uint datauint256 = 256;
```

uint 뒤에 붙는 숫자는 데이터 표현 범위를 의미합니다. 8이 붙으면 8비트까지 표현 가능하고, 16은 16비트까지 표현 가능합니다. 비트는 데이터 표현 단위의 최소 단위를 의미하며 8비트는 1바이트를 의미합니다. uint256과 uint는 표현 범위가 같습니다. 즉, 같은 데이터 타입입니다.

자료형	설명	범위
uint8	부호 없는 8비트 정수	0 ~ 255(2^8-1)
uint16	부호 없는 16비트 정수	0 ~ 65535($2^{16}-1$)
uint24	부호 없는 24비트 정수	0 ~ 16777216($2^{24}-1$)
uint256	부호 없는 256비트 정수	매우 큼
uint	부호 없는 256비트 정수	매우 큼

3-4 String

문자열 타입으로 문자/문자열을 저장합니다. 문자열을 만들 땐 싱글 따옴표(')나 더블 따옴표(")로 감싸줍니다. 따옴표가 없으면 숫자 또는 변수에 저장된 값을 저장하기 때문에 문자열을 저장할 땐 반드시 따옴표로 감싸주어야 합니다.

```
string datastring = "hello world";
```

3-5 Address

블록체인 위에서 동작하는 언어의 특성상 지갑 주소를 취급하는 데이터 타입이 존재합니다. 따옴표를 붙이면 string으로 처리되기 때문에 문자열처럼 따옴표를 붙이지 않습니다.

```
address wallet1 =0xe080af2577b9889C536A4b7E4cF8f420Df13D18b;
address payable wallet2 = 0xe080af2577b9889C536A4b7E4cF8f420Df13D18b;
```

solidity 0.5.0 이상의 버전부터는 address를 두 가지 형태로 나누어 사용합니다. address와 address payable 타입입니다. address는 address의 잔액 조회를 할 수 있으며, 만약 CA(컨트랙트 주소)라면 인터페이스를 통해 특정 함수를 호출할 수 있습니다.

하지만 컨트랙트는 다른 계정으로 이더를 전송하고 싶을 수 있습니다. 이땐 **address payable**을 이용하면 됩니다. address와 address payable은 지갑 주소를 저장하는 데이터 타입이지만 할 수 있는 역할이 다릅니다. address와 address payable은 서로 변환이 가능합니다.

```
address payable to == address(uint160(from))
```

타입(데이터)을 하게 되면 데이터를 타입으로 데이터 타입 변환합니다. from은 address 타입인데 uint160으로 변환하고 다시 address 타입으로 바꿔주면 address payable 타입으로 변환합니다.

3-6 array(배열)

연속적인 데이터를 저장하는 타입입니다. 연속적인 데이터를 저장할 때 동일한 데이터 타입을 가져야 합니다.

```
string[] strings = ["h", "e", "l", "l", "o"];
uint[] uints = [1, 2, 3, 4, 5];
```

기존의 타입 옆에 []를 붙여서 array 형태로 만들 수 있습니다. array를 만들 땐 []을 통해 데이터를 생성합니다.

```
strings[0] // strings에서 h가져오기
strings[1] = "a"// strings에서 e를 a로 변경

uints[0] = uints[1] + uints[2] // uints에서 1을 2 + 3으로 변경

uints.push(6) // [1, 2, 3, 4, 5, 6]
uints.length  // uints 배열의 길이
uints.pop()   // [1, 2, 3, 4, 5]
```

array 타입은 [숫자]를 통해 각 데이터를 접근/수정할 수 있으며 push, pop, length같은 특수 기능을 제공합니다.

- **push**: 가장 마지막에 데이터 추가
- **pop**: 가장 마지막의 데이터를 가져오고 제거
- **length**: 배열의 길이
- **struct**(구조체): 데이터를 좀 더 효율적으로 저장하기 위해 구조체를 사용합니다. 예를 들어, 사람이라는 정보, 계약서 정보를 보면 단순한 숫자, 문자가 아닌 숫자와 문자들을 복합하여 하나의 데이터로 표현합니다. 구조체는 하나의 데이터로 표현하기 위해 숫자, 문자열 등을 하나의 변수로 저장할 수 있도록 하는 데이터 타입입니다.

```
struct personInfo {
    uint age;
    string name;
}


personInfo person1 = personInfo({age: 27, name: "mung"});
personInfo person2 = personInfo({age: 26, name: "pjt"});
```

personInfo 구조체를 만든 후 해당 구조체를 이용하여 uint, string 타입을 가지고 있는 변수를 만들었습니다. 다른 데이터들도 추가로 저장할 수 있습니다. struct 내부에 정의된 변수를 속성이라고 합니다. 여기서 person1과 person2를 이용하여 변수를 다음과 같이 사용합니다. 마침표(.)를 이용하여 속성값을 가져올 수 있고 변경할 수 있습니다.

```
person1.name; // 값 가져오기
person1.name = "world"; // personal1에서 name 값 수정
```

3-7 mapping(매핑)

스마트 컨트랙트에서 굉장히 중요한 타입입니다. 매핑은 데이터를 key : value 형태로 저장합니다. 예를 들어 user1이 10원을 가지고 있고 user2가 20원을 가지고 있으면 다음과 같이 저장합니다.

key	Value
user1	10원
user2	20원
user3	30원
user4	40원

여기서 user1, user2가 key입니다. 그리고 해당 유저가 보유하고 있는 금액인 데이터를 value 라고 합니다. 매핑은 key와 value 모두 데이터 타입을 명시해야 합니다.

```
mapping (string => uint) userBalance;
```

변수 userBalance는 앞의 테이블과 같은 형태로 데이터를 저장합니다. 매핑은 mapping으로 변수를 선언하며 (key 데이터 타입 => value 데이터 타입)의 형태로 key : value의 타입을 명시합니다.

```
userBalance["user1"] = 10 // user1 10 추가/수정
userBalance["user2"] = 20 // user2 20 추가/수정
userBalance["user3"] = 30 // user3 30 추가/수정

userBalance["user1"] // user1 조회
userBalance["user2"] // user2 조회
userBalance["user3"] // user3 조회
```

매핑은 데이터를 저장할 때 key가 이미 존재하면 데이터를 생성하지 않고 기존의 값을 수정합니다. value 타입은 struct를 넣어도 됩니다.

```
struct personInfo {
    uint age;
    string name;
    string phone;
}

mapping (string => personInfo) person;
```

구조체를 만든 후 value 타입으로 넣을 수 있습니다.

```
mapping (string => mapping (string => uint)) userbalance;
```

value 위치에 mapping을 넣어 2중, 3중 이상의 매핑도 만들 수 있지만, 이 경우 복잡도가 높아지기 때문에 추천하는 방법은 아닙니다.

[코드 4-3] 다양한 변수선언　　　　　　　　　　　(파일명: ./codes/ch/ch4/4.3.sol)

```solidity
1   pragma solidity >=0.4.22 <0.6.0;
2
3   contract mung {
4     string string_val1 = "hello";
5     string string_val2 = "world";
6     string string_val3 = string_val1 ;
7     string[] string_val4 = [string_val1, string_val2, string_val3];
8
9     uint8 uint_val1;
10    uint16 uint_val2;
11    uint24 uint_val3;
12    uint uint_val4 = 10;
13    uint[] uint_val5 = [1, 2, 3, 4];
14
15    address addr1 = 0xe080af2577b9889C536A4b7E4cF8f420Df13D18b;
16    address payable addr2 = 0xe080af2577b9889C536A4b7E4cF8f420Df13D18b;
17
18    bool bool_var1 = true;
19    bool bool_var2 = false;
20
21    struct struct_val1 {
22      uint age;
23      string name;
24    }
25
26    mapping (address => uint) mapping1 ;
27    mapping (string => uint) mapping2 ;
28  }
```

[코드 4-3]처럼 해당 컨트랙트에서 관리하는 변수를 원하는 형태로 넣어줄 수 있습니다.

4 함수

변수가 컨트랙트에서 **관리**하는 데이터를 정의하는 부분이면, 함수는 변수를 **조작**하는 부분입니다. 즉, 트랜잭션을 통해 데이터 수정/삭제/추가를 할 수 있고, 컨트랙트에서 저장하고 있는 데이터를 조회할 수 있습니다.

```
function 함수 이름() 옵션{
   기능 정의
}
```

함수는 function 키워드를 이용합니다. 옵션에는 함수 **가시성**, 함수 **변경자**, 데이터 **반환 타입**, **조회 속성**을 설정할 수 있습니다.

[코드 4-4] 데이터 조작 함수 (파일명: ./codes/ch/ch4/4.4.sol)

```
1  pragma solidity >=0.4.22 <0.6.0;
2
3  contract mung{
4    uint val = 10;
5
6    function setVal(uint _val) public {
7      val = _val;
8    }
9
10   function getVal() public view returns(uint){
11     return val;
12   }
13 }
```

[코드 4-4]는 하나의 변수를 선언하여 데이터를 바꾸고 조회하는 스마트 컨트랙트입니다. setVal() 함수는 트랜잭션을 발생하여 전달한 값으로 val을 바꿔줍니다. getVal() 함수는 val의 값을 반환하는 코드입니다. 함수를 호출할 때 데이터를 전달할 수 있습니다. 이때는 setVal() 함수처럼 괄호 안에 전달받을 데이터의 타입과 변수명을 넣으면 됩니다. 예를 들어 2개의 데이터를 전달받을 땐 다음과 같이 작성할 수 있습니다.

```
pragma solidity >=0.4.22 <0.6.0;

contract mung{
  function setVal(uint _val1, uint _val2) public {
    val = _val1 + _val2;
  }
}
```

함수에서 데이터를 가져오고(반환) 싶으면 **returns**를 붙여줘야 합니다. returns에서 반환되는 데이터 타입을 나열하고 함수 내부에서는 **return**을 이용하여 데이터 반환을 합니다.

```
pragma solidity >=0.4.22 <0.6.0;

contract mung{
  function getVal() public view returns(uint, uint){
    return (val, 1);
  }
}
```

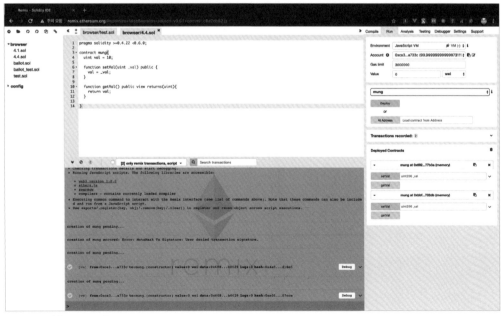

[그림 4.11] [코드 4-4] 배포

[Deploy] 버튼을 누르면 우측 하단에 배포된 스마트 컨트랙트를 사용할 수 있는 인터페이스를 제공합니다. setVal() 함수를 통해 해당 컨트랙트가 관리하는 val 변수의 값을 바꿀 수 있고 getVal() 함수를 통해 val 변수의 값을 가져올 수 있습니다.

[그림 4.12] [코드 4-4] 실행 결과

[그림 4.12]처럼 실행 결과를 확인할 수 있습니다. 버튼을 누르면 스마트 컨트랙트에 정의된 함수를 호출하여 조회/트랜잭션 처리를 합니다. 스마트 컨트랙트는 함수에 여러 옵션을 줄 수 있습니다.

4-1 pure, view

함수의 사용법을 알아보았습니다. 함수는 입력값과 출력값으로 데이터 변경 및 조회를 합니다. 하지만 데이터 조회를 할 때 수수료를 지불하면 굉장히 비효율입니다. 그래서 이더리움의 스마트 컨트랙트는 pure나 view 키워드를 붙여 데이터 조회 시 수수료를 지불하지 않습니다.

[코드 4-5] view, pure   (파일명: ./codes/ch/ch4/4.5.sol)

```
1   pragma solidity >=0.4.22 <0.6.0;
2
```

```
 3   contract mung{

 4

 5     uint a = 10;

 6

 7     function getVal1() public view returns(uint){

 8       return a;

 9     }

10

11     function getVal2() public pure returns(uint){

12       return 1;

13     }

14

15   }
```

view나 pure를 이용하면 해당 함수를 호출할 때 트랜잭션을 발생하지 않아 수수료를 지불하지 않고 데이터만 빠르게 조회할 수 있습니다. view와 pure는 다음과 같은 특성을 가지고 있습니다.

view	pure
• 상태 변수 값 변경 • 이벤트 발생 • 다른 계약 생성 • selfdestruct 사용(해당 계약 계정을 삭제하고 모든 잔액을 지정된 주소로 이동) • 이더 전송 • view 혹은 pure로 선언되지 않은 어떠한 함수라도 호출 • 로우 레벨 호출 • 특정 OPCODE를 포함한 인라인 어셈블리 사용	• 상태 변수 읽기 • this.balance 혹은 〈주소〉.balance 접근 • block, tx, msg 중 하나의 멤버 변수에 접근 (msg.sig와 msg.data는 제외) • pure로 정의되어 있지 않은 어떠한 함수라도 호출 • 특정 OPCODE를 포함한 인라인 어셈블리 사용

view와 pure는 기본적으로 해당 함수 데이터 조회를 할 수 있는 함수로 설정하는 옵션입니다. 하지만 약간의 차이는 존재합니다. view는 변수값을 조회하여 반환할 수 있지만, pure는 변수에 접근하는 것조차 불가능합니다. 그리고 view와 pure가 붙어 있는 함수는 데이터 변경이 불가능합니다. 트랜잭션을 발생하지 않기 때문에 데이터 변경이 불가능합니다.

```solidity
1   pragma solidity >=0.4.22 <0.6.0;

2

3   contract mung{

4

5     uint a = 10;

6

7     function getVal1() public view returns(uint){

8       a = 20;

9       return a;

10    }

11

12  }
```

[그림 4.13] [코드 4-6] 컴파일 결과

pure나 view가 붙어 있는 함수에서 데이터 변경을 시도하면 [그림 4.13]처럼 에러를 띄웁니다.
pure나 view가 붙어 있는 함수는 remix에서 배포 시 파란 버튼으로 표시합니다.

가시성

solidity에서는 함수의 호출 범위를 정할 수 있습니다. 이것을 가시성이라고 하는데 public, private, external, internal 네 개의 형태로 가시성을 설정할 수 있습니다.

- **public**: 모든 영역(상속 받은 컨트랙트, 외부 컨트랙트, 내부)에서 함수를 호출할 수 있습니다.

- **private**: 해당 함수를 포함한 컨트랙트 내부에서만 호출할 수 있습니다.

- **external**: 다른 컨트랙트에서 호출하거나 트랜잭션으로만 호출 가능합니다.

- **internal**: private와 비슷하지만 internal은 상속받은 컨트랙트에서도 호출 가능합니다.

[코드 4-7] 함수의 가시성   (파일명: ./codes/ch/ch4/4.7.sol)

```solidity
 1  pragma solidity >=0.4.22 <0.6.0;

 2

 3  contract mung{

 4

 5    uint public a = 10;

 6

 7    function getVal1() public view returns(uint){

 8      return a;

 9    }

10

11    function getVal2() private view returns(uint){

12      return a;

13    }

14

15    function getVal3() external view returns(uint){

16      return a;

17    }

18

19    function getVal4() internal view returns(uint){

20      return a;

21    }

22  }
```

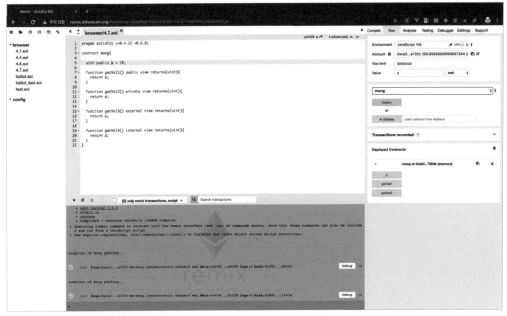

[그림 4.14] [코드 4-7] 배포 결과

가시성 키워드는 변수에도 사용 가능합니다. 즉, 변수값을 조회하기 위해 [그림 4.14]처럼 함수를 사용할 필요가 없습니다. 변수는 internal을 기본값으로 설정되어 있습니다. 그렇기 때문에 public이나 external을 붙여주지 않으면 외부에서 호출할 수 없습니다.

4-3 생성자

solidity에서 특수성을 가진 함수가 있습니다. 바로 생성자입니다. 생성자는 스마트 컨트랙트를 배포할 때 가장 처음 호출되는 함수입니다. remix에서 [Deploy] 버튼을 누르면 호출합니다.

[코드 4-8] 생성자   (파일명: ./codes/ch/ch4/4.8.sol)

```
1  pragma solidity >=0.4.22 <0.6.0;
2
3  contract mung{
4
5    uint val1;
6    address owner;
7
```

```
 8    constructor(uint _v) public {
 9      val1 = _v;
10      owner = msg.sender;
11    }
12
13  }
```

[그림 4.15] 생성자

생성자는 **constructor** 키워드를 사용하는 점을 제외하고 함수와 동일합니다. 대신 returns와 return 키워드를 사용 못합니다. [코드 4-8]은 스마트 컨트랙트를 배포한 지갑 주소를 가져와 owner 변수에 저장합니다. msg.sender는 해당 함수를 호출한 지갑 주소를 가져옵니다. **msg**를 전역 객체라고 표현합니다.

스마트 컨트랙트는 컨트랙트 주소(CA)를 가지고 있기 때문에 지갑 주소(EOA)처럼 이더를 받을 수 있습니다. **payable**은 외부로부터 이더를 받았을 때 호출하도록 하는 키워드입니다.

[코드 4-9] payable　　　　　　　　　　　　　　　　　　　　(파일명: ./codes/ch/ch4/4.9.sol)

```solidity
1   pragma solidity >=0.4.22 <0.6.0;
2
3   contract mung{
4
5     function() external payable{
6       address sender = msg.sender;
7       uint value = msg.value;
8     }
9
10  }
```

payable이 붙어 있으면 이더를 받았을 때 호출하라는 의미가 있기 때문에 함수 이름을 붙이지 않는 형태로 작성합니다. 함수 이름을 붙여도 되지만 함수 이름을 붙이게 되면 컨트랙트 배포 시 수수료를 조금 더 지불합니다. 여기서 이름 없는 함수를 폴백(fallback)함수라고 합니다. 폴백 함수는 외부로부터 데이터를 받거나 반환할 수 없습니다. msg.sender는 해당 함수를 호출한 지갑 주소를 가져옵니다. payable은 이더를 보내면 호출되기 때문에 이더를 전송한 지갑 주소를 가져옵니다. msg.value는 전송된 이더량을 가져옵니다.

payable이 붙어 있는 함수의 가시성은 external이어야 합니다. external을 붙여주지 않으면 에러가 발생합니다. 배포한 스마트 컨트랙트에 payable이 붙은 함수가 없다면 해당 스마트 컨트랙트는 이더를 받을 수 없습니다.

5 함수변경자

함수는 함수변경자를 붙일 수 있습니다. 함수변경자는 함수를 실행할 때 미리 실행되는 함수를 의미합니다. 예를 들어 특정 지갑 주소만 함수를 호출할 수 있도록 설정할 때 함수변경자를 이용합니다. 함수변경자를 만들 땐 modifier 키워드를 사용합니다.

[코드 4-10] 함수변경자를 이용하여 함수 호출 제한 (파일명: ./codes/ch/ch4/4.10.sol)

```
1  pragma solidity >=0.4.22 <0.6.0;
2
3  contract mung{
4
5    address owner;
6
7    constructor() public {
8      owner = msg.sender;
9    }
10
11   modifier ownerCheck() {
12     require(msg.sender == owner);
13     _;
14   }
15
16   function getData() public view ownerCheck() returns(uint) {
17     return 10;
18   }
19
20 }
```

[코드 4-10]은 스마트 컨트랙트를 배포할 때 배포한 지갑 주소를 owner에 저장합니다. 함수변경자에서는 require를 이용하여 msg.sender 함수를 호출한 지갑 주소를 가져와 owner와 같은지 비교합니다. 다르면 false가 나와 더이상 코드를 실행하지 않고 true가 나와 _(언더바)를 실행하면 정상 종료됩니다.

getData() 함수를 호출하면 ownerCheck() 함수변경자를 호출하여 호출한 지갑 주소가 컨트랙트를 배포한 지갑 주소와 같은지 검사 후 코드를 실행할지 말지를 결정합니다. 다른 지갑 주소가 getData() 함수를 호출하면 에러가 뜹니다.

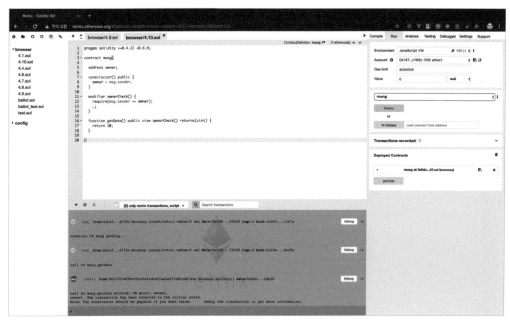

[그림 4.16] 함수변경자 에러 발생

다른 지갑 주소로 바꿔서 getData() 함수 호출 시 remix 하단의 로그 창에서 에러를 출력합니다. 이러한 형태로 함수의 호출 제어권을 결정할 수 있습니다.

[코드 4-11] 함수변경자 인자 전달   (파일명: ./codes/ch/ch4/4.11.sol)

```
1  pragma solidity >=0.4.22 <0.6.0;
2
3  contract mung{
4
5    address owner;
6
7    constructor() public {
8      owner = msg.sender;
9    }
10
```

```
11    modifier ownerCheck(uint value) {
12      require(value < 10);
13      _;
14    }
15
16    function getData(uint _v) public pure ownerCheck(_v) returns(uint) {
17      return _v * 10;
18    }
19
20  }
```

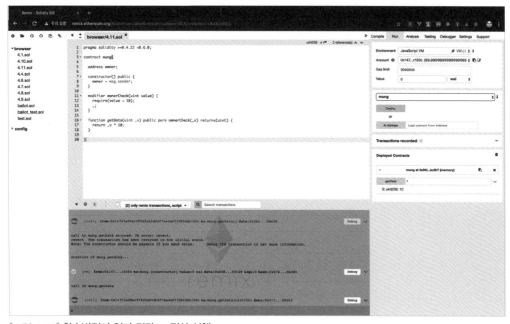

[그림 4.17] 함수변경자 인자 전달 - 정상 실행

[그림 4.18] 함수변경자 - 에러 발생

[코드 4-11]은 하나의 인자를 받는 getData() 함수가 전달받은 값 * 10을 반환합니다. 해당 값이 10 미만이면 정상 동작하고, 10 이상이면 함수변경자에서 false가 발생하여 더이상 코드를 실행하지 않습니다.

6 예외처리

solidity에서는 **require**, **assert**를 이용하여 예외처리를 합니다. 또한 롤백(rollback) 기능을 포함합니다.

[코드 4-12] 데이터 롤백 (파일명: ./codes/ch/ch4/4.12.sol)

```solidity
1   pragma solidity >=0.4.22 <0.6.0;
2
3   contract mung{
4
5     uint public a = 10;
6
7     function setData() public{
8       a = 20;
9       require(false);
10      a = 30;
11    }
12
13  }
```

---

setData() 함수는 a를 20으로 바꿔줍니다. 하지만 require(false)를 하면 더이상 코드를 실행하지 않고 데이터 롤백 앞에서 a를 20으로 바꾸려고 시도했던 부분을 취소합니다. 즉, a를 20으로 바꾸지 않고 그다음 코드도 실행하지 않습니다. assert()도 require()과 사용법이 동일합니다.

require()과 **assert()**는 false를 전달하면 내부적으로 revert()를 호출하여 롤백하며, require()는 함수 호출 시 전달한 인자를 검사하는 목적으로 사용하고, **revert()**는 계산 완료 후 정상적으로 계산을 완료했는지 검사합니다. 컨트랙트에서 다른 주소로 이더를 보냈다면 해당 부분도 롤백 처리가 가능합니다.

7 이벤트

이벤트는 스마트 컨트랙트에서 특정일이 발생했을 때 외부에 알려주는 역할을 합니다. 이벤트는 remix에서 테스트할 수 있지만 정확히 무엇을 의미하는지 이해하기 힘들 수 있습니다. 뒤에서 web3.js를 이용하여 해당 이벤트를 수신하여 특정 행위를 할 수 있습니다. 이벤트를 만들기 위해 **event** 키워드를 사용합니다.

[코드 4-13] 이벤트   (파일명: ./codes/ch/ch4/4.13.sol)

```
1  pragma solidity >=0.4.22 <0.6.0;
2
3  contract mung{
4
5    uint v = 10;
6    event SetData(uint _v);
7
8    function setData(uint _v) public{
9      v = _v;
10     emit SetData(_v);
11   }
12
13 }
```

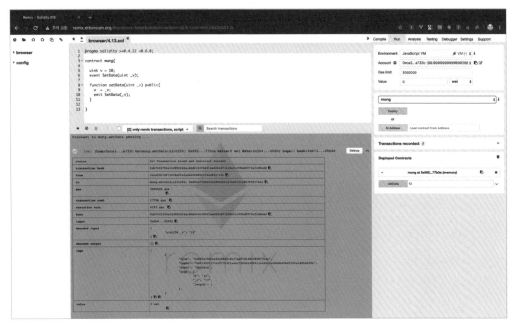

[그림 4.19] remix에서 이벤트 수신 확인

이벤트를 발생할 땐 **emit**을 이용합니다. setData( ) 함수를 호출하면 SetData( ) 이벤트를 발생하는데 remix 하단 로그에서 확인 가능합니다. logs를 보면 event로 데이터를 발생한 것을 가져올수 있습니다. web3.js에서는 해당 부분을 이벤트를 수신하여 처리 가능합니다. 이벤트는 해당 컨트랙트에 web3.js로 연결된 모든 곳에서 수신 가능합니다.

8 address 타입의 자료형

solidity는 address 타입의 자료형을 제공합니다. address 타입의 자료형은 **balance**와 **transfer** 기능을 사용할 수 있습니다. balance는 특정 지갑 주소의 이더 보유량을 조회, transfer는 스마트 컨트랙트가 보유 중인 이더를 다른 지갑 주소로 전송할 수 있습니다.

[코드 4–14] address 타입   (파일명: ./codes/ch/ch4/4.14.sol)

```solidity
 1  pragma solidity >=0.4.22 <0.6.0;
 2
 3  contract mung {
 4      function () external payable{
 5
 6      }
 7
 8      function send1(address payable to, uint value) public {
 9          to.transfer(value * (10 ** 18));
10      }
11
12      function send2(address to, uint value) public {
13          address payable convertedTo= address(uint160(to));
14          convertedTo.transfer(value * (10 ** 18));
15      }
16
17      function send3(address to, uint value) public {
18          address(uint160(to)).transfer(value * (10 ** 18));
19      }
20
21      function getBalance(address to) public view returns(uint) {
22        return to.balance;
23      }
24  }
```

[코드 4 – 14]는 스마트 컨트랙트 또는 외부 소유 계정으로부터 이더를 받을 수 있습니다.

send1(), send2(), send3() 함수는 배포된 스마트 컨트랙트에서 첫 번째 인자로 전달한 외부 소유 계정으로 이더를 전송합니다. 이더를 전송하기 위해서는 address payable 타입이어야 전송할 수 있습니다. address 타입을 address payable 타입으로 바꾸기 위해서는 address(uint160(주소))의 형태로 바꿔줄 수 있습니다. 또한 함수를 호출한 주소를 msg.sender로 가져올 수 있는데 msg.sender는 address payable 타입입니다.

getBalance() 함수는 첫 번째 인자로 전달한 주소의 이더 보유량을 조회합니다.

8-1 스마트 컨트랙트 배포

이더 전송을 테스트하기 위해 injected web3로 바꿔준 후 ropsten 네트워크에 배포합니다. 메타마스크에서 ropsten 네트워크를 선택해줍니다.

[그림 4.20] address payable 타입 테스트를 위한 배포

address payable을 테스트하기 위해 ropsten 테스트 네트워크에 배포합니다. 배포하면 트랜잭션을 발생하는데 로그 창에 해당 트랜잭션을 조회할 수 있는 링크로 이더스캔으로 바로 갈 수 있습니다.

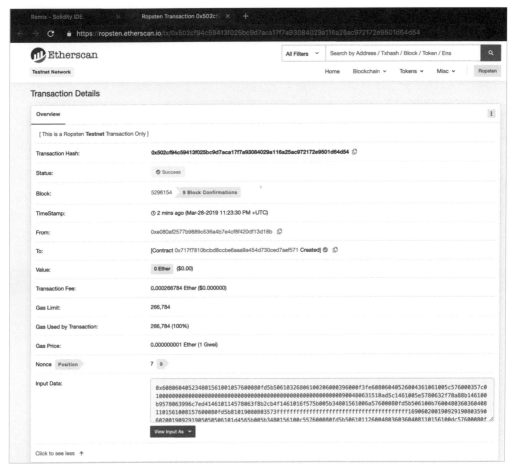

[그림 4.21] 이더스캔으로 배포된 컨트랙트 트랜잭션 확인

해당 트랜잭션을 성공적으로 배포하면 to에 배포된 컨트랙트 주소를 확인할 수 있습니다. to에 명시된 컨트랙트 주소를 누르면 계정(CA) 조회 페이지로 전환합니다.

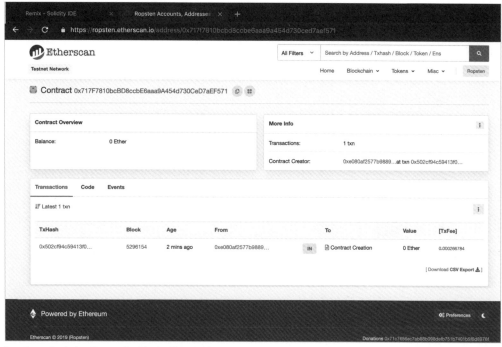

[그림 4.22] 이더스캔으로 배포된 컨트랙트 조회

해당 주소에서 발생한 트랜잭션과 보유 중인 이더를 확인할 수 있습니다.

> **배포 네트워크**: rooster network
> **배포자 주소**: address(EOA): 0xe080af2577b9889c536a4b7e4cf8f420df13d18b
> **배포된 컨트랙트 주소**: address(CA): 0x717f7810bcbd8ccbe6aaa9a454d730ced7aef571

8-2 배포된 컨트랙트로 이더 전송

메타마스크로 앞에서 배포한 컨트랙트 주소로 이더를 전송합니다.

[그림 4.23] 배포된 컨트랙트로 이더 전송

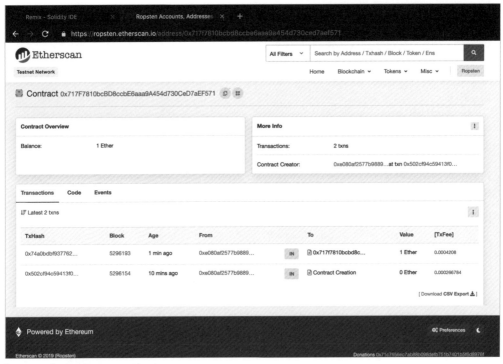

[그림 4.24] 컨트랙트 주소 조회

이더스캔을 통해 컨트랙트 주소의 이더 보유량을 확인할 수 있습니다. 해당 컨트랙트에 payable 이 있었기 때문에 정상적으로 이더를 받을 수 있습니다. payable이 없다면 이더를 받을 수 없습니다.

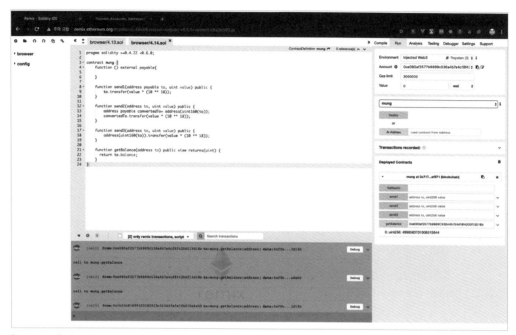

[그림 4.25] 컨트랙트로부터 이더 보유량 조회

8-3 배포된 컨트랙트에서 이더 전송

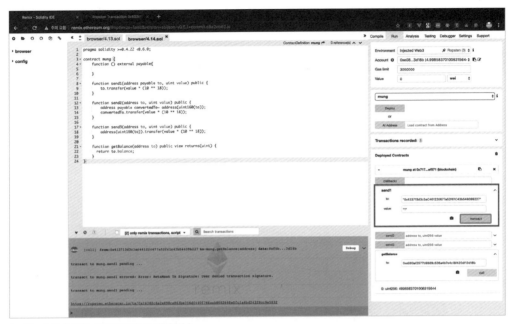

[그림 4.26] 스마트 컨트랙트에서 이더 전송

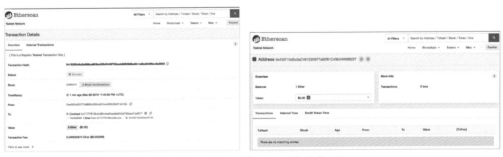

[그림 4.27] 트랜잭션 확인

[그림 4.28] 이더 조회

from은 컨트랙트 주소에서 **to: 함수 호출** 시 전달한 주소로 이더를 전송하는 트랜잭션입니다. 이더를 받은 계정으로 1이더를 보유하고 있습니다.

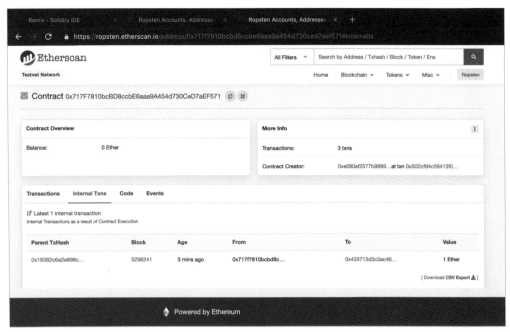

[그림 4.29] 컨트랙트 이더 조회

컨트랙트의 이더를 조회한 후 internal 탭을 누르면 빠져나간 이더를 조회할 수 있습니다. 1이더
가 정상적으로 빠져나간 것을 확인할 수 있습니다. 마지막 metamask로 해당 지갑 주소의 이더
보유량을 확인하면 전송받은 이더를 확인할 수 있습니다.

[그림 4.30] 지갑으로 이더 확인

9 조건문, 반복문

solidity에서는 조건문과 반복문을 제공합니다. 조건문은 특정 조건에 따라 코드 실행 여부를 결정합니다. 반복문은 특정 코드를 반복적으로 실행하기 위해 사용합니다.

조건문은 **if, if else, else** 키워드를 사용하여 만들 수 있습니다.

```
if (조건){
    ...실행될 코드...
}
```

조건이 참(true)이 되면 해당 코드를 실행합니다. false라면 코드를 실행하지 않습니다.

```
if (조건 1){
    ... 코드1...
} else if(조건 2) {
    ... 코드2...
} else if(조건 3) {
    ... 코드3...
}else{
    ... 코드4...
}
```

조건 1이 참이라면 코드 1만 실행한 후 조건 2, 3,, else는 검사하지 않습니다. 조건 1이 거짓이고 조건 2가 참이라면 조건 1이 거짓이기 때문에 코드 1은 실행하지 않습니다. 그리고 조건 2가 참이기 때문에 코드 2를 실행하고 조건 3과 else 부분을 실행하지 않습니다. 만약 조건 1, 2, 3 모두 거짓이라면 코드 4를 실행합니다.

반복문은 for 키워드를 사용합니다. for 문의 기본 구조는 다음과 같습니다.

```
for(초기문; 조건문; 증감문) {
  ...실행될 코드...
}
```

조건문이 false가 될 때까지 코드를 실행합니다.

[코드 4-15] 조건문, 반복문   (파일명: ./codes/ch/ch4/4.15.sol)

```solidity
 1  pragma solidity >=0.4.22 <0.6.0;
 2
 3  contract mung {
 4
 5      function condition(uint _value) public pure returns(uint) {
 6        if(_value < 10) {
 7          return _value * 10;
 8        } else if (_value < 20) {
 9          return _value * 20;
10        } else {
11          return _value;
12        }
13      }
14
15      function loop(uint _value) public pure returns(uint) {
16        uint sum = 0;
17
18        for(uint i = 0 ; i <= _value; i++){
19          sum += i;
20        }
21
22        return sum;
23      }
24
25  }
```

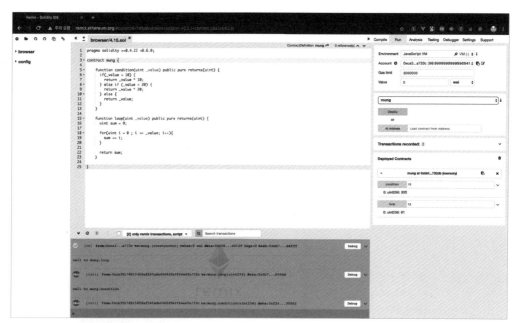

[그림 4.31] 조건문, 반복문 코드 실행

조건문은 if나 if else, else 문을 사용하여 코드를 만들 수 있습니다.

10 상속

상속은 다른 컨트랙트에 만든 기능을 가져다 사용합니다. 상속을 받기 위해 is 키워드를 사용합니다.

[코드 4-16] 상속　　　　　　　　　　　　　　　　　　　　(파일명: ./codes/ch/ch4/4.16.sol)

```solidity
1  pragma solidity >=0.4.22 <0.6.0;
2
3  contract mung1 {
4    function g1(uint _value) public pure returns(uint) {
5      return _value + 1;
6    }
7    function g2(uint _value) internal pure returns(uint) {
8      return _value + 1;
9    }
10 }
11
12 contract mung2 is mung1{
13   function getData1(uint _value) public pure returns(uint) {
14     return g1(_value);
15   }
16   function getData2(uint _value) public pure returns(uint) {
17     return g2(_value);
18   }
19 }
```

상속은 어려운 개념이 아닙니다. 다른 컨트랙트에 구현한 함수 또는 변수를 사용할 수 있습니다. 이때 가시성이 public, internal이어야 정상적으로 호출 가능합니다.

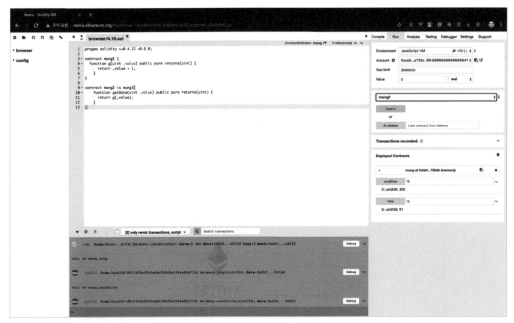

[그림 4.32] 배포할 컨트랙트 선택

상속을 받은 컨트랙트를 배포할 때 한 가지 중요한 점이 있습니다. [Deploy] 버튼 위에 배포할
컨트랙트를 선택할 수 있습니다. [그림 4.32]처럼 mung1이 나올 수 있는데 mung2를 선택하고
배포해야 정상적으로 동작합니다.

11 다른 컨트랙트 호출

다른 스마트 컨트랙트를 호출하여 트랜잭션 발생/데이터 조회를 할 수 있습니다.

[코드 4-17] 컨트랙트 배포　　　　　　　　　　　　　　**(파일명: ./codes/ch/ch4/4.17.sol)**

```
1   pragma solidity >=0.4.22 <0.6.0;
2
3   contract mung{
4     uint public value = 10;
5
6     function getData() public view returns(uint){
7       return value;
8     }
9
10    function setData(uint _value) public{
11      value = _value;
12    }
13  }
```

[그림 4.33] 컨트랙트 배포

[코드4-17]을 배포하면 [그림 4.33]처럼 컨트랙트 주소를 생성합니다. 해당 컨트랙트는 setData() 함수로 value를 변경하고 getData() 함수를 호출하거나 value를 직접 가져올 수 있습니다.

해당 컨트랙트를 다른 컨트랙트에 의해 생성해 보겠습니다.

[코드 4-18] 컨트랙트에서 컨트랙트 호출　　　　　　　(파일명: ./codes/ch/ch4/4.18.sol)

```solidity
1  pragma solidity >=0.4.22 <0.6.0;
2
3  interface otherContract {
4    function getData() external view returns(uint);
5    function value() external view returns(uint);
6    function setData(uint _value) external;
7  }
8
9  contract mung {
10   otherContract oc ;
11
12   constructor(address o) public {
13     oc = otherContract(o);
14   }
15
16   function g1() public view returns(uint){
17     return oc.getData();
18   }
19
20   function g2() public view returns(uint){
21     return oc.value();
22   }
23
24   function s(uint _value) public{
25     oc.setData(_value);
26   }
27
28 }
```

배포된 컨트랙트를 사용하기 위해 **인터페이스**가 필요합니다. 인터페이스란 해당 컨트랙트의 기능을 정의합니다. 함수/변수 이름, 인자 타입, 반환 타입만 명시합니다. 그리고 반드시 external을 붙여야 합니다. 변수 또한 함수 형태로 인터페이스 정의가 가능합니다.

[그림 4.34] 다른 컨트랙트 배포

앞에서 배포한 컨트랙트 주소를 전달하여 배포합니다. g1(), g2() 함수를 이용하여 [코드 4 – 17]에 접근하여 데이터를 읽을 수 있습니다. [코드 4 – 18]에서 s()를 호출하여 [코드 4 – 17] 배포 컨트랙트에서 데이터 조회를 하면 변경된 데이터를 확인할 수 있습니다.

12 delegatedcall, call

다른 컨트랙트를 호출할 때 인터페이스를 통해 호출했는데 인터페이스 없이 **delegatedcall**과 **call**을 통해 호출할 수 있습니다. 컨텍스트(context) 변경 유무에 따라 call과 delegatedcall을 사용할 수 있습니다.

[코드 4-19] 컨텍스트 변경 유무에 따른 컨트랙트에서 컨트랙트 호출   (파일명: ./codes/ch/ch4/4.19.sol)

```
 1  pragma solidity >=0.4.22 <0.6.0;
 2
 3  contract Sample1 {
 4
 5      uint public t ;
 6
 7      constructor() public {}
 8
 9      event L(uint a, uint b, address c);
10
11      function test(uint a, uint b) public returns(uint){
12          t = a + b;
13          emit L(a, b, msg.sender);
14          return a + b;
15      }
16  }
17
18  contract Sample2 {
19      uint public t;
20
21      constructor() public {}
22
23      function callTest(address contractAddr, uint to, uint value) public
24  returns (bool, bytes memory, address) {
25          (bool success, bytes memory data) = address(contractAddr).call(abi.
26  encodeWithSignature("test(uint256,uint256)", to, value));
27
```

```
28          if(!success) {
29              revert();
30          }
31
32          return (success, data, contractAddr);
33      }
34
35      function delegatecallTest(address contractAddr, uint to, uint value)
36  public returns (bool, bytes memory, address) {
37          (bool success, bytes memory data) = address(contractAddr).
38  delegatecall(abi.encodeWithSignature("test(uint256,uint256)", to, value));
39
40          if(!success) {
41              revert();
42          }
43
44          return (success, data, contractAddr);
45      }
46  }
```

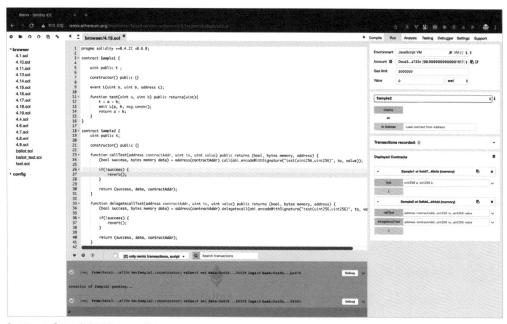

[그림 4.35] 두 개의 샘플 코드 배포

sample1, sample2을 배포합니다. 배포 순서는 상관 없습니다.

```
트랜잭션 발생자(EOA): 0xca35b7d915458ef540ade6068dfe2f44e8fa733c
Sample1 CA: 0xb87213121fb89cbd8b877cb1bb3ff84dd2869cfa
Sample2 CA: 0x9dd1e8169e76a9226b07ab9f85cc20a5e1ed44dd
```

12-1 sample1 컨트랙트 직접 호출

sample1의 test()는 msg.sender 이벤트를 통해 로그를 남깁니다. 이때는 컨트랙트를 배포했던 계정인 EOA 계정으로 test() 함수를 호출했기 때문에 해당 주소를 보여줍니다.

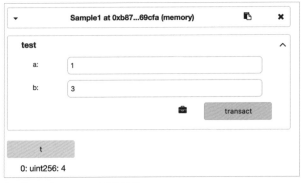

[그림 4.36] sample1 직접 호출

[그림 4.37] sample1 test 함수 호출 시 이벤트 로그

12-2 sample2에서 call 호출

sample2에 정의한 callTest() 함수를 통해 call() 호출을 합니다.

[그림 4.38] sample2에서 sample1 함수 call

callTest()에서 sample1의 컨트랙트 주소를 넣어준 후 2개의 인자를 넘겨줍니다. sample2는
sample1의 test() 함수를 호출합니다.

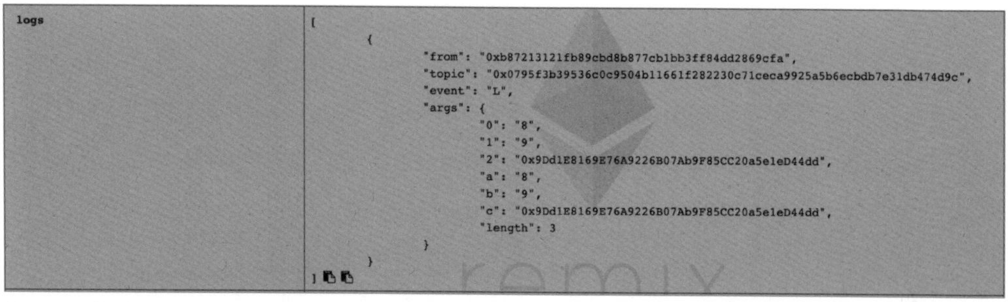

[그림 4.39] sample2가 sample1 호출 후 발생한 이벤트

sample1에서 발생한 이벤트 로그 결과에서 sample2의 컨트랙트 주소를 볼 수 있습니다. EOA
는 sample2의 특정 함수를 호출하고 sample2에서 sample1을 호출했기 때문에 컨텍스트가
sample1로 바뀝니다. 그리고 sample2에 있는 변수 t를 조회하면 0이 뜹니다. sample1의 t를
다시 조회하면 sample2에 의해 바뀐 것을 확인할 수 있습니다.

[그림 4.40] sample2에 의해 바뀐 sample1의 데이터

12-3 sample2에서 delegatedcall 호출

sample2에 정의한 delegatecallTest() 함수를 통해 delegatecall() 함수를 호출합니다.

[그림 4.41] sample2에서 sample1을 delegatedcall 호출

[그림 4.42]를 보면 sample2가 sample1을 호출했는데 sample1의 msg.sender는 sample2를 호출한 EOA를 표시합니다. delegatedcall을 호출하면 sample1은 sample2로 접근하여 데이터를 사용합니다. 그렇기 때문에 t 변수의 값을 바꿀 때 sample1에 저장된 값이 아닌 sample2에 저장된 t에 접근하여 데이터를 수정합니다. 이를 컨텍스트가 변경되지 않는다고 표현합니다.

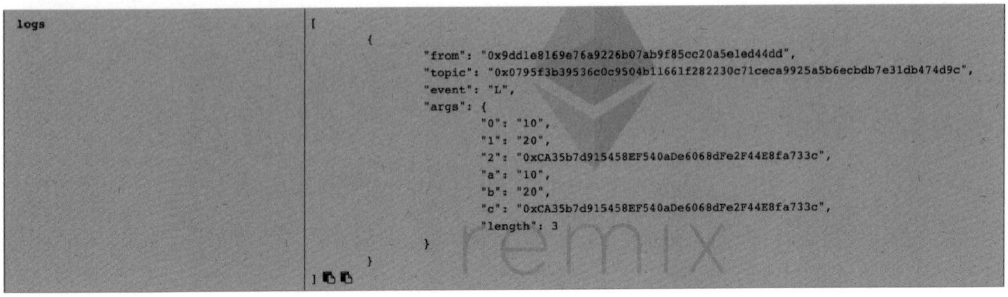

[그림 4.42] delegatedcall 이벤트 결과

[그림 4.43] delegatedcal 호출 후 sample1 조회

sample1로 배포된 컨트랙트 test()에서 t = a + b를 할 때 call을 호출하면 sample1에 있는 t에 접근하여 값을 변경하고 delegatecall을 하게 되면 context가 sample2로 유지되기 때문에 sample2로 배포된 컨트랙트에 있는 t의 값이 변경됩니다.

● 0.5 버전 이후

```
(bool success, bytes memory data) = address(contractAddr).delegatecall(abi.enco
deWithSignature("test(uint256,uint256)", to, value));
```

● 0.5 버전 이전

```
bool success = address(contractAddr).call(bytes4(sha3("test(uint256,ui
nt256)")), to, value);
```

call과 delegatedcall은 0.5 버전을 기준으로 사용법이 약간 다릅니다. 0.5 버전 이후는 호출 성공/실패 유무와 데이터를 받아올 수 있습니다. 데이터 타입을 명시할 때 uint을 쓰게 되면 에러가 발생합니다. uint가 아닌 uint256 정확한 타입을 명시해야 합니다. 그리고 ,(콤마) 다음에 띄어쓰기를 넣으면 안 됩니다.

13 ERC20 토큰

ERC20은 Ethereum Request for Comments의 약자이며, ERC20 토큰은 이더리움 기반의 스마트 컨트랙트로 만들어진 토큰입니다. ERC20은 정해진 인터페이스에 따라 개발합니다. ERC20을 만들기 위해서는 정해진 변수명, 함수명, 인풋 타입, 아웃풋 타입에 따라 개발하면 됩니다.

- **totalSupply**: 토큰 총 발행량
- **transfer**: 송금 기능
- **balanceOf**: 토큰 보유량
- **approve**: 승인(totalSupply와 비교하여 트랜잭션 처리/실패)
- **allowance**: 허용
- **name**: 토큰 이름
- **symbol**: 토큰 상징 이름
- **decimals**: 소수점 자릿수

ERC20은 이러한 인터페이스에 따라 개발되는 토큰입니다. 즉, 인터페이스가 정해져 있기 때문에 해당 인터페이스에 맞춘 지갑 프로그램은 어디든지 사용 가능합니다. 토큰의 소각이나 추가 발행같은 기능들은 토큰을 만들면서 추가할 수 있습니다.

[코드 4-20] 토큰   (파일명: ./codes/ch/ch4/4.20.sol)

```solidity
1   pragma solidity >=0.4.22 <0.6.0;
2
3   contract JeongTae_Token {
4
5       string public constant name = "JeongTae Park";
6       string public constant symbol = "PJT";
7       uint8 public constant decimals = 18;
8
9       uint256 public totalSupply ;
10
11      mapping(address => uint256) public balanceOf;
12
```

```solidity
13      event Transfer(address indexed from, address indexed to, uint256 value);

14      event Burn(address indexed from, uint256 value);

15

16      address owner; // 토큰 발행자

17

18      modifier onlyOwner() {

19          require(msg.sender == owner);

20          _;

21      }

22

23      constructor(

24          uint256 _totalSupply

25      ) public {

26          owner = msg.sender;

27          totalSupply = _totalSupply * 10 ** uint256(decimals);

28          balanceOf[msg.sender] = totalSupply;

29          emit Transfer(address(this), msg.sender, totalSupply);

30      }

31

32      function transfer(address to, uint amount)  public {

33          require(balanceOf[msg.sender] >= amount);

34          balanceOf[msg.sender] -= amount;

35          balanceOf[to] += amount;

36          emit Transfer(msg.sender, to, amount);

37      }

38

39      function burn(uint amount) onlyOwner public {

40          require(totalSupply >= amount);

41          balanceOf[msg.sender] -= amount;

42          totalSupply -= amount;

43          emit Burn(msg.sender, amount);

44      }

45

46      function addPublish(uint amount) onlyOwner public{

47          totalSupply += amount * 10 ** uint(decimals);

48          balanceOf[msg.sender] +=  amount * 10 ** uint(decimals);

49      }

50 }
```

[코드 4-20]은 ERC20 기반의 토큰입니다. name, symbol, decimals로 토큰의 이름과 소수점 자릿수를 저장합니다. totalSupply는 토큰의 전체 발행량입니다. 해당 스마트 컨트랙트를 생성할 때 전체 발행량을 결정합니다. balanceOf는 토큰 소유량을 저장하고, owner는 토큰 배포자를 저장합니다.

생성자에서 토큰 전체 발행량을 결정하며 발행된 전체 토큰을 발행자에게 소유권을 넘깁니다. transfer는 첫 번째 인자로 토큰을 받을 계정, 두 번째 인자로 전송량을 전달하여 해당 함수를 호출한 msg.sender에서 첫 번째 인자로 전달한 계정으로 두 번째 인자로 토큰량을 전송합니다. 토큰을 전송할 때 msg.sender의 토큰 보유량을 확인하여 코드 실행을 멈출지 말지 require()을 이용하여 검사합니다.

burn()과 addPublish()는 ERC20의 인터페이스는 아니지만, 토큰 소각과 토큰 추가 발행 기능을 구현한 것입니다.

[그림 4.44] ERC20 기반 토큰 배포

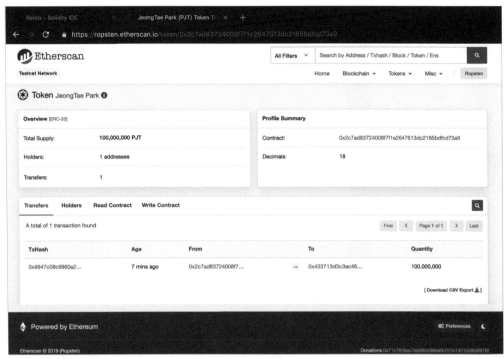

[그림 4.45] 이더스캔에서 토큰 확인

```
https://ropsten.etherscan.io/token/[컨트랙트 주소]

https://etherscan.io/token/[컨트랙트 주소]
```

해당 주소로 이동하면 [그림 4.45]처럼 배포한 토큰 컨트랙트를 이더스캔을 통해 확인할 수 있습니다.

[그림 4.46] 토큰 추가

위의 그림처럼 메타마스크뿐 아니라 ERC20을 지원하는 지갑이라면 어디서든 토큰을 등록하고 관리할 수 있습니다. 해당 지갑에서 토큰을 선택하고 전송하면 이더리움을 전송하는 것처럼 토큰 전송을 할 수 있습니다. 토큰 전송을 하게 되면 ERC20의 인터페이스 중 transfer( ) 함수를 호출하여 호출한 외부 소유 계정에서 다른 외부 소유 계정으로 토큰의 소유권을 넘깁니다.

PART 5
web3.js를 활용한
이더리움 dApp 만들기

dApp을 만드는 데 가장 중요한 web3.js 활용법을 알아봅니다. web3.js는 이더리움 네트워크를 구성하는 노드와 연결하여 RPC 호출을 통해 트랜잭션을 발생하거나 데이터를 조회할 수 있습니다. 즉, geth의 console 모드 조작, 스마트 컨트랙트 조작을 할 수 있습니다.

1 web3.js 시작하기

web3.js는 html에서 CDN 형태, node.js에서 npm으로 설치하여 사용 가능합니다. html에서 사용하는 의미는 서버를 거치지 않고 클라이언트 단에서 블록체인 시스템과 바로 접속하는 것을 의미합니다. node.js에서 사용한다는 것은 클라이언트가 직접 블록체인 시스템에 접속하지 않고 서버를 거쳐 접속하는 것을 의미합니다.

1-1 node.js에서 web3.js 시작하기

node.js에서는 npm을 이용하여 web3.js를 사용할 수 있습니다. 집필 시점의 web3.js 안정화된 버전은 0.20.7이며 1.0.0이 베타 버전으로 준비중입니다.

● **web3.js 설치하기**

```
$ npm install --save web3
```

해당 명령어를 통해 web3.js 라이브러리를 설치할 수 있습니다. 하지만 특정 버전을 명시하여 설치해야 할 필요가 있습니다. 0.20.x와 베타 버전인 1.0.x 버전의 인터페이스가 약간 다르기 때문입니다. 거의 비슷하지만 한 두 가지씩 추가된 부분이 있습니다.

● **web3.js 특정 버전 설치하기**

```
$ npm install --save web3@0.20.7
```

web3의 0.20.7 버전을 설치하는 명령입니다.

1-2 web3.js로 이더리움 네트워크 연결

web3.js를 사용하기 위해서는 이더리움 네트워크를 구성하고 있는 노드의 IP와 PORT 번호로 접속해야 합니다.

[코드 5 – 1]은 메인넷을 구성 중인 노드에 붙어서 블록 개수를 조회하는 코드입니다.

[코드 5-1] 메인넷 연결 후 생성된 블록 개수 조회	(파일명: ./codes/ch/ch5/5.1.js)

```
1  let Web3 = require('web3');

2

3  let web3 = new Web3(new Web3.providers.HttpProvider('https://mainnet.infura.io'));

4

5  web3.eth.getBlockNumber((err, blockCount) => {

6      console.log(blockCount)

7  })
```

다음의 명령어를 통해 실행 가능합니다.

```
$ node 파일명
```

[코드 5–1] 실행 결과

```
7478997
```

[코드 5 – 2]는 테스트 네트워크에 접속하여 블록 개수를 조회합니다. 3라인에서 접속하고자 하는 노드의 IP와 PORT 번호를 통해 접속 가능합니다. 개인 네트워크를 구축한 노드와 연결하고 싶다면 해당 노드의 IP와 PORT를 이용하여 접속 가능합니다. 이더리움 노드와 연결하는 방법은 0.20.x 버전과 1.0.x 버전이 동일합니다.

[코드 5-2] 테스트넷 연결 후 생성된 블록 개수 조회	(파일명: ./codes/ch/ch5/5.2.js)

```
1  let Web3 = require('web3');

2

3  let web3 = new Web3(new Web3.providers.HttpProvider('https://ropsten.infura.io'));

4

5  web3.eth.getBlockNumber((err, blockCount) => {

6      console.log(blockCount)

7  })
```

[코드 5–1] 실행 결과

```
5315580
```

html에서 이더리움 노드와 연결하여 조작하기 위해서는 web3.js를 직접 설치해야 합니다. 하지만 html은 javascript 코드를 설치하지 않더라도 CDN을 통해 사용 가능합니다.

[그림 5.1] web3.js cdn 사이트(https://cdn.jsdelivr.net/gh/ethereum/web3.js@1.0.0−beta.36/dist/)

접속하면 우측 상단에서 web3.js의 버전을 선택할 수 있습니다. 버전을 선택하면 파일을 선택하는 리스트가 보입니다. 같은 파일이지만 min이 붙어 있는 파일은 압축이 된 파일입니다. 파일명을 클릭하면 해당 소스코드를 볼 수 있는데 이때 url을 복사하여 다음과 같이 작성합니다.

[코드 5-3] web3.js cdn으로 연결   (파일명: ./codes/ch/ch5/5.3.html)

```
1  <html>
2    <head>
3      <title>web3.js 시작하기 - cdn 연결</title>
4      <script src="https://cdn.jsdelivr.net/gh/ethereum/web3.js@1.0.0-
5  beta.36/dist/web3.min.js"></script>
6    </head>
7
8    <body>
9    </body>
10 </html>
```

4라인에서 src의 값으로 [그림 5.1]에서 복사한 링크를 넣어줍니다.

```
1  <html>
2    <head>
3      <title>web3.js 시작하기 - 메인넷 연결</title>
4      <script src="https://cdn.jsdelivr.net/gh/ethereum/web3.js@1.0.0-
5  beta.36/dist/web3.min.js"></script>
6    </head>
7
8    <body>
9      <script>
10       let web3 = new Web3(new Web3.providers.HttpProvider('https://mainnet.infura.io'));
11
12       web3.eth.getBlockNumber((err, blockCount) => {
13         console.log(blockCount)
14       })
15     </script>
16   </body>
17 </html>
```

메인넷에 접속하여 블록 개수를 조회하는 코드입니다. 테스트 넷에 접속하여 블록 개수를 조회합니다.

[코드 5-5] 테스트 네트워크 연결   (파일명: ./codes/ch/ch5/5.5.html)

```
1  <html>
2    <head>
3      <title>web3.js 시작하기 - 테스트 네트워크 연결</title>
4      <script src="https://cdn.jsdelivr.net/gh/ethereum/web3.js@1.0.0-
5  beta.36/dist/web3.min.js"></script>
6    </head>
7
8    <body>
9      <script>
10       let web3 = new Web3(new Web3.providers.HttpProvider('https://ropsten.infura.io'));
11
12       web3.eth.getBlockNumber((err, blockCount) => {
13         console.log(blockCount)
14       })
```

```
15      </script>
16    </body>
17  </html>
```

[코드 5-3], [코드 5-4], [코드 5-5]는 확장자가 html이기 때문에 해당 파일을 실행하면 웹 브라우저를 실행합니다. [그림 5.2]는 [코드 5-5]를 실행하여 콘솔을 출력한 화면입니다.

[그림 5.2] 웹 브라우저 개발자 도구 실행

웹 브라우저를 실행한 후 마우스 오른쪽 버튼을 클릭하여 검사 버튼을 누르면 [그림 5.2]와 같은 창을 띄웁니다. 여기서 console 탭을 보면 javascript에서 console.log()로 출력한 내용을 확인할 수 있습니다. 가장 우측의 점 3개가 나열된 버튼을 누르면 독 위치, 독 테마를 세팅할 수 있습니다.

node.js와 html에서 cdn을 통해 web3.js를 사용할 때 해당 파일을 설치하거나 가져오는 방법만 다를 뿐 사용법은 동일합니다. geth를 이용하여 개인 네트워크를 구축할 수 있지만 npm을 통해 테스트 노드인 testrpc를 사용할 수 있습니다.

```
$ npm install -g ethereumjs-testrpc
```

설치 완료 후 터미널 창에서 testrpc 명령을 실행하면 geth나 parity로 노드를 생성하듯 노드를 실행합니다. 이 노드는 테스트를 목적으로 사용하는 테스트 노드입니다.

[그림 5.3] testrpc 실행

testrpc는 geth나 parity로 네트워크를 직접 세팅하기 번거롭기 때문에 테스트 단계에서 사용하는 툴입니다. testrpc는 100이더가 충전된 10개의 테스트용 계정을 미리 할당해줍니다.

2 이더리움 조작

web3.js를 사용하기 위한 준비 과정을 알아보았습니다. 본격적으로 web3.js 사용법을 살펴보겠습니다.

2-1 계정 생성/조회

web3.js는 0.20.x와 1.0.x에서 생성법이 약간 다른데, 1.0.x에서 계정 생성 방법이 추가됐습니다.

- **0.20.x**

[코드 5-6] 계정 생성 및 리스트 조회   (파일명: ./codes/ch/ch5/5.6.js)

```
1   let Web3 = require('web3');
2
3   let web3 = new Web3(new Web3.providers.HttpProvider('http: //127.0.0.1:8545'));
4
5   web3.personal.newAccount('p', (err, createdAddress) => {
6     console.log(createdAddress)
7
8     let accounts = web3.eth.accounts
9     console.log(accounts)
10  })
```

[코드 5-6] 실행 결과

```
0x6d3f72f6da794f3fcd80df8680e5404b3fec1767
[ '0xca464f86b3a857e615746949ab4422ee10aaaa03',
  '0x89d39ddf84f796d41ea866876bd2e14b70e5d0bb',
  '0x6fdc6687b40feb03aea2281c598e2b75dd5b2ddf',
  '0x4d294e838db406c49eaeb55387f347c639cec4c4',
  '0xb9f249478da4a275f3619674faec4f47b67b59d3',
  '0xf0ebd0ad9abdfd5ef4b996e337e4a0c3b1c48598',
  '0xf8d1115ff8d56b4f25d0f209940fe448ea03b2da',
  '0xb2668b8839568e095f5614952fca6491843f821d',
```

```
'0x9eb2fd943f673e2dfcdfa3602c26a95927e2da13',

'0x82f0be95d9896fadf3df185d3e951c56f75b3782',

'0x6d3f72f6da794f3fcd80df8680e5404b3fec1767' ]
```

해당 코드는 로컬에 설치된 이더 노드로 접속하여 계정 생성 후 리스트를 조회합니다. personal은 키스토어 파일의 형태로 외부 소유 계정을 생성합니다. 하지만 해당 방식은 키스토어 파일을 계속 생성하게 되는데, 사용자가 악의적으로 외부 소유 계정을 지속해서 요청하여 키스토어 파일이 꽉 차면 시스템 용량이 부족하게 됩니다. 그래서 공개된 노드는 personal을 막아 났습니다.

● 1.0.x

[코드 5-7] 테스트넷, 메인넷 personal 사용 금지　　　　　　　(파일명: ./codes/ch/ch5/5.7.js)

```
1   let Web3 = require('web3');

2

3   let web3 = new Web3(new Web3.providers.HttpProvider('https://ropsten.infura.io'));

4

5   web3.personal.newAccount('p', (err, createdAddress) => {

6     console.log(createdAddress, err)

7

8     let accounts = web3.eth.accounts

9     console.log(accounts, err)

10  })
```

[코드 5-7] 실행 결과

```
undefined Error: The method personal_newAccount does not exist/is not available
    at Object.InvalidResponse (/Users/bagjeongtae/Desktop/document/개인문서/
책쓰기/집필자료/blockchain/code/ch/ch5/node_modules/web3/lib/web3/errors.js:38:16)
    at /Users/bagjeongtae/Desktop/document/개인문서/책쓰기/집필자료/blockchain/code/
ch/ch5/node_modules/web3/lib/web3/requestmanager.js:86:36
    at XMLHttpRequest.request.onreadystatechange (/Users/bagjeongtae/Desktop/
document/개인문서/책쓰기/집필자료/blockchain/code/ch/ch5/node_modules/web3/lib/
web3/httpprovider.js:129:7)
    at XMLHttpRequestEventTarget.dispatchEvent
```

```
    (/Users/bagjeongtae/Desktop/document/개인문서/책쓰기/집필자료/blockchain/code/ch/
ch5/node_modules/xhr2-cookies/dist/xml-http-request-event-target.js:34:22)
    at XMLHttpRequest._setReadyState (/Users/bagjeongtae/Desktop/document/
개인문서/책쓰기/집필자료/blockchain/code/ch/ch5/node_modules/xhr2-cookies/dist/xml-
http-request.js:208:14)
    at XMLHttpRequest._onHttpResponseEnd (/Users/bagjeongtae/Desktop/document/
개인문서/책쓰기/집필자료/blockchain/code/ch/ch5/node_modules/xhr2-cookies/dist/xml-
http-request.js:318:14)
    at IncomingMessage.<anonymous> (/Users/bagjeongtae/Desktop/document/개인문서/
책쓰기/집필자료/blockchain/code/ch/ch5/node_modules/xhr2-cookies/dist/xml-http-
request.js:289:61)
    at IncomingMessage.emit (events.js:194:15)
    at endReadableNT (_stream_readable.js:1125:12)
    at process._tickCallback (internal/process/next_tick.js:63:19)
============********============
[] Error: The method personal_newAccount does not exist/is not available
    at Object.InvalidResponse (/Users/bagjeongtae/Desktop/document/개인문서/
책쓰기/집필자료/blockchain/code/ch/ch5/node_modules/web3/lib/web3/errors.js:38:16)
    at /Users/bagjeongtae/Desktop/document/개인문서/책쓰기/집필자료/blockchain/
code/ch/ch5/node_modules/web3/lib/web3/requestmanager.js:86:36
    at XMLHttpRequest.request.onreadystatechange (/Users/bagjeongtae/Desktop/
document/개인문서/책쓰기/집필자료/blockchain/code/ch/ch5/node_modules/web3/lib/
web3/httpprovider.js:129:7)
    at XMLHttpRequestEventTarget.dispatchEvent (/Users/bagjeongtae/Desktop/
document/개인문서/책쓰기/집필자료/blockchain/code/ch/ch5/node_modules/xhr2-cookies/
dist/xml-http-request-event-target.js:34:22)
    at XMLHttpRequest._setReadyState (/Users/bagjeongtae/Desktop/document/
개인문서/책쓰기/집필자료/blockchain/code/ch/ch5/node_modules/xhr2-cookies/dist/xml-
http-request.js:208:14)
    at XMLHttpRequest._onHttpResponseEnd (/Users/bagjeongtae/Desktop/document/
개인문서/책쓰기/집필자료/blockchain/code/ch/ch5/node_modules/xhr2-cookies/dist/xml-
http-request.js:318:14)
    at IncomingMessage.<anonymous> (/Users/bagjeongtae/Desktop/document/개인문서/
책쓰기/집필자료/blockchain/code/ch/ch5/node_modules/xhr2-cookies/dist/xml-http-
request.js:289:61)
    at IncomingMessage.emit (events.js:194:15)
    at endReadableNT (_stream_readable.js:1125:12)
    at process._tickCallback (internal/process/next_tick.js:63:19)
```

외부에 공개된 노드는 키스토어 파일로 외부 소유 계정을 관리하지 않고, personal을 사용 못하도록 막아놨습니다. 이때는 1.0.x에서 제공하는 방법을 사용하면 됩니다. 바로 프라이빗 키를 직접 생성하는 것입니다.

[코드 5-8] 1.0.x에서 외부 소유 계정 생성　　　　　　　　　　　　**(파일명: ./codes/ch/ch5/5.8.js)**

```
1  let Web3 = require('web3');
2
3  let web3 = new Web3(new Web3.providers.HttpProvider('https://ropsten.infura.io'));
4
5  let {address, privateKey} = web3.eth.accounts.create()
6
7  console.log(address)
8  console.log(privateKey)
```

[코드 5-8] 실행 결과

```
0x8b55429dB76D4113284fa3d9E8d6DD31239011D2
0x16b0cede91115e82952e2b2562979e67f2ff59e444a567d6b0b3f92f03ce60df
```

[코드 5-8]처럼 외부 소유 계정을 생성하면 프라이빗 키를 잘 관리해야 합니다. web3.js는 키스토어 파일, 프라이빗 키 두 가지 모두 트랜잭션 발생 방법을 제공합니다. 프라이빗 키는 노드가 관리하지 않기 때문에 eth.accounts의 형태로 계정 리스트를 가져오는 것이 불가능합니다.

2-2　계정 잔액 조회

eth.getBalance()를 이용하여 계정의 잔액 조회를 할 수 있습니다. testrpc에 연결하여 테스트 계정의 이더 보유량을 조회하는 코드입니다.

[코드 5-9] 계정 잔액 조회　　　　　　　　　　　　　　　　**(파일명: ./codes/ch/ch5/5.9.js)**

```
1  let Web3 = require('web3');
2
3  let web3 = new Web3(new Web3.providers.HttpProvider('http://127.0.0.1:8545'));
4
5  web3.eth.getBalance('0xca464f86b3a857e615746949ab4422ee10aaaa03', (err, balanceOf)=> {
6    console.log(balanceOf)
```

```
 7   })
 8
 9   /* sync 형태로 처리
10   let balanceOf = web3.eth.getBalance('0xca464f86b3a857e615746949ab4422ee10aaaa03')
11
12   balanceOf.then((result) => console.log(result))
13   */
```

[코드 5-9] 실행 결과

```
100000000000000000000000
```

2-3 블록 조회

eth.getBlock()은 특정 블록 번호를 조회합니다. eth.getBlockNumber으로 조회 가능합니다.

[코드 5-10] 블록 개수 조회　　　　　　　　　　　　　　　　(파일명: ./codes/ch/ch5/5.10.js)

```
 1   let Web3 = require('web3');
 2
 3   let web3 = new Web3(new Web3.providers.HttpProvider('https://ropsten.infura.io'));
 4
 5   web3.eth.getBlockNumber((err, blockNumber) => {
 6     console.log(blockNumber)
 7   })
 8
 9   /* sync 형태로 처리
10   let blockNumber = web3.eth.getBlockNumber()
11
12   blockNumber.then(bn => console.log(bn))
13   */
```

[코드 5-10] 실행 결과

```
5315932
```

```javascript
1  let Web3 = require('web3');
2
3  let web3 = new Web3(new Web3.providers.HttpProvider('https://ropsten.infura.io'));
4
5  web3.eth.getBlock(1, (err, blockInfo) => {
6    console.log(blockInfo)
7  })
8
9  /* sync 형태로 처리
10 let blockInfo = web3.eth.getBlock(1)
11
12 blockInfo.then(bi => console.log(bi))
13 */
```

[코드 5-11] 실행 결과

```
{ difficulty: '997888',
  extraData: '0xd8830105038467657468877676f312e372e318664617277696e',
  gasLimit: 16760833,
  gasUsed: 0,
  hash:
   '0x41800b5c3f1717687d85fc9018faac0a6e90b39deaa0b99e7fe4fe796ddeb26a',
  logsBloom:
   '0x00000000000000000000000000000000000000000000000000000000000000000
0000000000000000000000000000000000000000000000000000000000000000000000000
0000000000000000000000000000000000000000000000000000000000000000000000000
0000000000000000000000000000000000000000000000000000000000000000000000000
0000000000000000000000000000000000000000000000000000000000000000000000000
0000000000000000000000000000000000000000000000000000000000000000000000000
000000000000000000000000000000000000000000',
  miner: '0xD1aEb42885A43b72B518182Ef893125814811048',
  mixHash:
   '0x0f98b15f1a4901a7e9204f3c500a7bd527b3fb2c3340e12176a44b83e414a69e',
  nonce: '0x0ece08ea8c49dfd9',
  number: 1,
  parentHash:
```

```
   '0x41941023680923e0fe4d74a34bdac8141f2540e3ae90623718e47d66d1ca4a2d',
 receiptsRoot:
  '0x56e81f171bcc55a6ff8345e692c0f86e5b48e01b996cadc001622fb5e363b421',
 sha3Uncles:
  '0x1dcc4de8dec75d7aab85b567b6ccd41ad312451b948a7413f0a142fd40d49347',
 size: 536,
 stateRoot:
  '0xc7b01007a10da045eacb90385887dd0c38fcb5db7393006bdde24b93873c334b',
 timestamp: 1479642530,
 totalDifficulty: '2046464',
 transactions: [],
 transactionsRoot:
  '0x56e81f171bcc55a6ff8345e692c0f86e5b48e01b996cadc001622fb5e363b421',
 uncles: [] }
```

2-4 블록 생성 이벤트 받기(0.20.x)

web3.js는 블록 생성 이벤트를 받아올 수 있습니다. [코드 5–12]는 노드에 블록이 생성되면 해당 이벤트를 수신해서 블록 정보를 출력하는 코드입니다. 하지만 이 기능도 테스트넷, 메인넷처럼 공개된 노드에서는 사용을 제한합니다.

[코드 5-12] 블록 생성 이벤트 수신   (파일명: ./codes/ch/ch5/5.12.js)

```
1   let Web3 = require('web3');
2
3   let web3 = new Web3(new Web3.providers.HttpProvider('https://ropsten.infura.io'));
4
5   var filter = web3.eth.filter('latest');
6
7   // 노드에 block 생성 시 콜백함수 실행
8   filter.watch(function(error, result){
9       var block = web3.eth.getBlock(result, true);
10      console.log('current block #' + block.number);
11      console.log('current block info' + JSON.stringify(block));
12  });
```

web3.js는 키스토어 파일을 이용하여 트랜잭션을 발생할 수 있고, 프라이빗 키를 이용하여 트랜잭션을 발생할 수 있습니다.

● 키스토어 파일 이용(0.20.x)

특정 노드를 운영하고 있다면 키스토어 파일로 외부 소유 계정을 관리할 것입니다. 이땐 키스토어 파일을 이용하여 트랜잭션을 발생할 수 있습니다. 해당 방법은 geth를 이용하여 트랜잭션을 발생한 방법과 거의 유사합니다.

[코드 5-13] 키스토어 파일을 이용한 트랜잭션 생성 방법 (파일명: ./codes/ch/ch5/5.13.js)

```
1   let Web3 = require('web3');
2
3   let web3 = new Web3(new Web3.providers.HttpProvider('http://127.0.0.1:8545'));
4
5   web3.personal.newAccount('p', (err, createdAddress) => {
6     console.log(createdAddress)
7     web3.personal.unlockAccount(createdAddress, 'p')
8
9     web3.eth.sendTransaction({from: createdAddress, to: createdAddress, value: 0}, (err, txHash) => {
10      console.log(txHash)
11    })
12  })
```

외부 소유 계정을 생성하면 이더 보유량이 0이기 때문에 해당 코드 실행 결과는 보유 이더가 부족하다는 에러 메시지를 띄웁니다. 해당 계정이 이더를 보유하고 있다면 해싱된 트랜잭션을 띄웁니다.

● 프라이빗 키 이용(1.0.x)

프라이빗 키를 이용할 땐 ethereum-tx 라이브러리를 쓰면 편리합니다.

```
$ npm install ethereumjs-tx
```

```javascript
1  let Web3 = require("web3");
2  const Tx = require("ethereumjs-tx");
3
4  let web3 = new Web3(new Web3.providers.HttpProvider('http://127.0.0.1: 8545'));
5
6  let EOA1 = "0xa22e6815158892bdbf6e06c595cb114f445b5d4a"
7  let privateKey1 = "28101326da3219f81085f42225d191e8bd3c743f53dec9b12a8e8562
8  5f4226a3"
9
10 let EOA2 = "0x6d79b54bf747d99e0c1b61cd80d30d7687aefec6"
11
12 const GWei = 9;
13 const unit = 10 ** GWei;
14 const gasLimit = 21000;
15 const gasPrice = 21 * unit;
16
17 web3.eth.getTransactionCount(EOA1, "pending", (err, nonce) => {
18
19   let allEth = 5000000000000000000; //0.5이더
20
21   let rawTx = {
22     nonce: nonce,
23     gasPrice: gasPrice,
24     gasLimit: gasLimit,
25     value: allEth,
26     from: EOA1,
27     to: EOA2
28   };
29
30   let privateKey = new Buffer.from(privateKey1, "hex");
31
32   let tx = new Tx(rawTx);
33   tx.sign(privateKey);
34
35   let serializedTx = tx.serialize();
36   let receipt = null;
37
```

```
38    web3.eth
39      .sendSignedTransaction("0x" + serializedTx.toString("hex"), (err, txHash) => {
40        console.log(txHash)
41        web3.eth.getBalance(EOA1, (err, balanceOfEOA1) => {
42          web3.eth.getBalance(EOA2, (err, balanceOfEOA2) => {
43            console.log(`balance of EOA1 :${balanceOfEOA1}`)
44            console.log(`balance of EOA2 :${balanceOfEOA2}`)
45          })
46        })
47      })
48
49  });
```

[코드 5-14] 실행 결과

```
0x897149a2a19534681621e0696b8a59221c1d3a37d64f1084e9f6b897c4b0ca6e
balance of EOA1 :94999559000000000000
balance of EOA2 :105000000000000000000
```

트랜잭션을 직접 만들어 줄 땐 프라이빗 키를 이용하여 서명한 후 트랜잭션을 발생합니다. 트랜잭션을 만들 땐 **nonce**값이 매우 중요합니다. nonce값을 넣어주지 않으면 해당 트랜잭션은 발생할 수 없습니다.

[코드 5-14]에서 이더 전송이 아니라 컨트랙트 호출이라면 rawTx를 만들 때 **data**를 추가하면 됩니다. 해당 방식의 장점은 이더 전송과 컨트랙트 호출의 인터페이스가 동일하다는 점입니다.

[코드 5-15] 트랜잭션 조회   (파일명: ./codes/ch/ch5/5.15.js)

```
1  let Web3 = require("web3");
2
3  let web3 = new Web3(new Web3.providers.HttpProvider('http://127.0.0.1: 8545'));
4
5  web3.eth.getTransaction('0xa2ebf25ef144056b5d24856b0d16d7421a8412f83c830f57
6  4ced2d6c2e205109', (err, txInfo) => {
7    console.log(txInfo)
8  })
```

[코드 5-15] 실행 결과

```
{ hash:
   '0xa2ebf25ef144056b5d24856b0d16d7421a8412f83c830f574ced2d6c2e205109',
  nonce: 0,
  blockHash:
   '0x963c67c37908ed7434d90450637f674b5a216c7b4562e8be0bfc0f584cded260',
  blockNumber: 1,
  transactionIndex: 0,
  from: '0xA22E6815158892bDbF6E06c595Cb114f445b5D4a',
  to: '0x6d79B54bF747d99E0C1b61Cd80d30D7687aEfec6',
  value: '50000000000000000000',
  gas: 21000,
  gasPrice: '21000000000',
  input: '0x0' }
```

3 컨트랙트 연동 준비

web3.js로 배포한 컨트랙트를 사용하기 위해서는 약간의 준비 과정이 필요합니다.

- 연결할 노드의 IP, PORT 정보
- 배포된 스마트 컨트랙트 주소(CA)
- 스마트 컨트랙트 ABI

연결할 노드의 IP와 PORT는 web3 객체를 만들 때 사용합니다. 앞에서 다뤄봤기 때문에 추가적인 설명은 하지 않겠습니다. 다음으로 필요한 정보가 배포한 스마트 CA(Contract Address)와 ABI(Application Binary Interface)입니다.

3-1 스마트 컨트랙트 ABI

스마트 컨트랙트 ABI는 remix를 통해 알 수 있습니다. [코드 5-16]은 문자열을 저장하는 var1 변수로 데이터를 조회하고 setString() 함수를 통해 데이터를 바꿀 수 있습니다.

[코드 5-16] 샘플 solidity 코드   (파일명: ./codes/ch/ch5/5.16.js)

```solidity
1   pragma solidity >=0.4.22 <0.6.0;
2
3   contract mung{
4     string public var1 = "Hello World";
5
6     function setString(string memory _var1) public {
7       var1 = _var1;
8     }
9   }
```

[그림 5.4] remix에서 ABI 추출

우측의 compile 탭에 **ABI**와 **Bytecode**를 복사할 수 있는 버튼이 있습니다.

```
[
  {
    "constant": true,
    "inputs": [],
    "name": "var1",
    "outputs": [
      {
        "name": "",
        "type": "string"
      }
    ],
    "payable": false,
    "stateMutability": "view",
    "type": "function"
  },
  {
    "constant": false,
```

```
    "inputs": [
      {
        "name": "_var1",
        "type": "string"
      }
    ],
    "name": "setString",
    "outputs": [],
    "payable": false,
    "stateMutability": "nonpayable",
    "type": "function"
  }
]
```

위의 코드는 ABI 형태입니다. 스마트 컨트랙트에서 사용하는 변수와 함수 정보입니다. 이제 injected Web3를 이용하여 해당 스마트 컨트랙트를 메타마스크에 연결되어 있는 ropsten 네트워크에 배포한 후 **CA**를 잘 저장해둡니다.

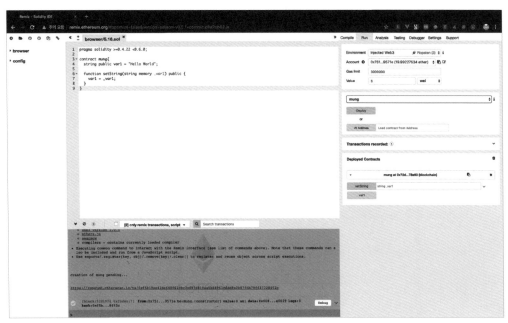

[그림 5.5] 스마트 컨트랙트 배포

- 컨트랙트 주소(CA)

```
address:
0x72d6814a5f5cddab4a5afba935b16660bf178a93
```

- 배포자/호출자 정보

```
address:
0x7515a34181f944f29074cd3f4652a9c84af9571e

private key: 52CF1A30CD0E6F0FEF16590DD1A042D236257331182365E14186156745CDCF91
```

- 배포 네트워크

```
https://ropsten.infura.io
```

ropsten 네트워크로 연결합니다. web3로 스마트 컨트랙트를 사용하기 위한 준비를 마쳤습니다.

3-2 컨트랙트 객체 생성(1.0.x)

필요한 준비물을 모두 갖췄으니 컨트랙트를 조작할 수 있는 객체를 만들어 보겠습니다.

3-2-1 데이터 조회

데이터 조회는 트랜잭션을 발생하지 않기 때문에 코드가 간단합니다.

[코드 5-17] 데이터 조회　　　　　　　　　　　　　　　（파일명: ./codes/ch/ch5/5.17.js）

```
 1  let Web3 = require('web3');
 2  const Tx = require("ethereumjs-tx");
 3
 4  let web3 = new Web3(new Web3.providers.HttpProvider('https://ropsten.infura.io'));
 5
 6  let ABI = [
 7    {
 8      "constant": true,
 9      "inputs": [],
10      "name": "var1",
```

```
11        "outputs": [
12          {
13            "name": "",
14            "type": "string"
15          }
16        ],
17        "payable": false,
18        "stateMutability": "view",
19        "type": "function"
20      },
21      {
22        "constant": false,
23        "inputs": [
24          {
25            "name": "_var1",
26            "type": "string"
27          }
28        ],
29        "name": "setString",
30        "outputs": [],
31        "payable": false,
32        "stateMutability": "nonpayable",
33        "type": "function"
34      }
35    ]
36
37    let CA = "0x72d6814a5f5cddab4a5afba935b16660bf178a93"
38
39    // 컨트랙트 객체 생성
40    let Contract = new web3.eth.Contract(ABI, CA)
41
42    // 컨트랙트 호출
43    Contract.methods.var1().call().then( data => {
44      console.log(`컨트랙트에서 var1 변수 조회: ${data}`)
45    });
```

[코드 5-17] 실행 결과

```
컨트랙트에서 var1 변수 조회: Hello World
```

40라인은 스마트 컨트랙트 객체를 생성하는 부분입니다.

43라인은 컨트랙트를 호출하는 부분입니다. 스마트 컨트랙트 객체에서 methods를 호출한 후 변수나, 함수를 이용하여 call()을 하면 데이터를 조회할 수 있습니다. 만약 var1이 변수가 아니라 함수를 통해 데이터를 반환한다면 다음과 같이 코드를 작성할 수 있습니다.

```
Contract.methods.var1("123", 123).call().then( data => {
  console.log(`컨트랙트에서 var1 변수 조회: ${data}`)
});
```

다음으로 remix에서 setString()을 호출한 후 [코드 5-17]을 다시 실행해 보겠습니다. remix에서 setString()을 호출하여 데이터를 바꿔준 후 다시 [코드 5-17]을 실행하면 바꾼 데이터를 조회할 수 있습니다.

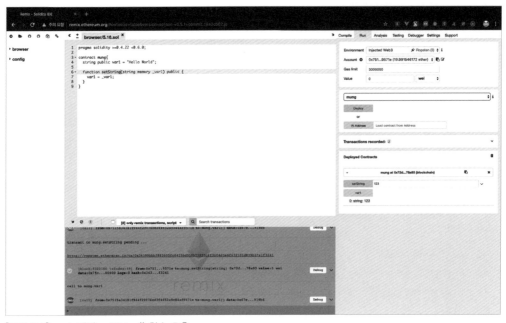

[그림 5.6] remix에서 setString() 함수 호출

```
컨트랙트에서 var1 변수 조회:123
```

remix와 [코드 5-17]은 서로 같은 스마트 컨트랙트를 조회하고 있기 때문에 어느쪽에서 값을 조회 하더라도 같은 값을 조회할 수 있습니다.

3-2-2 트랜잭션 발생

트랜잭션이 발생할 때는 [코드 5-14]처럼 ethereum-tx를 이용하여 로우 트랜잭션을 직접 만들어줍니다. 이유는 개인키를 알고 있기 때문입니다. 차이점은 [코드 5-14]에서 트랜잭션을 만드는 것처럼 value 대신 data를 넣어줍니다.

[코드 5-16] 샘플 solidity 코드 (파일명: ./codes/ch/ch5/5.16.js)

```javascript
39  // 컨트랙트 객체 생성
40  let Contract = new web3.eth.Contract(ABI, CA)
41
42  let EOA1 = "0x7515a34181f944f29074cd3f4652a9c84af9571e"
43  let PRIVATE_KEY = "52CF1A30CD0E6F0FEF16590DD1A042D236257331182365E14186156745CDCF91"
44
45  // 실행할 bytecode 추출
46  let setStringExec = Contract.methods.setString("안녕하세요!!!")
47  let setStringByteCode = setStringExec.encodeABI() // 바이트 코드 추출
48
49  const GWei = 9;
50  const unit = 10 ** GWei;
51  const gasLimit = 221000;
52  const gasPrice = 21 * unit;
53
54  web3.eth.getTransactionCount(EOA1, "pending", (err, nonce) => {
55
56    let rawTx = {
57      nonce: nonce,
58      gasPrice: gasPrice,
59      gasLimit: gasLimit,
60      data: setStringByteCode,
61      from: EOA1,
```

```
62      to: CA
63    };
64
65    let privateKey = new Buffer.from(PRIVATE_KEY, "hex");
66
67    let tx = new Tx(rawTx);
68    tx.sign(privateKey);
69
70    let serializedTx = tx.serialize();
71
72    web3.eth
73      .sendSignedTransaction("0x" + serializedTx.toString("hex"), (err, txHash) => {
74        console.log(txHash)
75      })
76  });
```

46, 47라인에서 실행할 코드를 만들어 줍니다. setStringByteCode는 바이트 코드를 저장합니다. 트랜잭션을 만들 때 data로 넣습니다. 다른 부분은 [코드 5 – 14]와 같습니다.

[코드 5-18] 실행 결과

```
0xfd84aecf6dc4dc915efe856417aeac3621fca53d8e7b35a214478ca74d623a2c
```

[코드 5 – 18]을 실행하면 트랜잭션 해시값을 출력합니다. 여기서 중요한 것은 바로 51라인의 gasLimit입니다. [코드 5 – 14]에서는 21000을 넣어줬는데 [코드 5 – 18]에서는 221000을 넣었습니다. 해당 수치가 너무 작으면 정상적으로 실행하지 않기 때문에 에러가 발생할 수 있습니다.

```
Error: Node error: {"code":-32000,"message":"intrinsic gas too low"}
```

스마트 컨트랙트는 코드를 실행할 때마다 gas를 소모합니다. gasLimit은 gas 소모의 최대치를 의미합니다. gasLimit이 낮아서 gas를 다 소모했는데 코드 실행을 완료하지 않았다면 에러를 띄웁니다.

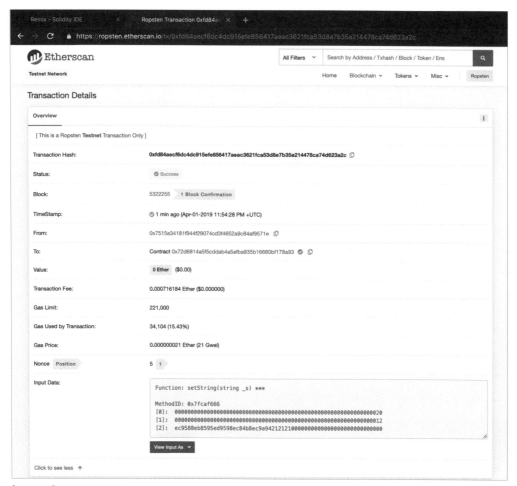

[그림 5.7] 이더스캔 조회

web3.js를 통해 발생한 트랜잭션을 이더스캔으로 조회할 수 있습니다. remix에서 var1 변수를 조회하면 web3.js에서 발생한 트랜잭션에 따라 데이터를 수정하여 조회합니다.

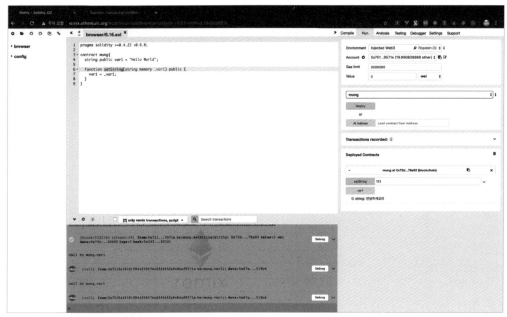

[그림 5.8] remix에서 var1 변수 조회

3-2-3 이벤트 수신

마지막으로 스마트 컨트랙트에서 발생한 이벤트를 수신하는 방법을 다룹니다.

[코드 5-19] 스마트 컨트랙트 solidity   (파일명: ./codes/ch/ch5/5.19.js)

```solidity
1  pragma solidity >=0.4.22 <0.6.0;
2
3  contract mung{
4    string public var1 = "Hello World";
5
6    event E_SetString(string var1);
7
8    function setString(string memory _var1) public {
9      var1 = _var1;
10     emit E_SetString(var1);
11   }
12 }
```

- ABI

```
[
  {
    "constant": true,
    "inputs": [],
    "name": "var1",
    "outputs": [
      {
        "name": "",
        "type": "string"
      }
    ],
    "payable": false,
    "stateMutability": "view",
    "type": "function"
  },
  {
    "constant": false,
    "inputs": [
      {
        "name": "_var1",
        "type": "string"
      }
    ],
    "name": "setString",
    "outputs": [],
    "payable": false,
    "stateMutability": "nonpayable",
    "type": "function"
  },
  {
    "anonymous": false,
    "inputs": [
      {
        "indexed": false,
        "name": "var1",
        "type": "string"
      }
    }
```

```
    ],
    "name": "E_SetString",
    "type": "event"
  }
]
```

- 컨트랙트 주소(CA)

```
address:
0xc04d0fa9fbd6303c748663968fc0686135f38944
```

- 배포자/호출자 정보

```
address:
0x7515a34181f944f29074cd3f4652a9c84af9571e


private key: 52CF1A30CD0E6F0FEF16590DD1A042D236257331182365E14186156745CDCF91
```

- 배포 네트워크

```
https://ropsten.infura.io
```

스마트 컨트랙트에서 이벤트를 추가한 점을 제외하고 앞의 정보와 모두 동일합니다.

[코드 5-20] 이벤트 수신   (파일명: ./codes/ch/ch5/5.20.js)

```
1   let Web3 = require('web3');
2
3   const web3 = new Web3(new Web3.providers.WebsocketProvider('wss://ropsten.infura.io/ws'));
4
5   let ABI = [
6     {
7       "constant": false,
8       "inputs": [
9         {
10            "name": "_var1",
11            "type": "string"
12         }
```

```
13      ],
14      "name": "setString",
15      "outputs": [],
16      "payable": false,
17      "stateMutability": "nonpayable",
18      "type": "function"
19   },
20   {
21      "anonymous": false,
22      "inputs": [
23         {
24            "indexed": false,
25            "name": "var1",
26            "type": "string"
27         }
28      ],
29      "name": "E_SetString",
30      "type": "event"
31   },
32   {
33      "constant": true,
34      "inputs": [],
35      "name": "var1",
36      "outputs": [
37         {
38            "name": "",
39            "type": "string"
40         }
41      ],
42      "payable": false,
43      "stateMutability": "view",
44      "type": "function"
45   }
46  ]
47
48  let CA = "0xc04d0fa9fbd6303c748663968fc0686135f38944"
49  let Contract = new web3.eth.Contract(ABI, CA)
50
```

```
51   Contract.events.E_SetString({ fromBlock: 'latest' }, (err, event) => {
52     console.log(event)
53   })
```

[코드 5 − 20]을 실행하면 터미널이 대기 상태가 됩니다. remix에서 setString() 함수를 호출하여 E_SetString() 이벤트를 호출합니다. [코드 5 − 20]을 실행하여 대기 중인 터미널 창에 가면 발생한 이벤트를 출력합니다.

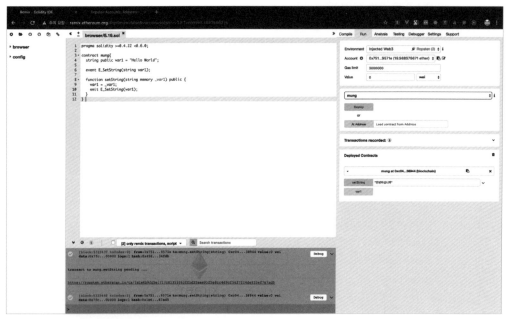

[그림 5.9] remix에서 setString() 함수 호출

[코드 5-20] 대기 중 출력된 결과

```
{ address: '0xC04d0Fa9FbD6303C748663968Fc0686135F38944',
  blockNumber: 5322448,
  transactionHash:
   '0x1e6b9fd5e1717c81351063ffbd2feae95f5e8cc4d9cf56f7214de933ef767ad5',
  transactionIndex: 2,
  blockHash:
   '0x4009d640193c5c74581dda55665c5819b686733108361ef678ef41386c1c088f',
  logIndex: 0,
  removed: false,
```

```
id:
 'log_0xdb4483fdd69a4e2e36fd999899dcb8463ab69de35ec722bb9c46c7f2bc6d45df',
returnValues: { '0': '안녕하십니까', var1: '안녕하십니까' },
event: 'E_SetString',
signature:
 '0x7b8c4c070bc6d61d376ed94f7c2b085162c46d92a9e105e02f4b69f287b56df6',
raw:
 { data:
    '0x0000000000000000000000000000000000000000000000000000000020000000
0000000000000000000000000000000000000000000000000012ec9588eb8595ed9598ec8
badeb8b88eab98c00000000000000000000000000000',
   topics:
    [ '0x7b8c4c070bc6d61d376ed94f7c2b085162c46d92a9e105e02f4b69f287b56df6' ]
} }
```

이벤트 발생 시 전달된 인자는 returnValues에 포함되어 있습니다. 좀 더 간결하게 이벤트를 수신하고 싶으면 on을 이용하여 이벤트를 수신합니다. event 객체를 통해 필요한 요소를 추출할 수 있습니다.

```
Contract.events.E_SetString().on('data', (event) => {
  console.log(`data set: `)
  console.log(event)

  console.log(`필요 데이터 추출: `)
  console.log(event.returnValues)
})
```

4 모니터링

이더리움 기반의 네트워크를 운용하다 보면 다수의 노드가 정상적으로 잘 동작하는지 확인하기 위해 관제할 수 있는 모니터링 시스템을 구축합니다. 다음의 링크(https://ethstats.net/)로 접속합니다.

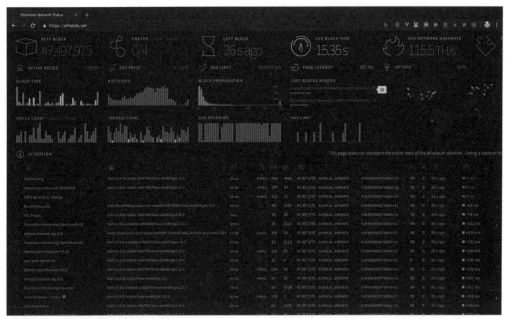

[그림 5.10] 이더리움 네트워크 모니터링

[그림 5.10]은 메인 네트워크에서 특정 노드에 대한 정보입니다. 해당 사이트에 대한 소스코드는 모두 github에 공개되어 있습니다. 해당 코드를 다운받아 사용 가능합니다.

4-1 소스코드 내려받기

가장 먼저 해야 할 일은 필요한 소스코드를 다운받아야 합니다.

- 렌더링 서버

```
$ git clone https://github.com/cubedro/eth-netstats
```

- 데이터 전송 서버

```
$ git clone https://github.com/cubedro/eth-net-intelligence-api
```

2개의 소스가 필요합니다. 렌더링 서버는 1개의 서버를 유지합니다. 우리가 보는 화면을 띄워주는 역할을 담당합니다. 데이터 전송 서버는 렌더링 서버에게 데이터를 전달합니다. 노드에서 데이터를 가져와 렌더링 서버로 전송하는 역할을 합니다. 일반적으로 데이터 전송 서버는 노드 1개당 1개의 서버로 구성합니다. 설치한 각각의 디렉터리로 들어가서 npm을 이용하여 필요 패키지를 설치합니다.

```
$ cd eth-netstat

$ npm I
$ npm install -g grunt-cli # unix 계열이라면 sudo를 붙여야 함
$ grunt
```

```
$ cd eth-net-intelligence-api

$ npm i
```

4-2 이더리움 노드 서버 구동

testrpc를 이용합니다.

```
$ testrpc
```

모니터링 서버 구동

앞에서 실행한 노드에 대한 모니터링 시스템을 동작합니다.

● 렌더링 서버 구동

```
$ PORT=3000 WS_SECRET=eth-net-stats-has-a-secret npm start
```

PORT와 **WS_SECRET**을 이용하여 해당 서버의 포트와 시크릿키를 설정합니다. 시크릿키는 데이터 전송 서버를 무작위로 연결하지 않기 위함입니다.

● 데이터 전송 서버

```
$ RPC_HOST=127.0.0.1 RPC_PORT=8545 EC2_INSTANCE_ID=test WS_
SERVER=ws://127.0.0.1:3000 WS_SECRET=eth-net-stats-has-a-secret  node app.js
```

RPC_HOST, RPC_PORT, EC2_INSTANCE_ID, WS_SERVER를 이용하여 노드의 **IP, PORT**를 설정하고 렌더링 서버에서 띄워줄 때 노드의 이름을 설정합니다. 그리고 어느 렌더링 서버에 붙을지 설정합니다. **WS_SECRET**이 일치해야 정상적으로 데이터를 전송하여 연결됩니다.

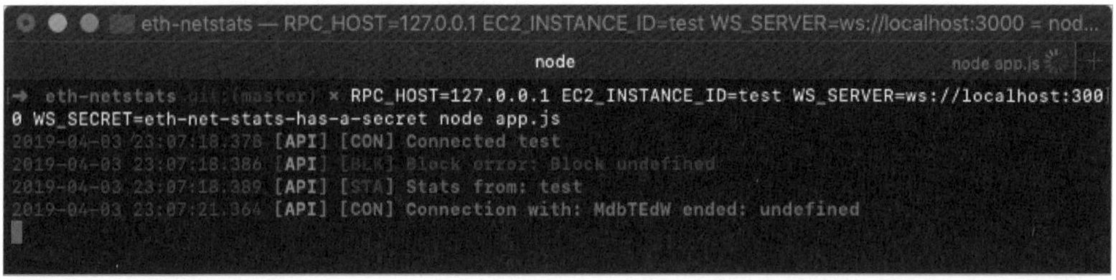

[그림 5.11] 렌더링 서버 구동

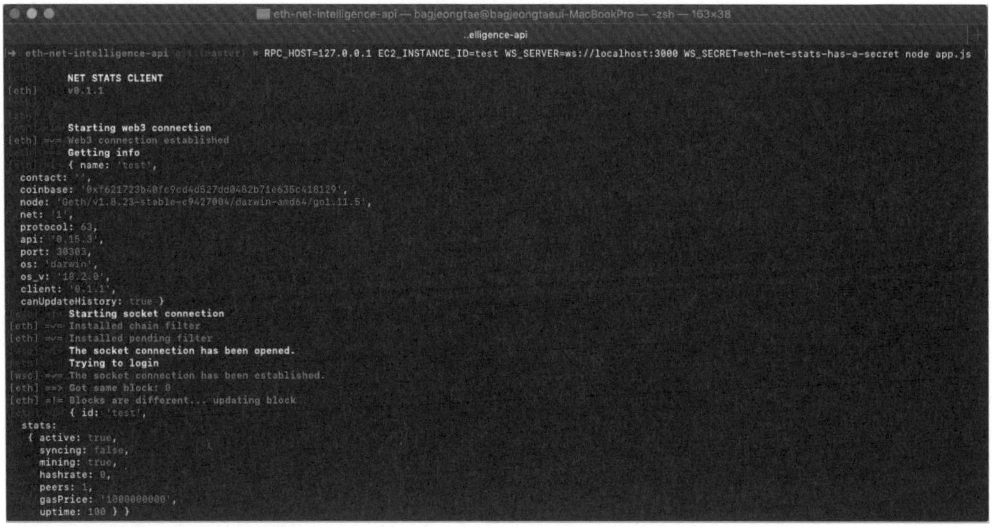

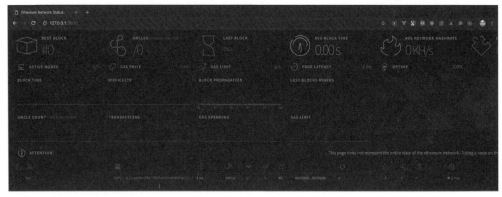

[그림 5.12] 데이터 전송 서버 구동

실행 명령어를 입력하면 [그림 5.11] [그림 5.12]와 같이 실행합니다. 이제 127.0.0.1:3000 으로 접속하면 노드 상태를 감시할 수 있습니다. 하단의 ATTENTION!에는 eth-net-intelligence-api에서 렌더링 서버로 노드의 정보를 전달하여 띄워주는 부분입니다. 만약 노드가 꺼져서 프로세스가 죽었거나, eth-net-intelligence-api 서버가 죽었다면 회색으로 표시하여 노드가 활성 상태가 아니라고 알려줍니다.

[그림 5.13] 모니터링 서버 접속

## PART 6

Hyperledger Fabric
네트워크 구축

Hyperledger Fabric을 다룹니다. 필요한 프로그램 설치 방법부터 다양한
형태의 네트워크를 구축하여 Hyperledger Fabric의 이해를 돕습니다.

1 Hyperledger Fabric 구조

Hyperledger Fabric은 public 네트워크가 아닌 컨소시엄 형태의 네트워크 구축을 목적으로 만들어진 플랫폼입니다. 효율적인 처리를 위해 노드의 기능을 세분화하여 여러 형태의 노드로 구성되어 있습니다.

1-1 구성 요소

Hyperledger Fabric을 이루고 있는 구성 요소를 알아보겠습니다.

1-1-1 Peer Node(피어 노드)

peer 노드는 체인 코드를 실행하고 block, transaction, state를 저장합니다. peer 노드는 endorsing, committing 역할을 합니다. Hyperledger Fabric에서는 이더리움의 스마트 컨트랙트를 체인 코드라고 부릅니다. peer 노드는 n개의 체인 코드를 가지고 있을 수 있습니다. 체인 코드를 통해 peer가 저장하고 있는 state에 접근하여 데이터를 수정/조회할 수 있습니다.

1-1-2 Organization(기관/조직)

Hyperledger Fabric은 Organization으로 **비즈니스 관계**를 정의합니다. 또한 기관/조직별로 채널에 포함하여 같은 비즈니스를 지향하는 기관끼리 block, transaction, state를 공유합니다. 비트코인이나 이더리움은 모든 네트워크가 하나의 체인을 공유하지만, Hyperledger Fabric은 채널별로 공유합니다. 하나의 기관은 다수의 채널에 참가할 수 있으며 채널별로 체인을 가지고 있습니다. 하나의 기관은 n개의 피어를 가지고 있을 수 있습니다.

기관의 개수와 해당 기관에 포함한 피어 개수의 제한은 없습니다. 다만, 해당 기관이 다른 기관과의 비즈니스 모델이 겹쳐 채널에 참가하느냐에 따라 피어 수를 조장합니다. [그림 6.1]처럼 각 기관은 다수의 피어를 가지고 있을 수 있습니다.

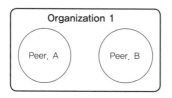
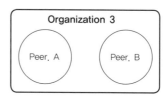
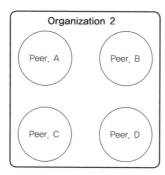

[그림 6.1] 기관별 피어 구조

1-1-3 Channel(채널)

채널은 기관에 포함한 피어들을 하나의 네트워크로 만들어주는 요소입니다. Hyperledger Fabric은 채널 단위로 block, transaction, state를 관리합니다.

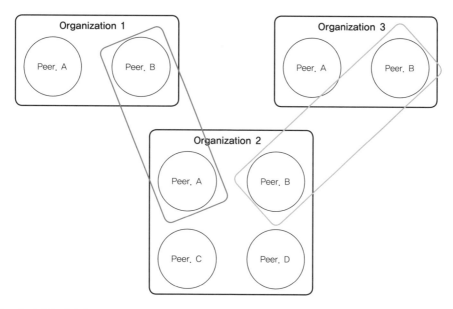

[그림 6.2] 기관별 채널링

[그림 6.2]처럼 다른 기관의 피어들과 하나의 채널로 엮을 수 있습니다. Organization2는 A 피어와 B 피어가 있지만 A 피어는 B 피어에, B 피어는 A 피어가 참가한 채널에 간섭할 수 없습니다. 즉, A, B 피어에서 데이터를 조회하면 서로 다른 데이터를 조회합니다. 채널이 다른 피어들은 같은 기관에 포함되어 있더라도 데이터(block, transaction, state)를 공유할 수 없습니다.

`1-1-4` Chaincode(체인 코드)

Ethereum에서 스마트 컨트랙트를 Hyperledger Fabric에서는 체인 코드라고 부릅니다. Hyperledger Fabric은 시스템 체인 코드로 불리는 체인 코드가 있습니다. 이는 EOS의 특정 스마트 컨트랙트와 비슷합니다.

- **CSCC**(Configuration System Chaincode): 채널을 위한 체인 코드. 채널 생성, 참가, 정보 조회 시 사용
- **LCSC**(Life Cycle System Chaincode): 개발자에 의해 개발된 체인 코드의 생명주기를 위한 체인 코드. 체인 코드 설치(/var/hyperledger/production/chaincodes에 설치), 배포, 업그레이드 또는 체인 코드 정보 조회 시 사용
- **QSCC**(Query System Chaincode): 블록, 트랜잭션 정보 조회 시 사용하는 체인 코드
- **ESCC**(Endorser System Chaincode): 트랜잭션 증명(검증 정책)을 위한 검증 정책 담당 체인 코드. Endorsing Peer가 담당하여 정상 트랜잭션일 경우 검증한 피어의 인증서로 보증 후 Read/Write 셋 전달
- **VSCC**(Validator System Chaincode): 블록 검증을 위한 체인 코드. Committing 피어가 호출하며 endorser peer의 인증서 검증을 하여 검증 정책 검사

패브릭에서 Java, Golang, JavaScript로 체인 코드 작성이 가능합니다.

`1-1-5` Orderer Node(오더러 노드)

오더러 노드는 블록을 **생성**하고 **전파**하는 역할을 합니다.

`1-1-6` CA Node(CA 노드)

CA는 인증 담당 노드입니다. Hyperledger Fabric은 X.509 디지털 인증서를 사용한 PKI[1] 방식을 사용합니다.

---

1 PKI: Public Key Infrastructure의 약자로 공개키 암호 방식 기반의 디지털 인증 제도. 한쌍의 private-public 키로 암호화/복호화를 통한 인증 방식

패브릭은 서로 간의 허가를 받은 시스템만 참가할 수 있는데 이때 PKI를 사용합니다. 패브릭에서 CA 노드는 PKI를 관리하는 노드입니다. 패브릭에서는 참가된 노드 또는 클라이언트(dApp)는 CA 노드에 자신의 공개키를 등록하여 후에 데이터를 요청할 때 공개키를 같이 전달하여 허가된 사용자인지 검증받습니다.

1-2 트랜잭션 처리 과정

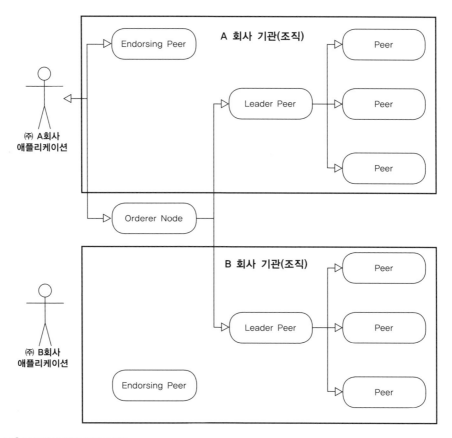

[그림 6.3] 트랜잭션 처리 과정 구성

각 기관의 dApp을 통해 발생한 트랜잭션을 **Endorsing Peer**에 전달하고 트랜잭션을 발생하는 것을 **invoke**라고 합니다. Endorsing Peer가 트랜잭션을 실행하여 올바른 결과라면, 자신의 인증서를 이용하여 서명 이후 인증서, Read/Write Set을 반환합니다. Endorsing Peer에게 받은 것을 Orderer에게 전달합니다.

Orderer 노드는 전달받은 트랜잭션을 정렬하여 블록 생성(채널을 기준으로 블록을 생성)하여 각 기관의 대표 피어에 전달합니다. 대표 피어는 자신이 속한 기관들의 다른 피어에 해당 블록을 전파합니다. 블록을 받은 피어는 블록의 적합성을 판단한 후 전달받은 블록을 최신 블록으로 추가하고 state 업데이트, 최신 블록으로 추가되고 state가 업데이트되는 과정을 **commit**이라고 합니다.

1-3 카프카를 이용한 오더링 서비스

Orderer 노드는 블록을 생성하여 각 대표 노드들에 전파하는 역할을 합니다. 트랜잭션이 발생한 채널에 따라 전파합니다. 해당 기능은 아파치(Apache) 재단에서 만든 카프카와 매우 유사한 형태입니다.

카프카는 **분산 메시징 시스템**입니다. Hyperledger Fabric은 카프카를 이용하여 Orderer 노드를 효율적으로 구축합니다. 카프카는 **pub-sub** 모델을 사용하며, pub가 topic을 정하여 메시지를 전달하면 sub는 topic 단위로 구독한 메시지를 수신합니다. pub가 topic에 따라 메시지를 발생하면 카프카 클러스터라고 하는 broker로 메시지를 전달하여 여러 파티션에 해당 메시지를 복사한 후 sub에게 전달합니다.

Orderer 노드는 이러한 구조를 topic을 채널로 설정하여 Orderer에서 블록 생성 후 채널을 topic으로 카프카 broker에게 전달하면 각 대표 피어는 topic에 따라 해당 블록을 수신합니다.

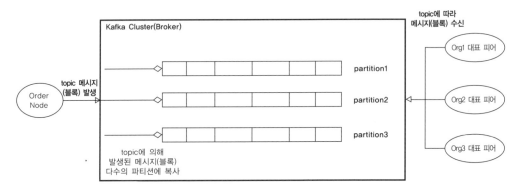

[그림 6.4] kafka를 이용한 orderer 노드 원리

Orderer 노드는 블록을 전파하는 역할을 카프카에게 넘기고 블록을 생성하는 데 집중할 수 있습니다. Hyperledger Fabric은 버전마다 블록을 생성하고 전파하는 방식이 다릅니다.

이전 버전에 PBFT를 사용했으면 추후 RAFT를 지원 예정입니다. kafka를 사용하지 않고 오더러 노드 혼자 블록을 생성하고 전파하는 형태를 solo라고 합니다.

1-4 Hyperledger Fabric 특징

마지막으로 Hyperledger Fabric의 특징을 살펴봅니다.

- PKI 디지털 인증 기반의 네트워크 구축
- 다양한 언어를 통한 체인 코드 제공
- 노드의 역할에 따라 다양한 노드를 제공하여 최적화
- 채널 기반으로 block, transaction, state 관리(같은 기관/조직에 있는 피어라도 다른 채널에 포함되어 있으면 간섭 불가능)
- 다양한 합의 알고리즘 중 선택 가능(PBFT, Kafka 방식, 추후 RAFT 제공)

② 프로그램 설치

Hyperledger Fabric 실행을 위해 필요한 프로그램과 샘플 네트워크를 구축해봅니다.

2-1 필요 프로그램 설치

Hyperledger Fabric 기반의 네트워크를 구축하기 위해 도커를 활용하지만, 추가적인 프로그램이 필요합니다. curl을 이용하면 도커 이미지와 필요한 바이너리 프로그램을 한 번에 설치할 수있습니다.

```
$ curl -sSL http://bit.ly/2ysbOFE | bash -s 1.4.0
```

해당 명령은 1.4.0 버전을 기준으로 필요한 바이너리 파일들과 도커 이미지 파일을 내려받습니다. 해당 명령어의 실행을 마치면 실행한 위치에 fabric-samples 디렉터리를 생성합니다.

```
$ cd fabric-samples
$ tree fabric-samples
.
├── CODE_OF_CONDUCT.md
├── CONTRIBUTING.md
├── Jenkinsfile
├── LICENSE
├── MAINTAINERS.md
├── README.md
├── balance-transfer/
├── basic-network/
├── bin/
├── chaincode/
├── chaincode-docker-devmode/
├── commercial-paper/
├── config/
├── fabcar/
├── first-network/
```

```
├── high-throughput/
├── interest_rate_swaps/
└── scripts/


298 directories, 411 files
```

2-2 환경변수 설정

fabric−samples 디렉터리 구조입니다. bin 디렉터리에 필요한 바이너리 프로그램이 설치됩니다.

```
$ cd bin
$ tree .


.
├── configtxgen
├── configtxlator
├── cryptogen
├── discover
├── fabric-ca-client
├── get-docker-images.sh
├── idemixgen
├── orderer
└── peer


0 directories, 9 files
```

디렉터리의 바이너리 파일을 어느 경로에서나 사용 가능하도록 환경변수 **PATH**를 설정합니다.

```
$ export PATH=<path to download location>/bin:$PATH
```

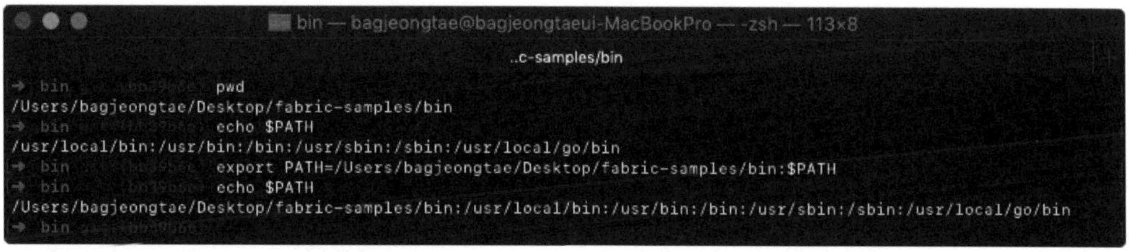

[그림 6.5] binary 프로그램 경로 환경변수 추가

export를 이용하여 환경변수를 설정하면 일시적으로 저장하기 때문에 터미널 종료 시 해당값을 초기화합니다. 다음과 같은 방법으로 반영구적으로 저장할 수 있습니다.

리눅스나 mac은 ~/.bash_profile에 해당 내용을 추가한 후 저장하고 – $ source ~/.bash_profile 실행합니다. 윈도우는 내컴퓨터에서 마우스 오른쪽 버튼을 클릭하여 속성 – 고급 시스템 설정 – 고급 – 환경변수 – 시스템 변수에서 path를 찾은 후 편집 버튼을 클릭하여 변수값 끝에 ;를 붙인후 bin 디렉터리 경로를 붙여넣은 후 확인 버튼 클릭합니다.

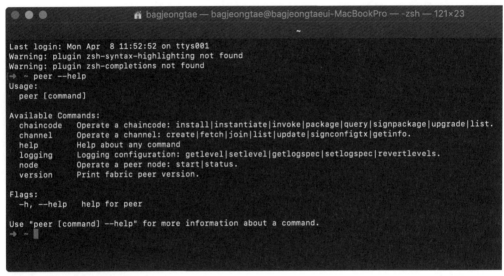

[그림 6.6] 환경변수 추가

환경변수 추가를 성공적으로 마쳤으면 [그림 6.6]처럼 어느 경로든지 bin 디렉터리에 있는 프로그램을 실행할 수 있습니다.

3 샘플 네트워크 구축

curl로 내려받은 디렉터리 fabric-samples에 first-network 디렉터리가 있습니다.

3-1 네트워크 구동

byfn.sh 디렉터리를 이용하여 기본적으로 제공하는 네트워크를 구축하고 체인 코드를 배포할 수 있습니다. up을 이용하여 네트워크를 구동할 수 있습니다.

```
$ ./byfn.sh up
Starting for channel 'mychannel' with CLI timeout of '10' seconds and CLI delay of '3' seconds
Continue? [Y/n] y
```

채널 이름을 mychannel로 할지 묻는데 y를 입력한 후 엔터를 누르면 됩니다. 추후 해당 네트워크를 내릴 땐 다음과 같이 명령어를 입력합니다.

```
$ ./byfn.sh down
```

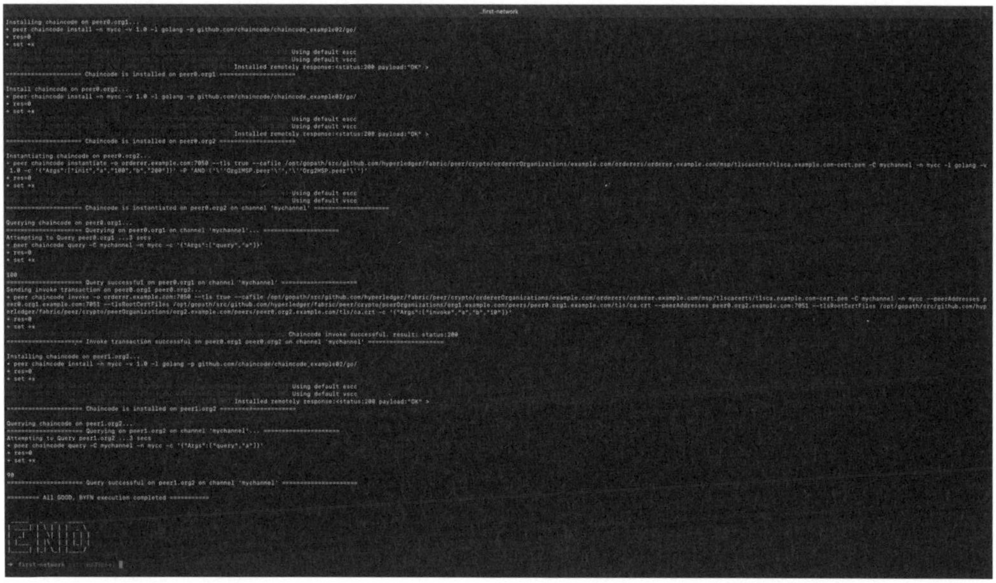

[그림 6.7] 샘플 네트워크 구축

byfn.sh를 이용하여 네트워크를 구축하면 [그림 6.7]처럼 실행된 결과를 볼 수 있습니다. 제네시스 블록, 채널 정보 생성, peer, orderer 인증서 생성한 후 각 노드를 실행한 후 채널 생성, 채널 참가, 앵커 피어 설정, 체인 코드 설치, 체인 코드 배포, 체인 코드 query, 체인 코드 invoke 한 결과입니다.

[그림 6.8] 도커 컨테이너 확인

노드 구성 요소는 기관 2, 기관별 피어 2, 오더러 노드, cli입니다. 그리고 peer0.org1.example.com−mycc−1.0은 peer0.org1에 설치된 체인 코드입니다. 도커 기반으로 제공하는 Hyperledger Fabric의 경우 체인 코드를 설치/배포하면 컨테이너로 체인 코드를 분리하여 관리합니다. mycc−1.0은 체인 코드 이름−체인 코드 버전입니다.

3-2 체인 코드 동작 확인

Hyperledger Fabric은 다수의 노드를 관리해야 합니다. 노드에 직접 접속해서 세팅하기에는 이만저만 귀찮은게 아니므로 cli 노드를 통해 관리합니다.

● 체인 코드 query

```
$ docker exec -it cli /bin/bash

$ export CHANNEL_NAME=mychannel

$ peer chaincode query -C $CHANNEL_NAME -n mycc -c '{"Args":["query","a"]}'

90

$ peer chaincode query -C $CHANNEL_NAME -n mycc -c '{"Args":["query","b"]}'

210
```

- 체인 코드 invoke

해당 시스템에는 a: 100, b: 200으로 초기화한 후 a의 10을 b로 이동하는 체인 코드가 설치되어 있습니다.

```
$ peer chaincode invoke -o orderer.example.com:7050 --tls true --cafile /opt/
gopath/src/github.com/hyperledger/fabric/peer/crypto/ordererOrganizations/
example.com/orderers/orderer.example.com/msp/tlscacerts/tlsca.example.com-
cert.pem -C mychannel -n mycc --peerAddresses peer0.org1.example.com:7051
--tlsRootCertFiles /opt/gopath/src/github.com/hyperledger/fabric/peer/crypto/
peerOrganizations/org1.example.com/peers/peer0.org1.example.com/tls/ca.crt
--peerAddresses peer0.org2.example.com:7051 --tlsRootCertFiles /opt/gopath/src/
github.com/hyperledger/fabric/peer/crypto/peerOrganizations/org2.example.com/
peers/peer0.org2.example.com/tls/ca.crt -c '{"Args":["invoke","a","b","10"]}'

2019-04-08 03:27:21.667 UTC [chaincodeCmd] chaincodeInvokeOrQuery -> INFO 001
Chaincode invoke successful. result: status:200

$ peer chaincode query -C $CHANNEL_NAME -n mycc -c '{"Args":["query","a"]}'

80

$ peer chaincode query -C $CHANNEL_NAME -n mycc -c '{"Args":["query","b"]}'

220
```

[그림 6.9] 체인 코드 query, invoke 호출

echo를 이용하여 CORE_PEER_ADDRESS 환경변수를 출력할 수 있습니다. cli에서 특정 피어에 명령을 줄 때 환경변수에 해당 피어 정보가 등록되어야 합니다. [그림 6.9]는 Organization1에 등록된 peer0에 체인 코드 query와 invoke를 호출합니다. invoke를 호출한 후 query 했을 때 데이터가 변경된 것을 확인할 수 있습니다.

네트워크 내리기

해당 네트워크가 어떻게 동작하는지 step-by-step으로 실습하기 위해 해당 네트워크를 내립
니다. [그림 6.10]처럼 깔끔하게 컨테이너를 제거했습니다.

```
$ exit


$ ./byfn.sh down
```

[그림 6.10] 샘플 네트워크 종료

4 Step By Step – 바이너리 프로그램 이용하여 인증서 생성

앞에서 실행한 네트워크를 Step By Step으로 구축해봄으로써 Hyperledger Fabric을 어떤 식으로 구축하는지 다뤄보겠습니다.

4-1 인증서 생성

가장 먼저 **cryptogen**을 이용하여 인증서를 생성합니다. cryptogen은 바이너리 프로그램을 설치할 때 bin/ 디렉터리에 설치된 프로그램입니다.

```
$ cryptogen generate --config=./crypto-config.yaml
org1.example.com
org2.example.com
```

crypto-config.yaml 파일을 cryptogen을 이용하여 인증서를 생성합니다. 해당 명령어를 성공적으로 실행하면 crypto-config 디렉터리가 생성되며 디렉터리 안에 인증서 파일을 볼 수 있습니다. crypto-config.yaml 내용은 다음과 같습니다.

```
OrdererOrgs:

  - Name: Orderer
    Domain: example.com
    Specs:
      - Hostname: orderer

PeerOrgs:

  - Name: Org1
    Domain: org1.example.com
    EnableNodeOUs: true
    Template:
      Count: 2
    Users:
```

```
        Count: 1

    - Name: Org2
      Domain: org2.example.com
      EnableNodeOUs: true
      Template:
        Count: 2
      Users:
        Count: 1
```

노드들의 정보와 생성 수를 설정합니다.

[그림 6.11] 인증서 생성 확인 ①

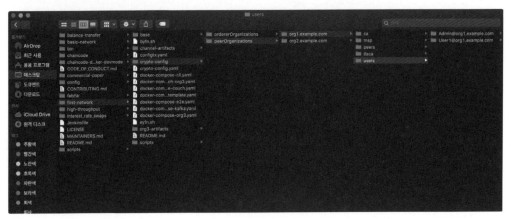

[그림 6.12] 인증서 생성 확인 ②

오더러 노드와 피어 노드에 대한 인증서 생성입니다. **Template**는 해당 기관/조직에 몇 개의 피어를 넣을지 설정이고 Users는 몇 개의 유저를 추가할지입니다. **User**를 설정하지 않으면 Admin에 대한 인증서만 추가됩니다. ordererOrganizations/example.com/users 디렉터리에 Admin밖에 없는 이유는 Users를 정의하지 않았기 때문입니다.

4-2 genesis.block 파일 생성

genesis.block을 생성하려면 **configtxgen**을 이용합니다. 이때 사용되는 파일은 **configtx.yaml**입니다. 중요한 점은 configtx.yaml의 경로를 환경변수 FABRIC_CFG_PATH에 저장해야 합니다.

```
$ cd fabric-samples/first-network
$ export FABRIC_CFG_PATH=$PWD
```

```
$ configtxgen -profile [configtx.yaml의 Profiles] -channelID [채널 이름과 겹치지 않은 이름] -outputBlock [genesis.block 생성 경로]
```

[그림 6.13] genesis block 생성

configtxgen은 profile, channelID, outputBlock 옵션을 설정합니다.

- **profile**: configtx.yaml의 가장 아래 Profiles에 정의된 profile(profiles는 가장 아래 정의)
- **channelID**: 해당 이름과 뒤에서 설정하는 채널 이름이 겹치지 않도록 설정(4.3에서 채널 설정 시 해당 이름과 겹치면 추후 에러 발생)
- **outputBlock**: 해당 경로로 genesis block 생성

[그림 6.13]처럼 실행이 완료되면 outputBlock에 genesis.block 파일을 생성합니다. configtx.yaml의 profiles는 다음과 같이 정의되었습니다.

```
Profiles:

    TwoOrgsOrdererGenesis:
        <<: *ChannelDefaults
        Orderer:
            <<: *OrdererDefaults
            Organizations:
                - *OrdererOrg
            Capabilities:
                <<: *OrdererCapabilities
        Consortiums:
            SampleConsortium:
                Organizations:
                    - *Org1
                    - *Org2
    TwoOrgsChannel:
        Consortium: SampleConsortium
        Application:
            <<: *ApplicationDefaults
            Organizations:
                - *Org1
                - *Org2
            Capabilities:
                <<: *ApplicationCapabilities


    SampleDevModeKafka:
        <<: *ChannelDefaults
        Capabilities:
            <<: *ChannelCapabilities
        Orderer:
            <<: *OrdererDefaults
            OrdererType: kafka
            Kafka:
                Brokers:
                - kafka.example.com:9092

            Organizations:
            - *OrdererOrg
```

```
        Capabilities:
            <<: *OrdererCapabilities
    Application:
        <<: *ApplicationDefaults
        Organizations:
        - <<: *OrdererOrg
    Consortiums:
        SampleConsortium:
            Organizations:
            - *Org1
            - *Org2
```

Profiles는 3개의 profile로 정의되어 있습니다. TwoOrgsOrdererGenesis, TwoOrgsChannel, SampleDevModeKafka입니다. 각 profile에서 *aaa의 의미는 앞에서 정의한 &aaa의 내용을 가져오라는 의미입니다. genesis.block은 오더러 노드에서 사용합니다.

4-3 채널 정의

채널 관련 파일을 생성할 때도 앞의 방식과 유사하며 configtx.yaml 파일을 사용합니다.

```
$ export CHANNEL_NAME=mychannel

$ configtxgen -profile TwoOrgsChannel -outputCreateChannelTx ./channel-
artifacts/channel.tx -channelID $CHANNEL_NAME
```

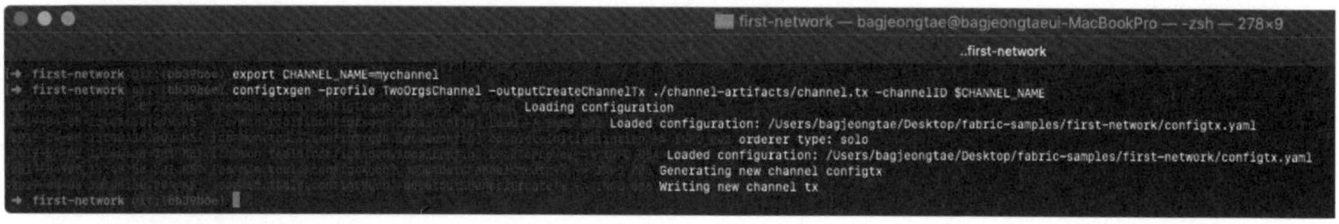

[그림 6.14] channel.tx 생성

채널 관련 파일을 생성하면 [그림 6.14]처럼 출력합니다. **TowOrgsChannel**에는 어떤 기관이 참가할지 정의합니다.

4-4 앵커 피어 정의

다음으로 기관별 앵커 피어를 정의합니다. 기관에 정의된 피어는 외부 기관에 존재하는 피어와 통신할 수 없습니다. 외부 피어와 통신할 때 사용하는 피어가 앵커 피어입니다. 앵커 피어에 대한 파일도 생성해야 하는데 configtxgen을 이용합니다.

```
$ configtxgen -profile TwoOrgsChannel -outputAnchorPeersUpdate ./channel-
artifacts/Org1MSPanchors.tx -channelID $CHANNEL_NAME -asOrg Org1MSP
```

```
$ configtxgen -profile TwoOrgsChannel -outputAnchorPeersUpdate ./channel-
artifacts/Org2MSPanchors.tx -channelID $CHANNEL_NAME -asOrg Org2MSP
```

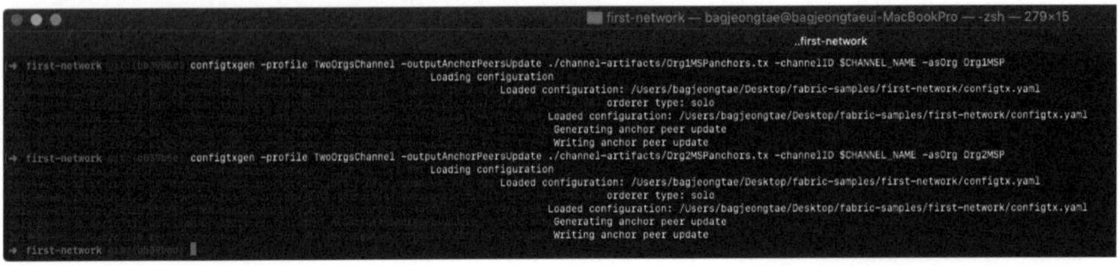

[그림 6.15] 앵커 피어 파일 생성

기관이 2개 있으므로 앵커 피어도 기관별로 설정하여 2개의 앵커 피어를 정의합니다. 채널을 만들 때와 동일한 profile을 사용합니다. Profiles의 TwoOrgsChannel을 보면 다음과 같이 정의합니다.

```
TwoOrgsChannel:
  Consortium: SampleConsortium
  Application:
    <<: *ApplicationDefaults
    Organizations:
      - *Org1
      - *Org2
    Capabilities:
      <<: *ApplicationCapabilities
```

*Org1과 *Org2의 정의부로 가면 다음과 같이 정의합니다.

```yaml
Organizations:

    - &OrdererOrg
        Name: OrdererOrg

        ID: OrdererMSP

        MSPDir: crypto-config/ordererOrganizations/example.com/msp

        Policies:
            Readers:
                Type: Signature
                Rule: "OR('OrdererMSP.member')"
            Writers:
                Type: Signature
                Rule: "OR('OrdererMSP.member')"
            Admins:
                Type: Signature
                Rule: "OR('OrdererMSP.admin')"

    - &Org1
        Name: Org1MSP

        ID: Org1MSP

        MSPDir: crypto-config/peerOrganizations/org1.example.com/msp

        Policies:
            Readers:
                Type: Signature
                Rule: "OR('Org1MSP.admin', 'Org1MSP.peer', 'Org1MSP.client')"
            Writers:
                Type: Signature
                Rule: "OR('Org1MSP.admin', 'Org1MSP.client')"
            Admins:
                Type: Signature
                Rule: "OR('Org1MSP.admin')"

        AnchorPeers:
            - Host: peer0.org1.example.com
              Port: 7051

    - &Org2
        Name: Org2MSP

        ID: Org2MSP
```

```
MSPDir: crypto-config/peerOrganizations/org2.example.com/msp
Policies:
    Readers:
        Type: Signature
        Rule: "OR('Org2MSP.admin', 'Org2MSP.peer', 'Org2MSP.client')"
    Writers:
        Type: Signature
        Rule: "OR('Org2MSP.admin', 'Org2MSP.client')"
    Admins:
        Type: Signature
        Rule: "OR('Org2MSP.admin')"
AnchorPeers:
    - Host: peer0.org2.example.com
      Port: 7051
```

&Org1과 &Org2의 AnchorPeers를 이용하여 앵커 피어 정보를 알 수 있습니다.

지금까지 인증서 및 제네시스 블록, 채널 정보, 앵커 피어 정보를 포함한 파일을 생성하여 네트워크 구동 준비가 끝났습니다. 네트워크 구동 준비 시 필요한 파일을 생성할 때 Host 입력 란은 모두 peer0.org1.example.com과 같은 형태로 작성되어 있는데, 그 이유는 도커 기반으로 로컬에서 연결하기 때문입니다. 만약 물리적으로 떨어진 환경이라면 해당 IP 주소를 넣어주면 됩니다.

5 노드 구동

네트워크 구동 준비가 끝났으므로 채널 생성, 채널 참가, 앵커 피어 업데이트, 체인 코드 설치, 체인 코드 배포 과정을 진행합니다. 실행하기 전에 각 노드의 환경 설정을 자세히 알아보겠습니다.

● Peer

- FABRIC_LOGGING_SPEC: 로깅 레벨
- CORE_PEER_ADDRESS: peer의 주소
- CORE_PEER_ID: peer의 유니크 한 ID. IP 주소를 넣으면 충돌나지 않도록 설정 가능
- CORE_PEER_GOSSIP_EXTERNALENDPOINT: 외부 기관/조직과의 엔드 포인트(접점 지점)
- CORE_PEER_GOSSIP_BOOTSTRAP: 기관/조직 안에서 엔드 포인트(접점 지점)
- CORE_PEER_LOCALMSPID: 맴버십 서비스의 공급자(MSP) ID
- CORE_PEER_GOSSIP_USELEADERELECTION: 대표 노드 선별 방법 자동 유무
- CORE_PEER_GOSSIP_ORGLEADER: 대표 노드 유무 해당 값이 true인 피어가 대표 노드. CORE_PEER_GOSSIP_USELEADERELECTION가 true라면, CORE_PEER_GOSSIP_ORGLEADER를 false로 설정해야 함
- CORE_PEER_PROFILE_ENABLED: 피어는 HTTP를 통한 프로파일링 서비스를 지원. 피어 프로필 서버는 기본적으로 TCP 포트 6060에서 실행되며 기본적으로 사용되지 않음
- CORE_VM_DOCKER_HOSTCONFIG_NETWORKMODE: 피어와 동일한 브리지 네트워크에서 체인 코드 컨테이너 시작
- CORE_VM_ENDPOINT: 인터넷에 연결하기 위해 IP 주소가 있는 경우 CORE_VM_ENDPPOINT에 대한 도커 대몬의 주소 필요
- CORE_PEER_TLS_ENABLED: 해당 피어의 TLS 통신 사용 유무
- CORE_PEER_TLS_CERT_FILE: 디지털 인증서 경로
- CORE_PEER_TLS_KEY_FILE: 개인키 경로
- CORE_PEER_TLS_ROOTCERT_FILE: CA 디지털 인증서 경로
- CORE_LEDGER_STATE_STATEDATABASE: CouchDB, levelDB 중 선택(기본값: levelDB)
- CORE_LEDGER_STATE_COUCHDBCONFIG_COUCHDBADDRESS: CouchDB 선택 시 CouchDB 주소
- CORE_LEDGER_STATE_COUCHDBCONFIG_USERNAME: CouchDB 유저 이름
- CORE_LEDGER_STATE_COUCHDBCONFIG_PASSWORD: CouchDB 패스워드

- orderer

- FABRIC_LOGGING_SPEC: 로깅 레벨
- ORDERER_GENERAL_LISTENADDRESS: 리스닝 주소
- ORDERER_GENERAL_GENESISMETHOD: genesis block 형태(file을 지정하면 ORDERER_GENERAL_GENESISFILE을 이용하여 경로 설정)
- ORDERER_GENERAL_GENESISFILE: genesis.block 경로
- ORDERER_GENERAL_LOCALMSPID: 맴버십 서비스의 공급자(MSP) ID
- ORDERER_GENERAL_LOCALMSPDIR: MSP 경로
- ORDERER_GENERAL_TLS_ENABLED: 해당 오더러 노드의 TLS 통신 사용 유무
- ORDERER_GENERAL_TLS_PRIVATEKEY: 개인키 경로
- ORDERER_GENERAL_TLS_CERTIFICATE: 디지털 인증서 경로
- ORDERER_GENERAL_TLS_ROOTCAS: CA 디지털 인증서 경로
- ORDERER_KAFKA_TOPIC_REPLICATIONFACTOR: 토픽에 따른 복제 데이터 수
- ORDERER_KAFKA_VERBOSE: kafka 디버깅보드 사용 유무

- kafka

- KAFKA_BROKER_ID: kafka에서 broker의 ID
- KAFKA_ZOOKEEPER_CONNECT: zookeeper의 IP:PORT(같은 도커 환경에 있다면 IP를 대신하여 컨테이너 이름 가능)
- KAFKA_ADVERTISED_LISTENERS: kafka의 IP:PORT 번호
- KAFKA_OFFSETS_TOPIC_REPLICATION_FACTOR: 오프셋 토픽에 복제수 지정
- KAFKA_MESSAGE_MAX_BYTES: 서버가 받을 수 있는 메시지의 최대 크기(configtx.yaml의 AbsoluteMaxBytes 영향 받음)
- KAFKA_REPLICA_FETCH_MAX_BYTES: 리더에서 복제할 때 최대 패치 데이터량(configtx.yaml의 AbsoluteMaxBytes 영향 받음)
- KAFKA_UNCLEAN_LEADER_ELECTION_ENABLE: out-of-sync 복제 리더 설정(false일 경우 in-of-sync). true로 설정하면 데이터의 일관성이 깨질 수 있음
- KAFKA_LOG_RETENTION_MS: 로그 보관 시간
- KAFKA_MIN_INSYNC_REPLICAS: write를 성공하기 위한 최소한의 복제 수
- KAFKA_DEFAULT_REPLICATION_FACTOR: 토픽의 기본 복제 인수. 카프카 노드 개수에 맞춰 수치 조정 가능

5-1 노드 실행/cli 접속

```
$ docker-compose -f docker-compose-cli.yaml up
```

docker-compose를 이용하여 docker-compose-cli.yaml을 실행합니다. -d를 이용하면 백그라운드로 실행 가능합니다.

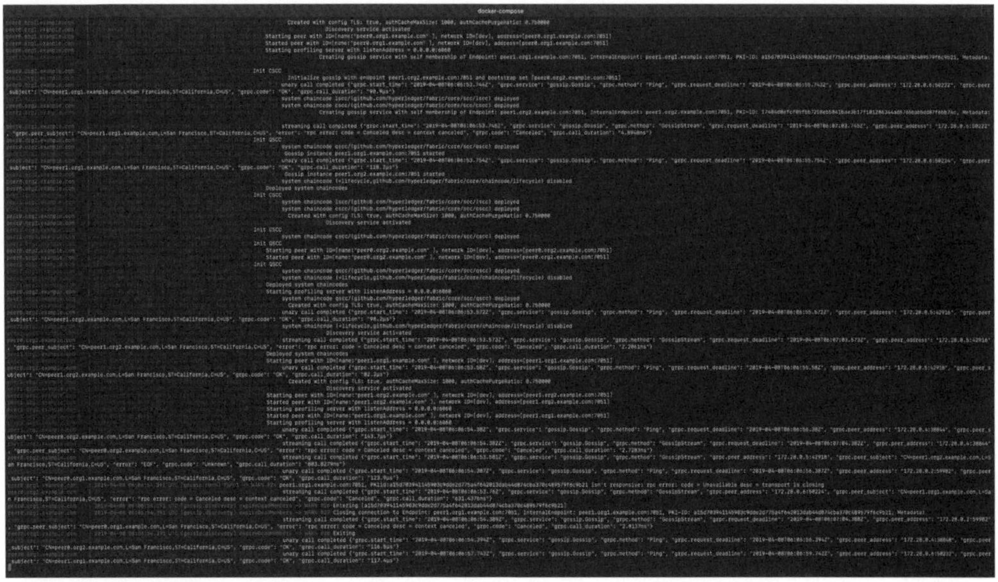

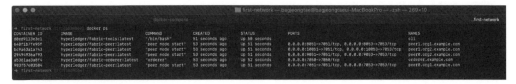

[그림 6.16] 노드 실행

[그림 6.17] 컨테이너 확인

[그림 6.17]처럼 리스트가 뜬다면 네트워크 구축을 위해 필요한 노드들 실행 완료입니다. cli 컨테이너로 접속 후 채널 생성부터 체인 코드 배포까지 작업하게 됩니다. 물론 cli가 아닌 각 컨테이너에 접속하여 실행해도 되지만 번거롭기 때문에 cli에서 작업하게 됩니다.

```
$ docker exec -it cli /bin/bash
```

[그림 6.18] cli 컨테이너 접속

cli에 접속하면 앞에서 생성한 인증서와 각종 파일이 설치된 것을 확인할 수 있습니다. docker−compose−cli.yaml이 다음과 같이 정의되어 있기 때문입니다. **volumes**를 이용하여 파일을 생성한 디렉터리들을 호스트와 컨테이너를 연결하여 공유하기 때문입니다.

```
    cli:
      ... 중 략 ...
      volumes:
        - /var/run/:/host/var/run/
        - ./../chaincode/:/opt/gopath/src/github.com/chaincode
        - ./crypto-config:/opt/gopath/src/github.com/hyperledger/fabric/peer
crypto/
        - ./scripts:/opt/gopath/src/github.com/hyperledger/fabric/peer/scripts/
        - ./channel-artifacts:/opt/gopath/src/github.com/hyperledger/fabric/
peer/channel-artifacts
```

5-2 채널 생성

채널을 생성할 땐 peer channel create를 사용합니다.

```
$ export CHANNEL_NAME=mychannel

$ peer channel create -o orderer.example.com:7050 -c $CHANNEL_NAME -f ./channel-
artifacts/channel.tx --tls --cafile /opt/gopath/src/github.com/hyperledger/
fabric/peer/crypto/ordererOrganizations/example.com/orderers/orderer.example.
com/msp/tlscacerts/tlsca.example.com-cert.pem
```

[그림 6.19] 채널 생성

앞에서 생성한 channel.tx를 채널 이름.block으로 생성합니다. 해당 파일을 이용하여 각 피어를 채널에 참가시킵니다.

- **peer0.org1** 채널 참가

```
$ export CORE_PEER_LOCALMSPID="Org1MSP"

$ export CORE_PEER_TLS_CERT_FILE=/opt/gopath/src/github.com/hyperledger/fabric/
peer/crypto/peerOrganizations/org1.example.com/peers/peer0.org1.example.com/
tls/server.crt

$ export CORE_PEER_TLS_ROOTCERT_FILE=/opt/gopath/src/github.com/hyperledger/
fabric/peer/crypto/peerOrganizations/org1.example.com/peers/peer0.org1.example.
com/tls/ca.crt

$ export CORE_PEER_TLS_KEY_FILE=/opt/gopath/src/github.com/hyperledger/fabric/
peer/crypto/peerOrganizations/org1.example.com/peers/peer0.org1.example.com/
tls/server.key

$ export CORE_PEER_MSPCONFIGPATH=/opt/gopath/src/github.com/hyperledger/fabric/
peer/crypto/peerOrganizations/org1.example.com/users/Admin@org1.example.com/msp

$ export CORE_PEER_ADDRESS=peer0.org1.example.com:7051

$ peer channel join -b mychannel.block
```

[그림 6.20] peer0.org1 채널 참가

[그림 6.21] peer0.org1 채널 참가 로그

특정 피어에게 무엇가를 해야할 땐 앞에서 환경변수를 설정한 것처럼 cli에서 해당 피어의 환경 변수 값으로 바꿔야 합니다.

- **peer1.org1 채널 참가**

```
$ export CORE_PEER_LOCALMSPID="Org1MSP"

$ export CORE_PEER_TLS_CERT_FILE=/opt/gopath/src/github.com/hyperledger/fabric/
peer/crypto/peerOrganizations/org1.example.com/peers/peer1.org1.example.com/
tls/server.crt

$ export CORE_PEER_TLS_ROOTCERT_FILE=/opt/gopath/src/github.com/hyperledger/
fabric/peer/crypto/peerOrganizations/org1.example.com/peers/peer1.org1.example.
com/tls/ca.crt

$ export CORE_PEER_TLS_KEY_FILE=/opt/gopath/src/github.com/hyperledger/fabric/
peer/crypto/peerOrganizations/org1.example.com/peers/peer1.org1.example.com/
tls/server.key

$ export CORE_PEER_MSPCONFIGPATH=/opt/gopath/src/github.com/hyperledger/fabric/
peer/crypto/peerOrganizations/org1.example.com/users/Admin@org1.example.com/msp

$ export CORE_PEER_ADDRESS=peer1.org1.example.com:7051

$ peer channel join -b mychannel.block
```

- **peer0.org2 채널 참가**

```
$ export CORE_PEER_LOCALMSPID="Org2MSP"

$ export CORE_PEER_TLS_CERT_FILE=/opt/gopath/src/github.com/hyperledger/fabric/
peer/crypto/peerOrganizations/org2.example.com/peers/peer0.org2.example.com/
tls/server.crt

$ export CORE_PEER_TLS_ROOTCERT_FILE=/opt/gopath/src/github.com/hyperledger/
fabric/peer/crypto/peerOrganizations/org2.example.com/peers/peer0.org2.example.
com/tls/ca.crt

$ export CORE_PEER_TLS_KEY_FILE=/opt/gopath/src/github.com/hyperledger/fabric/
peer/crypto/peerOrganizations/org2.example.com/peers/peer0.org2.example.com/
tls/server.key

$ export CORE_PEER_MSPCONFIGPATH=/opt/gopath/src/github.com/hyperledger/fabric/
peer/crypto/peerOrganizations/org2.example.com/users/Admin@org2.example.com/msp

export CORE_PEER_ADDRESS=peer0.org2.example.com:7051

$ peer channel join -b mychannel.block
```

- **peer1.org2 채널 참가**

```
$ export CORE_PEER_LOCALMSPID="Org2MSP"

$ export CORE_PEER_TLS_CERT_FILE=/opt/gopath/src/github.com/hyperledger/fabric/
peer/crypto/peerOrganizations/org2.example.com/peers/peer1.org2.example.com/
tls/server.crt

$ export CORE_PEER_TLS_ROOTCERT_FILE=/opt/gopath/src/github.com/hyperledger/
fabric/peer/crypto/peerOrganizations/org2.example.com/peers/peer1.org2.example.
com/tls/ca.crt

$ export CORE_PEER_TLS_KEY_FILE=/opt/gopath/src/github.com/hyperledger/fabric/
peer/crypto/peerOrganizations/org2.example.com/peers/peer1.org2.example.com/
tls/server.key
```

```
$ export CORE_PEER_MSPCONFIGPATH=/opt/gopath/src/github.com/hyperledger/fabric/
peer/crypto/peerOrganizations/org2.example.com/users/Admin@org2.example.com/msp

export CORE_PEER_ADDRESS=peer1.org2.example.com:7051

$ peer channel join -b mychannel.block
```

채널에 가입한 후 다음 명령어로 현재 환경변수로 설정된 피어가 가입한 채널 리스트를 조회할
수 있습니다. 중요한 점은 환경변수로 설정된 피어에 대해 조회한다는 점입니다.

```
$ peer channel list
```

5-3 앵커 피어 업데이트

앵커 피어 업데이트 시에도 cli 컨테이너에서 앵커 피어에 해당하는 피어의 환경변수로 설정합
니다. 앞에서 configtx.yaml 파일의 &Org1, &Org2에서 AnchorPeers를 보면 알 수 있습니다.
기관별 0번 피어를 앵커 피어로 설정했습니다. 앵커 피어 업데이트할 땐 **peer channel update**
를 사용합니다.

● **peer0.org1** 앵커 피어 업데이트

```
$ export CORE_PEER_LOCALMSPID="Org1MSP"

$ export CORE_PEER_TLS_CERT_FILE=/opt/gopath/src/github.com/hyperledger/fabric/
peer/crypto/peerOrganizations/org1.example.com/peers/peer0.org1.example.com/
tls/server.crt

$ export CORE_PEER_TLS_ROOTCERT_FILE=/opt/gopath/src/github.com/hyperledger/
fabric/peer/crypto/peerOrganizations/org1.example.com/peers/peer0.org1.example.
com/tls/ca.crt

$ export CORE_PEER_TLS_KEY_FILE=/opt/gopath/src/github.com/hyperledger/fabric/
peer/crypto/peerOrganizations/org1.example.com/peers/peer0.org1.example.com/
tls/server.key
```

```
$ export CORE_PEER_MSPCONFIGPATH=/opt/gopath/src/github.com/hyperledger/fabric/
peer/crypto/peerOrganizations/org1.example.com/users/Admin@org1.example.com/msp

$ export CORE_PEER_ADDRESS=peer0.org1.example.com:7051

$ peer channel update -o orderer.example.com:7050 -c mychannel -f ./channel-
artifacts/Org1MSPanchors.tx --tls true --cafile /opt/gopath/src/github.com/
hyperledger/fabric/peer/crypto/ordererOrganizations/example.com/orderers/
orderer.example.com/msp/tlscacerts/tlsca.example.com-cert.pem
```

- **peer0.org2** 앵커 피어 업데이트

```
$ export CORE_PEER_LOCALMSPID="Org2MSP"

$ export CORE_PEER_TLS_CERT_FILE=/opt/gopath/src/github.com/hyperledger/fabric/
peer/crypto/peerOrganizations/org2.example.com/peers/peer0.org2.example.com/
tls/server.crt

$ export CORE_PEER_TLS_ROOTCERT_FILE=/opt/gopath/src/github.com/hyperledger/
fabric/peer/crypto/peerOrganizations/org2.example.com/peers/peer0.org2.example.
com/tls/ca.crt

$ export CORE_PEER_TLS_KEY_FILE=/opt/gopath/src/github.com/hyperledger/fabric/
peer/crypto/peerOrganizations/org2.example.com/peers/peer0.org2.example.com/
tls/server.key

$ export CORE_PEER_MSPCONFIGPATH=/opt/gopath/src/github.com/hyperledger/fabric/
peer/crypto/peerOrganizations/org2.example.com/users/Admin@org2.example.com/msp

export CORE_PEER_ADDRESS=peer0.org2.example.com:7051

$ peer channel update -o orderer.example.com:7050 -c mychannel -f ./channel-
artifacts/Org2MSPanchors.tx --tls true --cafile /opt/gopath/src/github.com/
hyperledger/fabric/peer/crypto/ordererOrganizations/example.com/orderers/
orderer.example.com/msp/tlscacerts/tlsca.example.com-cert.pem
```

[그림 6.22] 기관별 앵커 피어 업데이트

성공적으로 업데이트가 되었다면 [그림 6.22]처럼 로그를 출력합니다.

5-4 체인 코드 설치

체인 코드 설치할 땐 peer chaincode install을 이용합니다. 체인 코드 설치는 파일을 피어에 옮겨주는 것을 의미합니다. 체인 코드 설치도 피어마다 환경변수를 세팅한 후 다음의 명령어를 실행하면 됩니다.

```
$ peer chaincode install -n mycc -v 1.0 -l golang -p github.com/chaincode/
chaincode_example02/go/
```

n은 체인 코드 이름, v는 체인 코드 버전, l는 체인 코드 작성 언어, p는 체인 코드 작성 경로입니다.

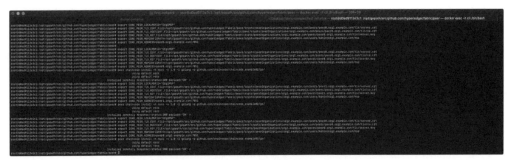

[그림 6.23] 각 피어에 체인 코드 설치

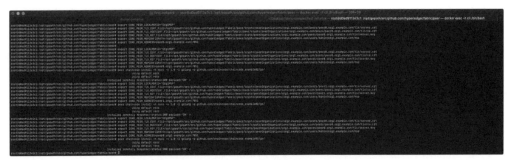

[그림 6.24] 체인 코드 설치 로그

peer1.org2를 제외한 3개의 피어에 체인 코드를 배포했습니다. 로그를 보면 LSCC가 호출된 것을 확인할 수 있습니다.

피어에 체인 코드를 설치했으면 해당 피어 컨테이너로 접속한 후 /var/hyperledger/priduction/chaincode 경로로 이동하면 설치된 체인 코드를 확인할 수 있습니다.

[그림 6.25] 피어에 설치된 체인 코드 확인

피어에 설치된 체인 코드는 체인 코드 설치 시 설정한 옵션 n과 v로 체인 코드 이름이 정해집니다. 각 피어에 체인 코드를 설치했으면 배포 작업만 하면 마무리됩니다.

- 설치된 체인 코드 확인

해당 피어에 설치된 체인 코드를 확인할 땐 peer chaincode list --installed 명령어를 이용합니다.

```
$ peer chaincode list --installed

Get installed chaincodes on peer:

Name: mycc, Version: 1.0, Path: github.com/chaincode/chaincode_example02/go/,
Id: 333a19b11063d0ade7be691f9f22c04ad369baba15660f7ae9511fd1a6488209
```

5-5 체인 코드 배포

체인 코드를 배포할 땐 peer chaincode instantiate를 이용합니다.

```
$ peer chaincode instantiate -o orderer.example.com:7050 --tls true --cafile /
opt/gopath/src/github.com/hyperledger/fabric/peer/crypto/ordererOrganizations/
example.com/orderers/orderer.example.com/msp/tlscacerts/tlsca.example.com-
cert.pem -C mychannel -n mycc -l golang -v 1.0 -c '{"Args":["init","a","100",
"b","200"]}' -P 'AND ('\''Org1MSP.peer'\'','\''Org2MSP.peer'\'')'
```

시간이 다소 소요됩니다. 체인 코드가 설치된 피어들에 체인 코드 컨테이너를 생성하기 때문입니다.

[그림 6.26] 체인 코드 배포

[그림 6.27] 체인 코드 배포 로그

[그림 6.28] 체인 코드 컨테이너 확인

instantiate는 해당 채널에서 한 번만 진행하면 됩니다. 체인 코드 배포는 트랜잭션으로 되기 때문에 체인 코드 배포에 대해 공유합니다. 단, 체인 코드가 설치되어 있어야 합니다. 만약 체인 코드를 나중에 설치한다면 설치와 동시에 배포까지 진행됩니다. 체인 코드 컨테이너는 환경변수를 설정한 기준으로 컨테이너가 생성되며, peer0.org1로 세팅을 하고 배포했기 때문입니다. 컨테이너가 표시되지 않는다고 체인 코드 배포가 안 된 것이 아닙니다. 다만 컨테이너만 생성하지 않고 있는 상태입니다.

5-6 체인 코드 쿼리(query)

체인 코드 쿼리는 peer chaincode query를 이용합니다.

```
$ peer chaincode query -C mychannel -n mycc -c '{"Args":["query","a"]}'

100
```

이 경우 환경변수에 설정된 피어에 query를 하여 데이터를 조회합니다. peer1.org1로 변경 후 조회하더라도 같은 결과를 출력합니다.

[그림 6.29] peer1.org1 체인 코드 쿼리

체인 코드를 실행할 수 있는 컨테이너가 없기 때문에 컨테이너를 생성하는 시간이 소요됩니다.
[그림 6.30]처럼 체인 코드 컨테이너가 생성된 것을 확인할 수 있습니다.

[그림 6.30] peer1.org1 체인 코드 쿼리 후 컨테이너 생성

5-7 체인 코드 인보크(invoke)

체인 코드 인보크는 peer chaincode invoke를 이용합니다. invoke는 트랜잭션을 발생하는 행
위입니다.

```
$ peer chaincode invoke -o orderer.example.com:7050 --tls true --cafile /opt/
gopath/src/github.com/hyperledger/fabric/peer/crypto/ordererOrganizations/
example.com/orderers/orderer.example.com/msp/tlscacerts/tlsca.example.com-
cert.pem -C mychannel -n mycc --peerAddresses peer0.org1.example.com:7051
--tlsRootCertFiles /opt/gopath/src/github.com/hyperledger/fabric/peer/crypto/
peerOrganizations/org1.example.com/peers/peer0.org1.example.com/tls/ca.crt
--peerAddresses peer0.org2.example.com:7051 --tlsRootCertFiles /opt/gopath/src/
github.com/hyperledger/fabric/peer/crypto/peerOrganizations/org2.example.com/
peers/peer0.org2.example.com/tls/ca.crt -c '{"Args":["invoke","a","b","10"]}'
```

해당 트랜잭션은 a가 보유 중인 10을 b에게 전달합니다. invoke로 트랜잭션을 발생하면 각 피
어는 트랜잭션이 포함된 블록을 전달받습니다. Invoke 발생 후 query를 이용하여 다시 데이터
를 조회하면 변경된 값을 조회합니다.

[그림 6.31] invoke 발생

[그림 6.32] invoke 발생 로그

[그림 6.33] invoke 발생 후 데이터 조회

6 CA 노드/couchDB 연동

Hyperledger Fabric은 다양한 형태로 네트워크 운용이 가능합니다.

6-1 couchDB 사용

Hyperledger Fabric은 외부 Database인 couchDB를 사용할 수 있습니다.

```
services:
  couchdb0:
      container_name: couchdb0
      image: hyperledger/fabric-couchdb
      environment:
        - COUCHDB_USER=
        - COUCHDB_PASSWORD=
      ports:
        - "5984:5984"
      networks:
        - byfn

  peer0.org1.example.com:
    environment:
      - CORE_LEDGER_STATE_STATEDATABASE=CouchDB
      - CORE_LEDGER_STATE_COUCHDBCONFIG_COUCHDBADDRESS=couchdb0:5984
      - CORE_LEDGER_STATE_COUCHDBCONFIG_USERNAME=
      - CORE_LEDGER_STATE_COUCHDBCONFIG_PASSWORD=
    depends_on:
      - couchdb0
```

couchDB를 사용하는 방법은 단순합니다. 도커컴포즈 파일에서 couchDB를 실행한 후 피어 노드에서 해당 couchDB와 연결하면 됩니다. 이때 중요한 점은 couchDB가 먼저 실행한 후 피어 노드를 실행해야 하므로 peer 서비스에서 **depends_on**으로 couchDB가 실행한 후 해당 피어가 실행하도록 합니다.

여기서 진행한 docker-compose-cli.yaml은 반복되는 설정을 **extends**를 이용하여 파일과 서비스로 분리하여 작성됐습니다. extends는 해당 파일의 서비스에서 설정된 부분을 가져와서 하나의 설정으로 만들어 줍니다. couchDB가 연결되었다면, http://localhost:5984/_utils로 외부에서 접속할 수 있습니다. 또한 couchDB에 데이터를 저장하기 때문에 데이터베이스를 통해서 state를 조회할 수 있습니다.

couchDB를 포함한 네트워크를 빠르게 테스트하고 싶다면 다음의 명령어를 통해 빠른 실행이 가능합니다.

```
$ ./byfn.sh up -s couchdb
```

해당 명령어의 차이점은 docker-compose를 실행할 때 다음과 같이 실행한다는 점입니다.

```
$ docker-compose -f docker-compose-cli.yaml -f docker-compose-couch.yaml up -d
```

[그림 6.34] 생성된 컨테이너

couchDB를 연결했다면 접속하고자 하는 couchDB의 IP와 PORT를 이용하여 웹 브라우저로 접속 가능합니다. couchdb0이 5984번 포트로 포워딩하기 때문에 localhost:5984로 접속하면 couchdb0으로 접속합니다. 만약 couchdb1번으로 접속하고 싶으면 6984번 포트로 접속하면 됩니다. mychannel은 채널명입니다. lscc는 배포된 체인 코드를 볼 수 있습니다. mycc는 체인 코드에서 관리하는 state를 볼 수 있습니다.

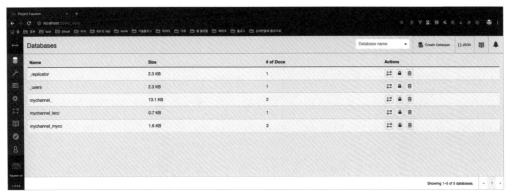

[그림 6.35] couchDB 연동한 네트워크

6-2 CA노드 연동

CA 노드를 연동할 땐 docker – compose.yaml에 다음과 같이 추가하면 됩니다.

```
services:
  ca.org1:
      image: hyperledger/fabric-ca:$IMAGE_TAG
      environment:
        - FABRIC_CA_HOME=/etc/hyperledger/fabric-ca-server
        - FABRIC_CA_SERVER_CA_NAME=ca-org1
        - FABRIC_CA_SERVER_TLS_ENABLED=true
        - FABRIC_CA_SERVER_TLS_CERTFILE=/etc/hyperledger/fabric-ca-server-
config/ca.org1.example.com-cert.pem
        - FABRIC_CA_SERVER_TLS_KEYFILE=/etc/hyperledger/fabric-ca-server-
config/CA_ORG1_PRIVATE_KEY
      ports:
        - "7054:7054"
      command: sh -c 'fabric-ca-server start --ca.certfile /etc/hyperledger/
fabric-ca-server-config/ca.org1.example.com-cert.pem --ca.keyfile /etc/
hyperledger/fabric-ca-server-config/CA_ORG1_PRIVATE_KEY -b admin:adminpw -d'
      volumes:
        - ./crypto-config/peerOrganizations/org1.example.com/ca/:/etc/
hyperledger/fabric-ca-server-config
      container_name: ca_peerOrg1
```

```
    networks:
      - byfn
```

CA_ORG_PRIVATE_KEY 부분을 ctyprogen으로 생성한 인증서 파일 경로의 crypto-config/ peerOrganizations/org1.example.com/ca/에서 *_sk 형태로 생성된 파일의 이름을 넣어줍니다. 기관/조직 2라면 org1이 아닌 org2.example.com/ca/에 있는 파일을 넣어주면 됩니다.

한 가지 팁으로 로그 관리를 안내합니다. 시스템을 운영하다 보면 로그가 상당히 많이 쌓입니다. 로그도 계속 쌓이다 보면 상당히 많은 저장소를 차지합니다. 필자도 Hyperledger Fabric으로 운영 중인 시스템에서 로그로 인해 저장공간이 꽉 차서 시스템이 다운된 경험이 있습니다. 이런 경우 logrotate를 사용하여 로그를 관리할 수 있습니다. 자세한 사용법은 다음의 링크 (https://blog.naver.com/pjt3591oo/221404622219)를 통해 확인 가능합니다.

PART **7**

Hyperledger Fabric
체인 코드 개발

체인 코드를 효율적으로 테스팅하고 배포하는 방법을 다룹니다. 그리고 체인 코드와 이더리움의 스마트 컨트랙트 차이를 알아봅니다.

1 체인 코드 개발 모드

Hyperledger Fabric 네트워크를 구축하고 체인 코드를 배포하여 query와 invoke를 해봤습니다. 체인 코드를 테스트하기 위해 앞의 과정처럼 인증서 생성 – 네트워크 구동 – 채널 참가 – 앵커 피어 업데이트 – 체인 코드 설치 – 체인 코드 배포의 과정을 하기에는 너무 많은 시간이 소요됩니다. Hyperledger Fabric에서는 이러한 과정을 무시하고 체인 코드 개발만 집중할 수 있는 환경을 제공합니다. 바로 체인 코드 개발 모드입니다.

1-1 네트워크 구동

fabric_samples 디렉터리에 chaincode-docker-devmode 디렉터리가 존재합니다. 해당 디렉터리로 이동하면 다음과 같은 구조로 되어 있습니다.

```
$ cd chaincode-docker-devmode
tree .

.
├── README.rst
├── docker-compose-simple.yaml
├── msp
│   ├── admincerts
│   │   └── admincert.pem
│   ├── cacerts
│   │   └── cacert.pem
│   ├── keystore
│   │   └── key.pem
│   ├── signcerts
│   │   └── peer.pem
│   ├── tlscacerts
│   │   └── tlsroot.pem
│   └── tlsintermediatecerts
│       └── tlsintermediate.pem
├── myc.tx
├── orderer.block
```

```
└─ script.sh

7 directories, 11 files
```

여기서는 인증서를 따로 생성하지 않습니다. 이미 만들어진 인증서를 이용하여 진행하기 때문에 네트워크 구동을 바로 진행할 수 있습니다. docker-compose-simple.yaml 파일을 이용하여 네트워크 구동할 수 있습니다. 개발 모드의 네트워크를 구동하면 [그림 7.1]처럼 최소한의 노드만 구동합니다.

```
# 첫 번째 터미널

$ docker-compose -f docker-compose-simple.yaml up
```

[그림 7.1] 체인 코드 개발 모드 네트워크 구동

1-2 체인 코드 빌드/시작

네트워크 구동을 마쳤으면 chaincode 컨테이너로 접속하여 체인 코드 빌드를 합니다. 터미널을 하나 더 띄워주고 체인 코드 빌드 준비를 합니다.

```
# 두 번째 터미널

$ docker exec -it chaincode /bin/bash

$ cd sacc
$ go build
$ CORE_PEER_ADDRESS=peer:7052 CORE_CHAINCODE_ID_NAME=mycc:0 ./sacc
```

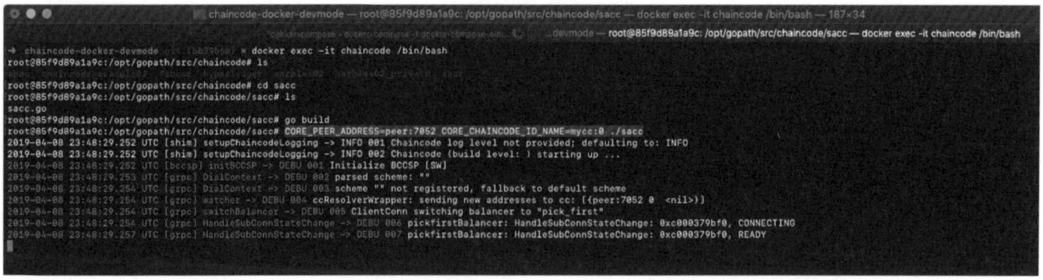

[그림 7.2] 체인 코드 실행

CORE_CHAINCODE_ID_NAME은 체인 코드 이름:체인 코드 버전의 형태로 작성합니다. ./sacc는 go build 결과물입니다. go build를 하면 해당 디렉터리에 있는 sacc.go를 빌드하여 sacc 바이너리 파일을 만듭니다.

1-3   체인 코드 query, invoke

체인 코드 배포 과정이 끝났으므로 quiery와 invoke를 시연해봅니다. 새로운 터미널을 띄워 cli 컨테이너에 접속합니다.

● **설치, 배포**

```
# 세 번째 터미널
$ docker exec -it cli /bin/bash


$ peer chaincode install -p chaincodedev/chaincode/sacc -n mycc -v 0
$ peer chaincode instantiate -n mycc -v 0 -c '{"Args":["a","10"]}' -C myc
```

● **query, invoke**

```
$ peer chaincode invoke -n mycc -c '{"Args":["set", "a", "20"]}' -C myc

$ peer chaincode query -n mycc -c '{"Args":["query","a"]}' -C myc
```

invoke와 query를 실행합니다. 로그가 너무 많아 보기 힘들다면 다음과 같이 설정하면 됩니다.

```
$ export FABRIC_LOGGING_SPEC=INFO
```

로깅 레벨 DEBUG가 기본 설정이기 때문에 다양한 메시지와 함께 출력합니다.

[그림 7.3] 로깅 레벨 변경 후 query, invoke

1-4 체인 코드 업그레이드

체인 코드가 이더리움의 스마트 컨트랙트와 가장 큰 차이점은 버전 관리가 가능하다는 점입니다.

```
$ peer chaincode list --instantiated -C [채널명]
```

[그림 7.4] 체인 코드 배포 리스트

해당 명령어를 통해 [그림 7.4]처럼 해당 채널에 배포된 체인 코드를 확인할 수 있습니다. 체인 코드 개발 모드에서 체인 코드를 업그레이드 하기 위해 두 번째 터미널로 돌아가서 Ctrl + C를 눌러 실행 중인 체인 코드를 종료합니다. 그리고 빌드할 파일을 수정합니다.

해당 파일은 호스트에서 fabric-samples의 chaincode 디렉터리와 연결되어 있기 때문에 컨테이너 호스트에서 수정해도 반영합니다.

```
chaincode:
container_name: chaincode
image: hyperledger/fabric-ccenv
tty: true
environment:
  - GOPATH=/opt/gopath
  - CORE_VM_ENDPOINT=unix:///host/var/run/docker.sock
  - FABRIC_LOGGING_SPEC=DEBUG
  - CORE_PEER_ID=example02
```

```
    - CORE_PEER_ADDRESS=peer:7051
    - CORE_PEER_LOCALMSPID=DEFAULT
    - CORE_PEER_MSPCONFIGPATH=/etc/hyperledger/msp
working_dir: /opt/gopath/src/chaincode
command: /bin/bash -c 'sleep 6000000'
volumes:
    - /var/run/:/host/var/run/
    - ./msp:/etc/hyperledger/msp
    - ./../chaincode:/opt/gopath/src/chaincode
depends_on:
  - orderer
  - peer
```

샘플 체인 코드 디렉터리를 전부 공유하고 있습니다.

```go
func set(stub shim.ChaincodeStubInterface, args []string) (string, error) {
    if len(args) != 2 {
        return "", fmt.Errorf("Incorrect arguments. Expecting a key and a value")
    }

    err := stub.PutState(args[0], []byte(args[1] + " hello"))
    if err != nil {
        return "", fmt.Errorf("Failed to set asset: %s", args[0])
    }
    return args[1], nil
}
```

sacc.go에서 set() 함수의 일부를 수정합니다. "hello"를 추가하여 데이터를 저장합니다.

```
# 두 번째 터미널

$ docker exec -it chaincode /bin/bash

$ cd sacc
$ go build
$ CORE_PEER_ADDRESS=peer:7052 CORE_CHAINCODE_ID_NAME=mycc:1 ./sacc
```

버전을 0에서 1로 올려줍니다.

```
# 세 번째 터미널
$ docker exec -it cli /bin/bash


$ peer chaincode install -p chaincodedev/chaincode/sacc -n mycc -v 1
$ peer chaincode upgrade -n mycc -v 1 -c '{"Args":["a","10"]}' -C myc
```

체인 코드를 업그레이드 할 땐 install한 후 instantiate가 아닌 upgrade를 사용합니다. 또한 버전을 동일하게 맞춰줍니다.

```
$ peer chaincode invoke -n mycc -c '{"Args":["set", "a", "20"]}' -C myc

$ peer chaincode query -n mycc -c '{"Args":["query","a"]}' -C myc
```

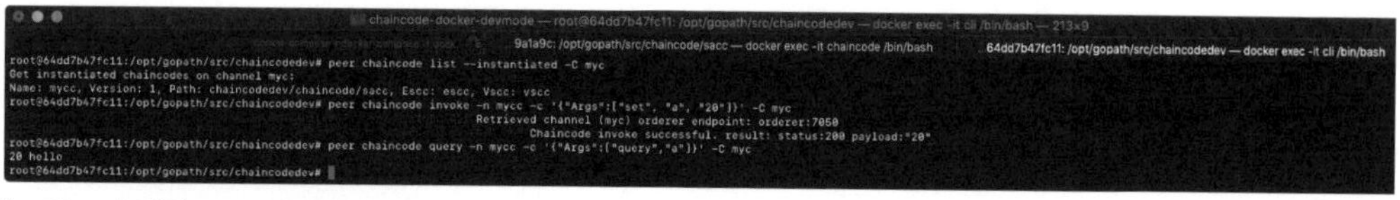

[그림 7.5] 체인 코드 업그레이드

실제 환경이라면 두 번째 터미널에서 작업하는 과정을 생략 후 세 번째 터미널에서 진행했던 것처럼 install 후 upgrade하면 됩니다. 초기 체인 코드 설치 시 install → instantiate 진행하고 체인 코드 업데이트 시 install → upgrade 진행합니다.

2 체인 코드 작성

체인 코드를 호출하면 어떤 일이 생기는지와 작성하는 방법을 다룹니다.

2-1 체인 코드 호출 플로우

다양한 형태로 체인 코드를 호출했습니다. 배포한 sacc.go 파일을 기준으로 체인 코드 플로우를 분석합니다. 먼저 체인 코드를 어떤 형태로 호출해왔는지 알아보겠습니다.

- ### 체인 코드 배포/업그레이드

```
$ peer chaincode instantiate -n mycc -v 0 -c '{"Args":["a","10"]}' -C myc

$ peer chaincode upgrade -n mycc -v 1 -c '{"Args":["a","10"]}' -C myc
```

- ### query / invoke

```
$ peer chaincode invoke -n mycc -c '{"Args":["set", "a", "20"]}' -C myc

$ peer chaincode query -n mycc -c '{"Args":["query","a"]}' -C myc
```

체인 코드를 배포하거나 업데이트할 때나 데이터를 조회하거나 수정할 때 호출합니다. 이때 특징은 c 옵션을 이용하여 데이터를 전달한다는 점입니다. 하지만 이 둘에는 차이가 있습니다. 배포/업그레이드의 경우 데이터만 전달하지만, query/invoke는 호출할 함수를 지정합니다.

체인 코드는 외부에 직접적으로 노출되는 함수 Init과 Invoke입니다. 첫 시작은 대문자(I)입니다. instantiate, upgrade는 체인 코드의 Init 함수를 호출하며 c 옵션에 작성한 데이터를 전달합니다.

```go
func (t *SimpleAsset) Init(stub shim.ChaincodeStubInterface) peer.Response {

  args := stub.GetStringArgs()
  if len(args) != 2 {
    return shim.Error("Incorrect arguments. Expecting a key and a value")
  }
```

```
    err := stub.PutState(args[0], []byte(args[1]))
    if err != nil {
      return shim.Error(fmt.Sprintf("Failed to create asset: %s", args[0]))
    }
    return shim.Success(nil)
}
```

query, invoke는 Invoke를 호출하며 c 옵션의 작성한 데이터를 전달합니다. 이때 첫 번째 데이터는 내부 함수 이름입니다.

```
func (t *SimpleAsset) Invoke(stub shim.ChaincodeStubInterface) peer.Response {
  fn, args := stub.GetFunctionAndParameters()

  var result string
  var err error
  if fn == "set" {
    result, err = set(stub, args)
  } else {
    result, err = get(stub, args)
  }
  if err != nil {
    return shim.Error(err.Error())
  }

  return shim.Success([]byte(result))
}
```

instantiate와 upgrade는 Init을 그대로 실행하지만, query와 invoke는 Invoke 함수를 호출하여 내부의 또 다른 함수를 호출하게 됩니다.

2-2 체인 코드 개발

체인 코드의 기본적인 플로우를 알아보았으니 직접 개발을 진행해 보겠습니다. fabric-samples 디렉터리의 chaincode로 이동하여 token 디렉터리를 만든 후 token.go 파일을 생성합니다.

```go
1   package main
2
3   import (
4          "encoding/json"
5       "strconv"
6     "fmt"
7
8     "github.com/hyperledger/fabric/core/chaincode/shim"
9     "github.com/hyperledger/fabric/protos/peer"
10  )
11
12  type Token struct {
13  }
14
15  func (t *Token) Init(stub shim.ChaincodeStubInterface) peer.Response {
16
17    return shim.Success(nil)
18  }
19
20  func (t *Token) Invoke(stub shim.ChaincodeStubInterface) peer.Response {
21
22    return shim.Success(nil)
23  }
24
25  func main() {
26    if err := shim.Start(new(Token)); err != nil {
27      fmt.Printf("Error starting Token chaincode: %s", err)
28    }
29  }
```

import는 체인 코드를 만들기 위해 필요한 패키지를 가져옵니다. Token 애셋을 만들어서 해당 애셋(asset)으로 체인 코드를 동작합니다. Init이나 Invoke처럼 외부에서 직접 호출되는 함수는 해당 구조체 메소드로 함수를 만들며 외부에서 접근 가능하도록 함수 이름을 대문자로 시작합니다. Init과 Invoke는 외부에서 전달받은 인자를 함수명과 데이터를 쪼개서 가져올 수 있는 stub을 받습니다. stub은 패키지에서 가져온 shim을 통해 생성합니다.

stub은 외부에서 전달받은 인자뿐 아니라 state에 접근하여 데이터를 조회하거나 데이터를 수정할 수 있습니다.

간단한 토큰 형태를 만들어 보는 구현 리스트는 다음과 같습니다.

- 토큰 생성(Init)
- 토큰 정보 조회(query)
- 토큰 보유량 조회(query)
- 토큰 전송(Invoke)
- 토큰 소각(Invoke)

[코드 7-2] Init - 토큰 구현 (파일명: /fabric-samples/chaincode/token/token.go)

```go
1  type Info struct {
2    Name         string `json:"name"`
3    Symbol       string `json:"symbol"`
4    TotalSupply int     `json:"totalsupply"`
5  }
6
7  type BalanceOf struct {
8    Value int `json:"value"`
9  }
10
11 func (t *Token) Init(stub shim.ChaincodeStubInterface) peer.Response {
12   args := stub.GetStringArgs()
13
14   if len(args) != 3 {
15     return shim.Error("Incorrect arguments. Expecting a key and a value")
16   }
17
18   name := args[0]
19   symbol := args[1]
20   totalSupply, err := strconv.Atoi(args[2])
21
22   if err != nil {
23     return shim.Error(err.Error())
24   }
25
26   info := Info{Name: name, Symbol: symbol, TotalSupply: totalSupply}
27   infoAsBytes, err := json.Marshal(info)
```

```
28
29    balanceOf := BalanceOf{Value: totalSupply}
30    balanceOfAsBytes, err := json.Marshal(balanceOf)
31
32    if err != nil {
33        return shim.Error(err.Error())
34    }
35
36    err_token := stub.PutState("TOKEN_"+name, []byte(infoAsBytes))
37    err_balance := stub.PutState("BALANCE_ADMIN", []byte(balanceOfAsBytes))
38
39    if err_token != nil {
40        return shim.Error(err.Error())
41    }
42
43    if err_balance != nil {
44        return shim.Error(err.Error())
45    }
46
47    return shim.Success(nil)
48  }
```

12라인은 c 옵션으로 받은 데이터를 가져옵니다. 14라인에서 데이터의 길이를 검사하여 shim. Error을 반환합니다. 에러가 발생할 땐 **shim.Error**을 호출합니다. args로 전달받은 인자를 접근하여 구조체 변수를 생성하는데 전달받은 데이터는 문자열 타입이기 때문에 **strconv.Atoi**를 이용하여 숫자 타입으로 변환 가능합니다.

전달받은 데이터를 이용하여 생성한 구조체 변수를 마샬링하여 저장합니다. 이때 prefix로 토큰 정보는 TOKEN_을 붙이고, 토큰 보유량은 BALANCE_를 붙여줍니다.

stub.PutState( )는 첫 번째는 키, 두 번째 인자는 키에 대응하는 값을 넣어줍니다. 이때 중요한 점은 키에 대응하는 값은 바이트 타입으로 저장되어야 합니다. 그래서 구조체 변수를 json 패키지를 이용하여 **마샬링**하여 저장합니다.

```
# chaincode-docker-devmode(두 번째 터미널)

$ cd chaincode/token
$ go build
$ CORE_PEER_ADDRESS=peer:7052 CORE_CHAINCODE_ID_NAME=token:0 ./token
```

```
# chaincode-docker-devmode(세 번째 터미널)

$ peer chaincode install -p chaincodedev/chaincode/token -n token -v 0

$ peer chaincode instantiate -n token -v 0 -c '{"Args":["ParkJeongTae","P
JT","10000000"]}' -C myc
```

인자 3개를 넣지 않으면 다음과 같은 에러를 띄웁니다.

[코드 7-3] Invoke(query) – 정보, 보유량 조회   (파일명: /fabric-samples/chaincode/token/token.go)

```go
1  func (t *Token) Invoke(stub shim.ChaincodeStubInterface) peer.Response {
2    fn, args := stub.GetFunctionAndParameters()
3
4    var result string
5    var err error
6
7    if fn == "getBalanceOf" {
8      result, err = getBalanceOf(stub, args)
9    } else if fn == "getTokenInfo" { // assume 'get' even if fn is nil
10     result, err = getTokenInfo(stub, args)
11   }
12
13   if err != nil {
14     return shim.Error(err.Error())
15   }
16
17   return shim.Success([]byte(result))
18 }
19
20 func getBalanceOf(stub shim.ChaincodeStubInterface, args []string) (string, error) {
```

```
21    if len(args) != 1 {
22        return "", fmt.Errorf("Incorrect arguments. Expecting a key and a value")
23    }
24
25    balanceOf, err := stub.GetState("BALANCE_" + args[0])
26    if err != nil {
27        return "", fmt.Errorf("Failed to get asset: %s with error: %s", args[0], err)
28    }
29    if balanceOf == nil {
30        return "", fmt.Errorf("Asset not found: %s", args[0])
31    }
32    return string(balanceOf), nil
33 }
34
35 func getTokenInfo(stub shim.ChaincodeStubInterface, args []string) (string, error) {
36    if len(args) != 1 {
37        return "", fmt.Errorf("Incorrect arguments. Expecting a key and a value")
38    }
39
40    tokenInfo, err := stub.GetState("TOKEN_"+args[0])
41    if err != nil {
42        return "", fmt.Errorf("Failed to get asset: %s with error: %s", args[0], err)
43    }
44    if tokenInfo == nil {
45        return "", fmt.Errorf("Asset not found: %s", args[0])
46    }
47    return string(tokenInfo), nil
48 }
```

getBalanceOf()와 getTokenInfo() 함수를 만들어서 전달받은 Invoke()는 getBalanceOf와
getTokenInfo에 따라 호출합니다. **stub.GetState()**는 state에 저장된 데이터를 가져옵니다.
PutState()에서 키로 전달한 첫 번째 인자를 GetState()에 전달하면 두 번째 인자로 전달한 데이
터를 가져올 수 있습니다.

```
# chaincode-docker-devmode(두 번째 터미널)

$ go build
$ CORE_PEER_ADDRESS=peer:7052 CORE_CHAINCODE_ID_NAME=token:1 ./token
```

체인 코드 컨테이너에서 체인 코드 버전을 올려서 실행합니다.

```
# chaincode-docker-devmode(세 번째 터미널)

$ peer chaincode install -p chaincodedev/chaincode/token -n token -v 1

$ peer chaincode upgrade -n token -v 1 -c '{"Args":["ParkJeongTae","P
JT","10000000"]}' -C myc
```

```
$ peer chaincode query -n token -c '{"Args":["getBalanceOf","ADMIN"]}' -C myc

$ peer chaincode query -n token -c '{"Args":["getTokenInfo","ParkJeongTae"]}' -C myc
```

[그림 7.6] 토큰 정보, 보유량 조회

Peer chaincode query를 이용하여 조회하면 [그림 7.6]처럼 결과를 출력할 수 있습니다. 존재하지 않는 키를 넣었다면 맵핑되는 데이터가 없다고 출력합니다.

토큰을 생성하고 토큰 보유량 조회를 만들어 보았으니 토큰을 전송하고 소각하는 기능을 만들어 보겠습니다.

[코드 7-4] Invoke(invoke) – 토큰 전송   (파일명: /fabric-samples/chaincode/token/token.go)

```
1  if fn == "getBalanceOf" {
2      result, err = getBalanceOf(stub, args)
3  } else if fn == "getTokenInfo" {
4      result, err = getTokenInfo(stub, args)
5  } else if fn == "transfer" {
6      result, err = transfer(stub, args)
7  }
```

Invoke 함수에서 transfer()로 라우팅을 해준 후 다음의 코드를 아래에 작성합니다.

```go
func transfer(stub shim.ChaincodeStubInterface, args []string) (string, error) {
  if len(args) != 3 {
    return "", fmt.Errorf("Incorrect arguments. Expecting a key and a value")
  }

  prefix := "BALANCE_"

  from := args[0]
  to := args[1]
  value, _ := strconv.Atoi(args[2])

  fromBalanceAsBytes, err := stub.GetState(prefix + from)

  if err != nil {
    return "", fmt.Errorf("Failed to get asset: %s with error: %s", from, err)
  }
  if fromBalanceAsBytes == nil {
    return "", fmt.Errorf("Asset not found: %s", from)
  }

  fromBalance := BalanceOf{}
  err = json.Unmarshal(fromBalanceAsBytes, &fromBalance)

  toBalanceAsBytes, err := stub.GetState(prefix + to)

  if err != nil {
    return "", fmt.Errorf("Failed to get asset: %s with error: %s", to, err)
  }

  toBalance := BalanceOf{}

  if toBalanceAsBytes == nil {
    toBalance = BalanceOf{Value: 0}
  } else {
    err = json.Unmarshal(toBalanceAsBytes, &toBalance)
```

```
36      }
37
38      fromBalance.Value -= value
39      toBalance.Value += value
40
41      fromBalanceAsBytes, _ = json.Marshal(fromBalance)
42      toBalanceAsBytes, _ = json.Marshal(toBalance)
43
44      _ = stub.PutState(prefix+from, fromBalanceAsBytes)
45      _ = stub.PutState(prefix+to, toBalanceAsBytes)
46
47      return string(fromBalanceAsBytes), nil
48  }
```

transfer() 함수를 통해 토큰을 전송합니다. 3개 인자를 받아서 from, to, value로 사용합니다. value는 전송할 토큰량이기 때문에 strconv.Atoi()를 이용하여 숫자 타입으로 바꿔줍니다. 그리고 GetState()를 이용하여 from과 to가 보유하고 있는 토큰을 가져온 후 value만큼 증가/감소합니다. 이때 중요한 점은 to가 존재하지 않으면 0원이 있다고 가정하고 만들어 줍니다. 그리고 GetState(), PutState()를 할 땐 prefix를 붙여주는 걸 잊어버리지 않습니다.

```
# chaincode-docker-devmode(두 번째 터미널)

$ go build
$ CORE_PEER_ADDRESS=peer:7052 CORE_CHAINCODE_ID_NAME=token:2 ./token
```

```
# chaincode-docker-devmode(세 번째 터미널)

$ peer chaincode install -p chaincodedev/chaincode/token -n token -v 2

$ peer chaincode upgrade -n token -v 2 -c '{"Args":["ParkJeongTae","P
JT","10000000"]}' -C myc
```

```
$ peer chaincode query -n token -c '{"Args":["getBalanceOf","ADMIN"]}' -C myc
$ peer chaincode query -n token -c '{"Args":["getTokenInfo","ParkJeongTae"]}' -C myc


$ peer chaincode invoke -n token -c '{"Args":["transfer","ADMIN","a","10"]}' -C myc
$ peer chaincode query -n token -c '{"Args":["getBalanceOf","ADMIN"]}' -C myc
$ peer chaincode query -n token -c '{"Args":["getBalanceOf","a"]}' -C myc
$ peer chaincode query -n token -c '{"Args":["getBalanceOf","not"]}' -C myc
```

[그림 7.7] 토큰 전송

토큰 전송은 데이터를 변경하기 위해 트랜잭션을 발생시켜야 하므로 peer chaincode invoke를 이용하여 호출합니다. [그림 7.7]처럼 정상적으로 호출 후 a 계정이 생성되어 10원을 보유하고 있는 것을 확인할 수 있습니다. ADMIN의 토큰을 a에게 전송해 보았습니다.

transfer()에서 다음의 코드를 추가하면 전송하는 계정의 토큰을 확인할 수 있습니다.

```
err = json.Unmarshal(fromBalanceAsBytes, &fromBalance)

if fromBalance.Value < value {
    return "", fmt.Errorf("Insufficient hold tokens")
}
```

마지막으로 토큰 소각 기능을 구현해 봅니다. 토큰 소각은 전체 발행량을 줄이면서 ADMIN이 보유하고 있는 토큰을 소각합니다.

[코드 7-6] Invoke(invoke) – 토큰 소각　　　　　(파일명: /fabric-samples/chaincode/token/token.go)

```
1   if fn == "getBalanceOf" {
2     result, err = getBalanceOf(stub, args)
3   } else if fn == "getTokenInfo" {
4     result, err = getTokenInfo(stub, args)
5   } else if fn == "transfer" {
```

```
6    result, err = transfer(stub, args)
7  } else if fn == "burn" {
8    result, err = burn(stub, args)
9  }
```

가장 먼저 Invoke에서 burn으로 라우팅을 합니다.

[코드 7-7] 토큰 소각 구현체 삽입   (파일명: /fabric-samples/chaincode/token/token.go)

```
1  func burn(stub shim.ChaincodeStubInterface, args []string) (string, error) {
2    if len(args) != 2 {
3      return "", fmt.Errorf("Incorrect arguments. Expecting a key and a value")
4    }
5
6    tokenPrefix := "TOKEN_"
7    balancePrefix := "BALANCE_"
8
9    name := args[0]
10   value, _ := strconv.Atoi(args[1])
11
12   tokenInfoAsBytes, err := stub.GetState(tokenPrefix + name)
13
14   if err != nil {
15     return "", fmt.Errorf("Failed to get asset: %s with error: %s", name, err)
16   }
17   if tokenInfoAsBytes == nil {
18     return "", fmt.Errorf("Asset not found: %s", name)
19   }
20
21   tokenInfo := Info{}
22   err = json.Unmarshal(tokenInfoAsBytes, &tokenInfo)
23
24   balanceOfAsBytes, err := stub.GetState(balancePrefix + "ADMIN")
25
26   if err != nil {
27     return "", fmt.Errorf("Failed to get asset: %s with error: %s", "ADMIN", err)
28   }
29   if balanceOfAsBytes == nil {
```

```
30        return "", fmt.Errorf("Asset not found: %s", "ADMIN")
31    }
32
33    balanceOf := BalanceOf{}
34    err = json.Unmarshal(balanceOfAsBytes, &balanceOf)
35
36    tokenInfo.TotalSupply -= value
37    balanceOf.Value -= value
38
39    tokenInfoAsBytes, _ = json.Marshal(tokenInfo)
40    balanceOfAsBytes, _ = json.Marshal(balanceOf)
41
42    _ = stub.PutState(tokenPrefix+name, tokenInfoAsBytes)
43    _ = stub.PutState(balancePrefix+"ADMIN", balanceOfAsBytes)
44
45    return string(tokenInfoAsBytes), nil
46 }
```

토큰 소각은 Info에서 저장하고 있는 TotalSupply와 Balance에서 보유량을 관리 중인 ADMIN 의 토큰 보유량을 줄여줍니다.

```
# chaincode-docker-devmode(두 번째 터미널)

$ go build
$ CORE_PEER_ADDRESS=peer:7052 CORE_CHAINCODE_ID_NAME=token:3 ./token
```

```
# chaincode-docker-devmode(세 번째 터미널)

$ peer chaincode install -p chaincodedev/chaincode/token -n token -v 2

$ peer chaincode upgrade -n token -v 3 -c '{"Args":["ParkJeongTae","P
JT","10000000"]}' -C myc
```

```
$ peer chaincode query -n token -c '{"Args":["getBalanceOf","ADMIN"]}' -C myc
$ peer chaincode query -n token -c '{"Args":["getTokenInfo","ParkJeongTae"]}' -C myc

$ peer chaincode invoke -n token -c '{"Args":["burn","ParkJeongTae","10000"]}' -C myc
$ peer chaincode query -n token -c '{"Args":["getBalanceOf","ADMIN"]}' -C myc
$ peer chaincode query -n token -c '{"Args":["getTokenInfo","ParkJeongTae"]}' -C myc
```

[그림 7.8] 토큰 소각

토큰 소각 후 토큰 정보와 ADMIN의 토큰 보유량을 조회하면 소각된 것을 확인할 수 있습니다.

PART 8

node.js SDK를 활용한
Hyperledger Fabric dApp 개발

Hyperledger Fabric은 외부 시스템에서 SDK를 이용하여 연동할 수 있습니다. SDK는 node.js, Java, golang 형태로 제공합니다. 이 책에서는 node.js로 제공하는 SDK를 다룹니다. 패브릭은 node.js로 제공하는 sdk 의 사용법이 fabric-samples에 함께 포함되어 있습니다.

1 샘플 코드 구동

샘플로 제공하는 코드 기반으로 SDK 사용법을 다룹니다. fabric-samples의 fabcar 디렉터리에 SDK 샘플 코드를 포함합니다.

1-1 네트워크 구동

해당 디렉터리에 3개의 디렉터리와 startFabric.sh 파일이 있습니다.

```
$ cd fabcar

$ tree -L 1
.
├── javascript/
├── javascript-low-level/
├── startFabric.sh
└── typescript/

3 directories, 1 file
```

startFabric.sh는 간단한 네트워크를 구동하는 스크립트 파일입니다. startFabric.sh는 peer, orderer, ca, couchDB가 하나씩 이루어져 있도록 설계된 fabric-samples의 basic-network의 docker-compose.yaml을 이용합니다. startFabcar.sh를 실행하면 실행 출력 로그와 다음 번에 무엇을 해야 하는지 알려줍니다.

```
$ ./startFabric.sh
```

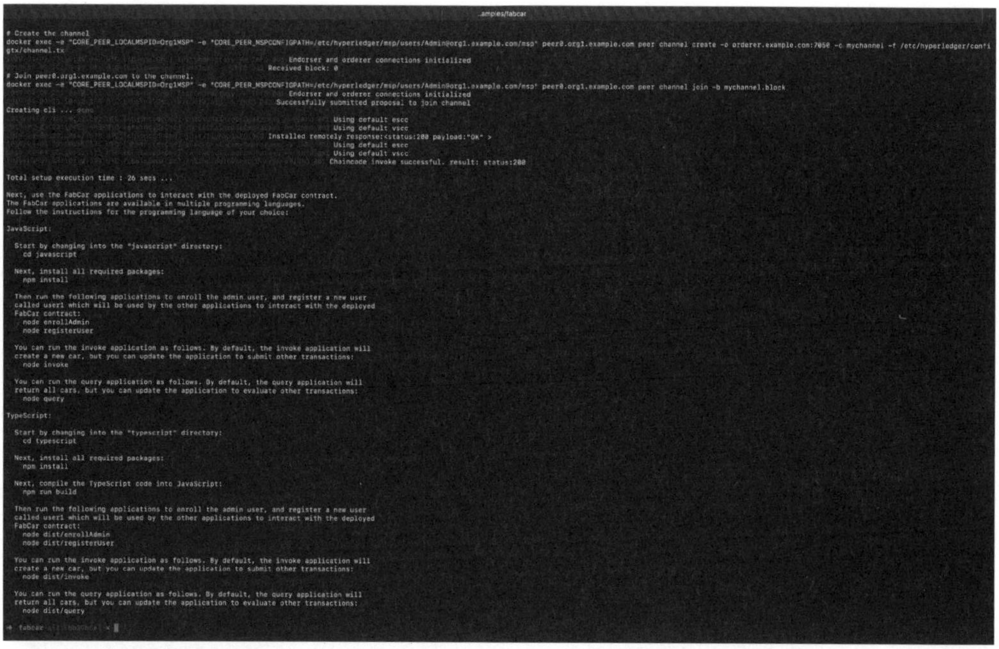

[그림 8.1] startFabcar.sh 실행

1-2 의존성 모듈 설치

fabric−samples에는 JavaScript 버전에 따라 세 가지 형태로 있습니다. 여기서는 javascript 디렉터리에 구현된 것을 다룹니다(ES6를 기준으로 코드 구현됨).

```
$ cd javascript

$ tree .
.
├── enrollAdmin.js
├── invoke.js
├── package.json
├── query.js
├── registerUser.js
└── wallet/

1 directory, 5 files
```

4개의 js 파일, 1개의 json파일 하나의 디렉터리로 이루어져 있습니다. 가장 먼저 할일은 의존성 모듈을 설치해야 합니다. npm install을 이용하여 package.json으로 관리 중인 모듈을 설치할 수 있습니다.

```
$ npm install
```

fabric에서는 fabric-ca-client와 fabric-network를 이용하여 패브릭과 연동할 수 있습니다. npm install을 하면 해당 패키지를 설치합니다. pc 성능에 따라 시간이 소요될 수 있습니다. 패키지 설치를 완료하면 [그림 8.2]처럼 출력합니다. 이제 javascript 파일을 호출하면서 동작시켜 보겠습니다.

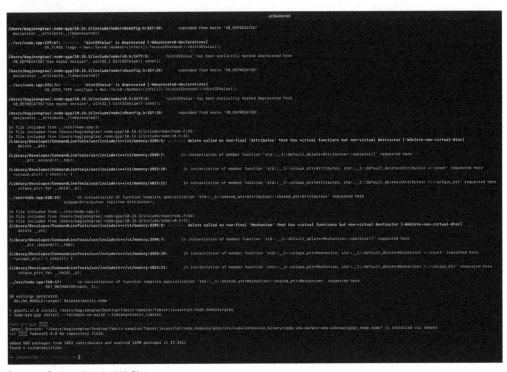

[그림 8.2] 필요 패키지 설치 완료

1-3 관리자 등록

가장 먼저 관리자를 등록해야 합니다. enrollAdmin.js를 실행합니다.

- 코드 실행

```
$ node enrollAdmin.js
```

[그림 8.3] enrollAdmin.js 실행 결과

enrollAdmin.js를 실행하면 CA 서버에 admin을 등록한 후 관련된 인증서 파일을 wallet 디렉터리에 생성합니다.

- 코드 분석

```
1   use strict';
2
3   const FabricCAServices = require('fabric-ca-client');
4   const { FileSystemWallet, X509WalletMixin } = require('fabric-network');
5   const fs = require('fs');
6   const path = require('path');
7
8   const ccpPath = path.resolve(__dirname, '..', '..', 'basic-network', 'connection.json');
9   const ccpJSON = fs.readFileSync(ccpPath, 'utf8');
10  const ccp = JSON.parse(ccpJSON);
11
12  async function main() {
13      try {
14
15          const caURL = ccp.certificateAuthorities['ca.example.com'].url;
16          const ca = new FabricCAServices(caURL);
17
18          const walletPath = path.join(process.cwd(), 'wallet');
19          const wallet = new FileSystemWallet(walletPath);
20          console.log(`Wallet path: ${walletPath}`);
```

```
21
22        const adminExists = await wallet.exists('admin');
23        if (adminExists) {
24            console.log('An identity for the admin user "admin" already
25   exists in the wallet');
26            return;
27        }
28
29        const enrollment = await ca.enroll({ enrollmentID: 'admin',
30   enrollmentSecret: 'adminpw' });
31        const identity = X509WalletMixin.createIdentity('Org1MSP',
32   enrollment.certificate, enrollment.key.toBytes());
33        wallet.import('admin', identity);
34        console.log('Successfully enrolled admin user "admin" and imported
35   it into the wallet');
36
37    } catch (error) {
38        console.error(`Failed to enroll admin user "admin": ${error}`);
39        process.exit(1);
40    }
41 }
42
43 main();
```

각 노드의 정보는 basic-network/connection.json에 정의되어 있습니다. 15, 16라인
connection.json에 정의된 CA 노드의 접속 정보를 가져와 연결합니다.

CA 노드 연결 – 등록 여부 검사 – admin 키 쌍 생성 – wallet에 import 순서로 코드를 진
행합니다. CA 노드에 접속하여 org1 기관/조직에 대한 관리자를 등록하는 코드입니다. CA 노
드에 접속하기 위해 29라인처럼 아이디와 시크릿키를 이용합니다. 관리자 아이디와 시크릿 키
admin/adminpw는 CA 노드를 구동할 때 command에 b 옵션으로 전달된 값입니다.

CA 노드에 등록한 인증서를 wallet 관리자 아이디로 디렉터리를 생성하여 키 쌍을 보관합니다.
wallet에 이미 존재한다면 23라인처럼 이미 존재한다는 메시지를 출력합니다.

1-4 유저 등록

관리자 등록 후 유저를 등록해야 합니다. registerUser.js를 실행합니다.

- 코드 실행

```
$ node registerUser.js
```

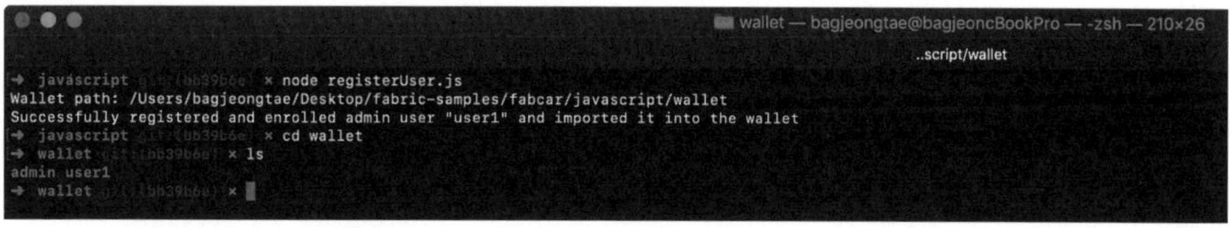

[그림 8.4] registerUser.js 실행 결과

registerUser.js를 실행하여 유저를 추가하면 관리자 등록과 결과는 동일합니다. 유저 인증서 파일을 wallet 디렉터리에 생성합니다.

- 코드 분석

```
1   const { FileSystemWallet, Gateway, X509WalletMixin } = require('fabric-network');
2   const fs = require('fs');
3   const path = require('path');
4
5   const ccpPath = path.resolve(__dirname, '..', '..', 'basic-network', 'connection.json');
6   const ccpJSON = fs.readFileSync(ccpPath, 'utf8');
7   const ccp = JSON.parse(ccpJSON);
8
9   async function main() {
10      try {
11          const walletPath = path.join(process.cwd(), 'wallet');
12          const wallet = new FileSystemWallet(walletPath);
13          console.log(`Wallet path: ${walletPath}`);
14
15          const userExists = await wallet.exists('user1');
16          if (userExists) {
17              console.log('An identity for the user "user1" already exists in the wallet');
18              return;
19          }
20
21          const adminExists = await wallet.exists('admin');
```

```
22          if (!adminExists) {
23              console.log('An identity for the admin user "admin" does not
24  exist in the wallet');
25              console.log('Run the enrollAdmin.js application before retrying');
26              return;
27          }
28
29          const gateway = new Gateway();
30          await gateway.connect(ccp, { wallet, identity: 'admin', discovery: { enabled: false } });
31
32          const ca = gateway.getClient().getCertificateAuthority();
33          const adminIdentity = gateway.getCurrentIdentity();
34
35          const secret = await ca.register({ affiliation: 'org1.department1',
36  enrollmentID: 'user1', role: 'client' }, adminIdentity);
37          const enrollment = await ca.enroll({ enrollmentID: 'user1',
38  enrollmentSecret: secret });
39          const userIdentity = X509WalletMixin.createIdentity('Org1MSP',
40  enrollment.certificate, enrollment.key.toBytes());
41          wallet.import('user1', userIdentity);
42          console.log('Successfully registered and enrolled admin user
43  "user1" and imported it into the wallet');
44
45      } catch (error) {
46          console.error(`Failed to register user "user1": ${error}`);
47          process.exit(1);
48      }
49  }
50
51  main();
```

registerUser.js 코드는 enrollAdmin과 유사하지만 약간 더 복잡합니다. user를 생성하는 방법은 동일하지만 user를 생성하기 위해 앞에서 생성한 admin을 이용합니다.

29, 30라인은 해당 라인이 앞에서 생성한 admin을 이용하여 user를 생성하기 위한 준비를 하는 부분입니다. connect() 함수에 첫 번째 인자로 전달한 ccp는 basic—network/connection. json입니다. register()를 이용하여 유저를 등록할 수 있습니다. 등록된 유저 인증서를 import하여 wallet 디렉터리에 생성합니다.

35~42라인은 admin 등록과 유사한 형태지만 유저의 역할과 소속 기관/조직을 명시합니다. 여기서 등록한 유저를 이용하여 invoke와 query를 할 수 있습니다.

1-5 invoke

앞에서 등록한 유저를 이용하여 invoke.js를 실행하여 트랜잭션을 발생하는 invoke를 호출할 수 있습니다.

● 코드 실행

```
$ node invoke.js
```

[그림 8.5] invoke.js 실행 결과

성공적으로 트랜잭션을 발생했다는 Transaction has been submitted 메시지와 함께 실행을 종료합니다.

● 코드 분석

```
1   const { FileSystemWallet, Gateway } = require('fabric-network');
2   const fs = require('fs');
3   const path = require('path');
4
5   const ccpPath = path.resolve(__dirname, '..', '..', 'basic-network', 'connection.json');
6   const ccpJSON = fs.readFileSync(ccpPath, 'utf8');
7   const ccp = JSON.parse(ccpJSON);
8
9   async function main() {
10      try {
11
```

```
12          const walletPath = path.join(process.cwd(), 'wallet');
13          const wallet = new FileSystemWallet(walletPath);
14          console.log(`Wallet path: ${walletPath}`);
15
16          const userExists = await wallet.exists('user1');
17          if (!userExists) {
18              console.log('An identity for the user "user1" does not exist in the wallet');
19              console.log('Run the registerUser.js application before retrying');
20              return;
21          }
22
23          const gateway = new Gateway();
24          await gateway.connect(ccp, { wallet, identity: 'user1', discovery: { enabled: false } });
25
26          const network = await gateway.getNetwork('mychannel');
27          const contract = network.getContract('fabcar');
28
29      await contract.submitTransaction('createCar', 'CAR12', 'Honda', 'Accord', 'Black', 'Tom');
30          console.log('Transaction has been submitted');
31
32          await gateway.disconnect();
33
34      } catch (error) {
35          console.error(`Failed to submit transaction: ${error}`);
36          process.exit(1);
37      }
38  }
39
40  main();
```

registerUser.js로 등록한 유저를 이용하여 트랜잭션을 발생시키는 코드입니다.

16~24라인은 등록한 유저에 대한 인증서의 존재 여부를 검사합니다. 유저를 등록한 것처럼 basic-network/connection.json 정보를 가져와 등록한 유저를 이용하여 연결을 시도합니다.

26~30라인은 네트워크와 연결했으면 트랜잭션을 발생할 채널을 선택하고 체인 코드를 가져옵니다. getContract()는 체인 코드 호출 시 n 옵션을 이용하여 전달하는 체인 코드 이름입니다.

submitTransaction()은 우리가 peer chaincode invoke 또는 query에서 c 옵션으로 전달한 데이터를 이용하여 트랜잭션을 발생합니다. 같은 규칙을 적용하며 가장 앞에 나오는 createCar는 체인 코드의 Invoke() 함수에서 라우팅하는 인자입니다.

32라인은 모든 작업이 끝났으면 연결을 끊습니다.

1-6 query

앞에서 invoke.js 호출로 발생한 트랜잭션으로 추가된 데이터를 조회합니다. 이때 query.js 파일을 이용합니다.

● 코드 실행

```
$ node query.js
```

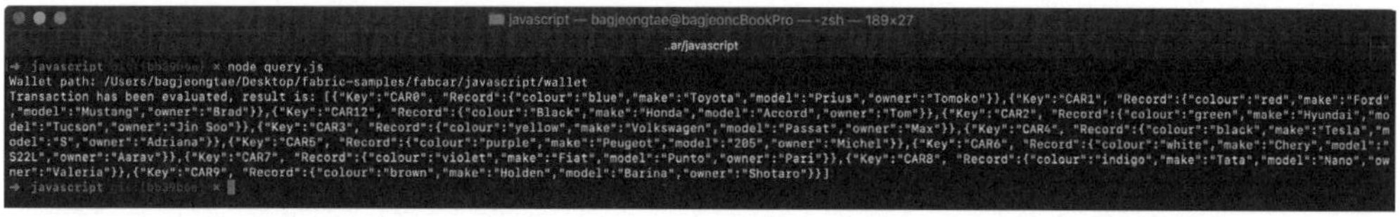

[그림 8.6] query.js 실행 결과

query.js를 실행하면 peer chaincode query를 호출한 것처럼 데이터를 조회할 수 있습니다. query.js의 코드는 invoke와 거의 유사합니다. 다만 트랜잭션을 발생, 데이터 조회할 때 사용하는 함수의 차이입니다.

● 코드 분석

```
1  const { FileSystemWallet, Gateway } = require('fabric-network');
2  const fs = require('fs');
3  const path = require('path');
4
5  const ccpPath = path.resolve(__dirname, '..', '..', 'basic-network', 'connection.json');
6  const ccpJSON = fs.readFileSync(ccpPath, 'utf8');
7  const ccp = JSON.parse(ccpJSON);
8
```

```
 9  async function main() {
10     try {
11
12         const walletPath = path.join(process.cwd(), 'wallet');
13         const wallet = new FileSystemWallet(walletPath);
14         console.log(`Wallet path: ${walletPath}`);
15
16         const userExists = await wallet.exists('user1');
17         if (!userExists) {
18         console.log('An identity for the user "user1" does not exist in the wallet');
19         console.log('Run the registerUser.js application before retrying');
20             return;
21         }
22
23         const gateway = new Gateway();
24         await gateway.connect(ccp, { wallet, identity: 'user1', discovery: { enabled: false } });
25
26         const network = await gateway.getNetwork('mychannel');
27         const contract = network.getContract('fabcar');
28
29         const result = await contract.evaluateTransaction('queryAllCars');
30         console.log(`Transaction has been evaluated, result is: ${result.toString()}`);
31
32     } catch (error) {
33         console.error(`Failed to evaluate transaction: ${error}`);
34         process.exit(1);
35     }
36 }
37
38 main();
```

invoke.js와 코드가 거의 유사합니다.

15~21라인은 invoke.js와 마찬가지로 등록한 유저에 대한 인증서 파일의 존재 여부를 검사합니다.

23, 24라인은 등록된 유저를 이용하여 연결합니다.

26~30라인은 마찬가지로 채널과 체인 코드를 선택합니다. 데이터를 조회할 땐 evaluateTransaction()을 이용하면 추가적인 인자를 나열하여 전달 가능합니다.

```
const result = await contract.evaluateTransaction('queryCar', 'queryCar',
'CAR4');
```

29라인은 다음과 같이 수정하여 실행하면 특정 데이터를 조회할 수 있습니다.

[그림 8.7] query.js 수정 후 실행 결과

2 나만의 dApp 개발

앞에서 만든 token 체인 코드를 샘플로 제공하는 코드를 이용하여 dApp 형태로 만들어 보겠습니다. fabric-samples에 token 디렉터리를 만든 후 진행합니다.

2-1 네트워크 구동

가장 먼저 startFabric.sh처럼 네트워크를 구동하는 스크립트 파일을 작성합니다.

- 스크립트 파일 작성

```
[코드 8-1] startToken.sh                                              (token/startToken.sh)

 1  set -e
 2
 3  export MSYS_NO_PATHCONV=1
 4  starttime=$(date +%s)
 5  CC_SRC_LANGUAGE=${1:-"go"}
 6  CC_SRC_LANGUAGE=`echo "$CC_SRC_LANGUAGE" | tr [:upper:] [:lower:]`
 7  CC_RUNTIME_LANGUAGE=golang
 8  CC_SRC_PATH=github.com/token
 9
10  rm -rf ./hfc-key-store
11  cd ../basic-network
12  ./start.sh
13
14  docker-compose -f ./docker-compose.yml up -d cli
15
16  docker exec -e "CORE_PEER_LOCALMSPID=Org1MSP" -e "CORE_PEER_MSPCONFIGPATH=/
17  opt/gopath/src/github.com/hyperledger/fabric/peer/crypto/peerOrganizations/
18  org1.example.com/users/Admin@org1.example.com/msp" cli peer chaincode
19  install -n token -v 1.0 -p "$CC_SRC_PATH" -l "$CC_RUNTIME_LANGUAGE"
20
21  docker exec -e "CORE_PEER_LOCALMSPID=Org1MSP" -e "CORE_PEER_MSPCONFIGPATH=/
22  opt/gopath/src/github.com/hyperledger/fabric/peer/crypto/peerOrganizations/
```

```
23  org1.example.com/users/Admin@org1.example.com/msp" cli peer chaincode
24  instantiate -o orderer.example.com:7050 -C mychannel -n token -l "$CC_
25  RUNTIME_LANGUAGE" -v 1.0 -c '{"Args":["ParkJeongTae","PJT","10000000"]}' -P
26  "OR ('Org1MSP.member','Org2MSP.member')"
```

여기서 중요한 점은 배포한 체인 코드 경로, 체인 코드 이름, 체인 코드 배포(instantiate) 시 데이터 전달 값들을 token 체인 코드에 맞춰서 수정합니다.

8라인은 fabric−samples의 chaincode 디렉터리가 컨테이너의 github.com 디렉터리로 이동하여 github.com/token으로 경로를 지정합니다.

16~19라인은 체인 코드의 이름인 n 옵션에 token을 전달합니다. v 옵션은 1.0을 전달합니다.

21~26라인은 체인 코드 배포도 n 옵션에 token을 주고 v 옵션에 1.0을 전달합니다. 그리고 c 옵션에 토큰 정보를 전달하여 토큰 배포를 합니다.

- 네트워크 구동

```
$ ./startToken.sh
```

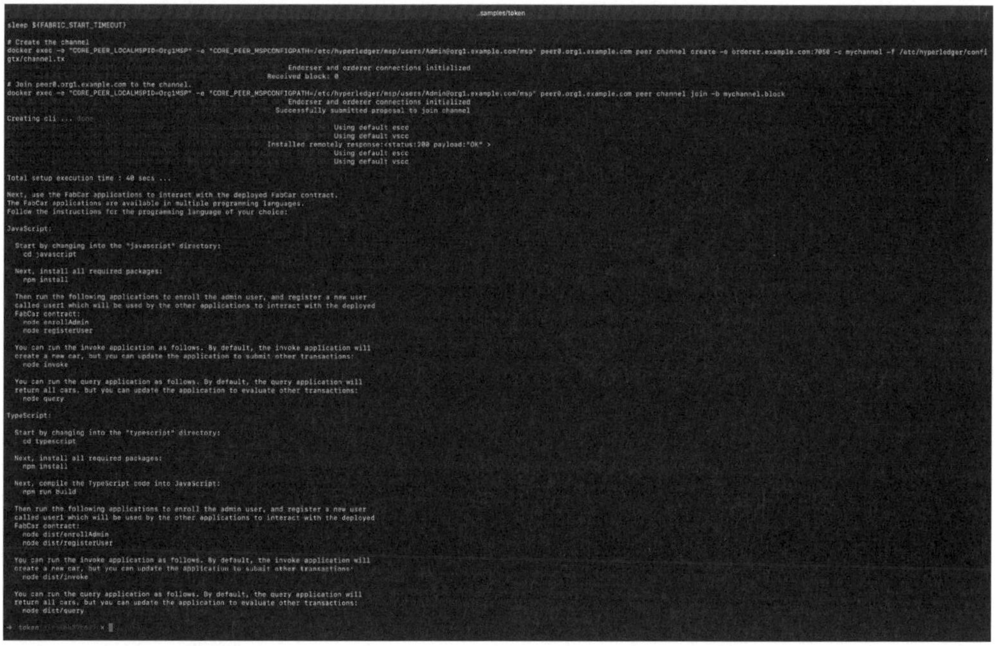

[그림 8.8] 네트워크 구동 완료

2-2 SDK 활용

javascript 디렉터리를 만들어준 후 enrollAdmin.js, registerUser.js, query.js, invoke.js를 만들어 줍니다. 이때 패키지를 관리하기 위해 package.json도 함께 만들어 줍니다.

2-2-1 package.json 작성

```
[코드 8-2] package.json                                    (token/javascript/package.json)

 1  {
 2      "name": "token",
 3      "version": "1.0.0",
 4      "description": "Token application",
 5      "engines": {
 6          "node": ">=8",
 7          "npm": ">=5"
 8      },
 9      "engineStrict": true,
10      "dependencies": {
11          "fabric-ca-client": "~1.4.0",
12          "fabric-network": "~1.4.0"
13      }
14  }
```

```
$ npm install
```

코드를 작성하기 앞서 필요한 패키지를 설치합니다.

2-2-2 enrollAdmin.js, registerUser.js 작성

enrollAdmin과 registerUser는 관리자와 유저를 등록하고 인증서를 생성하기 때문에 fabcar과 동일한 코드를 사용합니다. fabcar/javascript/enrollAdmin.js와 fabcar/javascript/registerUser.js를 그대로 가져다가 사용합니다.

```
# token/javascript/

$ node enrollAdmin.js

$ node registerUser.js
```

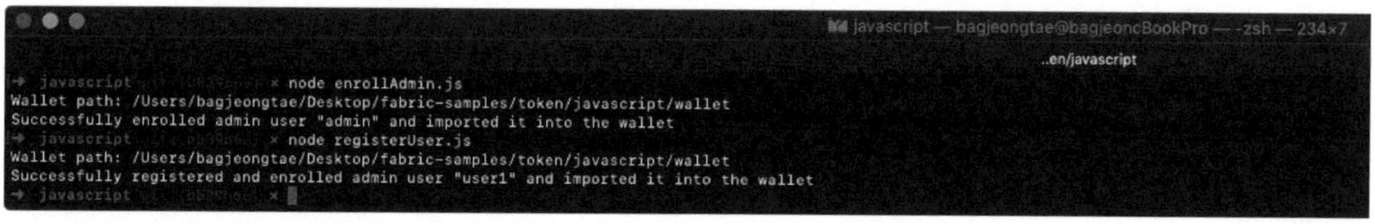

[그림 8.9] 관리자, 유저 등록

2-2-3 query.js 작성

query.js도 대부분의 코드는 비슷합니다. 채널, 체인 코드 이름, 호출 함수, 전달 인자만 바꿔주면 됩니다.

[코드 8–3] query.js	(token/javascript/query.js)

```
 1  const { FileSystemWallet, Gateway } = require('fabric-network');
 2  const fs = require('fs');
 3  const path = require('path');
 4
 5  const ccpPath = path.resolve(__dirname, '..', '..', 'basic-network', 'connection.json');
 6  const ccpJSON = fs.readFileSync(ccpPath, 'utf8');
 7  const ccp = JSON.parse(ccpJSON);
 8
 9  async function main() {
10      try {
11
12          const walletPath = path.join(process.cwd(), 'wallet');
13          const wallet = new FileSystemWallet(walletPath);
14          console.log(`Wallet path: ${walletPath}`);
15
16          const userExists = await wallet.exists('user1');
17          if (!userExists) {
```

```
18              console.log('An identity for the user "user1" does not exist in the wallet');
19              console.log('Run the registerUser.js application before retrying');
20              return;
21          }
22
23          const gateway = new Gateway();
24          await gateway.connect(ccp, { wallet, identity: 'user1', discovery: { enabled: false } });
25
26          const network = await gateway.getNetwork('mychannel');
27
28          const contract = network.getContract('token');
29
30          const result = await contract.evaluateTransaction('getBalanceOf', 'ADMIN');
31          console.log(`Transaction has been evaluated, result is: ${result.toString()}`);
32
33      } catch (error) {
34          console.error(`Failed to evaluate transaction: ${error}`);
35          process.exit(1);
36      }
37  }
38
39  main();
```

해당 코드를 실행하면 ADMIN의 토큰 보유량을 조회할 수 있습니다.

```
$ node query.js
```

[그림 8.10] ADMIN 토큰 보유량 조회

30라인을 다음과 같이 수정한 후 호출하면 토큰 정보를 조회할 수 있습니다.

```
const result = await contract.evaluateTransaction('getTokenInfo', 'JeongTaePark');
```

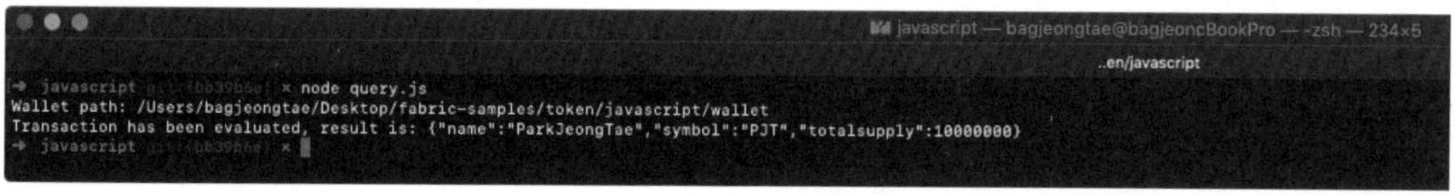

[그림 8.11] 토큰 정보 조회

invoke.js 작성

invoke.js도 query.js처럼 채널, 체인 코드, 함수 호출, 전달할 데이터만 변경한 후 호출하면 됩니다.

[코드 8-4] invoke.js	(token/javascript/invoke.js)

```javascript
1   const { FileSystemWallet, Gateway } = require('fabric-network');
2   const fs = require('fs');
3   const path = require('path');
4
5   const ccpPath = path.resolve(__dirname, '..', '..', 'basic-network', 'connection.json');
6   const ccpJSON = fs.readFileSync(ccpPath, 'utf8');
7   const ccp = JSON.parse(ccpJSON);
8
9   async function main() {
10      try {
11          const walletPath = path.join(process.cwd(), 'wallet');
12          const wallet = new FileSystemWallet(walletPath);
13          console.log(`Wallet path: ${walletPath}`);
14
15          const userExists = await wallet.exists('user1');
16          if (!userExists) {
17              console.log('An identity for the user "user1" does not exist in the wallet');
18              console.log('Run the registerUser.js application before retrying');
19              return;
20          }
21
22      const gateway = new Gateway();
23          await gateway.connect(ccp, { wallet, identity: 'user1', discovery: { enabled: false } });
24          const network = await gateway.getNetwork('mychannel');
25
```

```
26          const contract = network.getContract('token');

27

28          await contract.submitTransaction('transfer', 'ADMIN', 'a', '3000');

29          console.log('Transaction has been submitted');

30

31          await gateway.disconnect();

32

33      } catch (error) {

34          console.error(`Failed to submit transaction: ${error}`);

35          process.exit(1);

36      }

37  }

38  main();
```

해당 코드를 실행하면 ADMIN의 토큰을 a에게 전송합니다.

```
$ node invoke.js
```

[그림 8.12] 토큰 전송 완료

28라인을 다음과 같이 수정하여 실행하면 토큰을 소각할 수 있습니다.

```
await contract.submitTransaction('burn', 'ParkJeongTae', '10000');
```

[그림 8.13] 토큰 소각 완료

코드 수정 invoke.js를 실행한 후 query.js를 이용하여 토큰 정보와 ADMIN의 토큰 보유량을 조회하면 [그림 8.13]처럼 출력합니다.

fabric에서 제공하는 SDK를 이용하여 애플리케이션단에서 데이터를 조회, 트랜잭션을 발생하는 방법을 알아봤습니다. 그리고 Hyperledger Fabric 기반의 네트워크를 구축하고 체인 코드를 배포하여 애플리케이션에서 연동하여 사용하는 방법을 배워봤습니다.

## PART 9

이더리움 dApp 만들기

이더리움 기반의 dApp을 만들어 봅니다. html, css, javascript만을 이용한 dApp을 만들어 봄으로써 최소한의 코드로 dApp을 구축할 수 있습니다.

1 remix clone하기

지금까지 다뤄왔던 remix의 기본적인 형태를 만들어봄으로써 remix의 이해도와 이더리움의 이해도를 증가시킵니다.

1-1 html 레이아웃 설계

remix를 만들기 위해 필요한 주요 라이브러리는 jquery, web3.js, browser-solc, ethereumjs-tx입니다.

- **jquery**: javascript를 편리하게 사용 가능한 라이브러리
- **web3.js**: 이더리움에 접속하여 RPC 호출을 위한 라이브러리
- **browser-solc**: solidity 컴파일을 위한 라이브러리
- **ethereumjs-tx**: 트랜잭션 서명을 위한 라이브러리

[코드 9-1-1] 빈 script.js 파일　　　　　　　　(파일명: ./codes/ch/ch9/remix/script.js)

[코드 9-1-2] 필요 라이브러리 import　　　　　(파일명: ./codes/ch/ch9/remix/index.html)

```
 1  <html>
 2    <head>
 3      <title>remix clone</title>
 4      <script src="https://code.jquery.com/jquery-2.2.4.min.js"
 5  integrity="sha256-BbhdlvQf/xTY9gja0Dq3HiwQF8LaCRTXxZKRutelT44="
 6  crossorigin="anonymous"></script>
 7      <script src="https://cdn.jsdelivr.net/gh/ethereum/web3.js@1.0.0-beta.36/
 8  dist/web3.min.js"></script>
 9      <script src="http://code.dappbench.com/browser-solc.min.js" type="text/
10  javascript"></script>
11      <script src="https://cdn.jsdelivr.net/gh/ethereumjs/browser-builds/dist/
12  ethereumjs-tx/ethereumjs-tx-1.3.3.min.js"></script>
```

```
13      <script src="./script.js"></script>
14    </head>
15    <body>
16
17    </body>
18  </html>
```

[그림 9.1] [코드 9-1-2] 실행 결과

html 파일을 실행하면 브라우저창으로 실행 결과를 확인할 수 있습니다. body에 아무런 코드가 없기 때문에 아무것도 출력하지 않습니다.

head에서는 필요한 라이브러리와 script.js를 가져옵니다. script.js는 우리가 기능을 구현할 파일입니다.

```
1   <body>
2     <div id="code">
3       <textarea name="" id="" cols="100" rows="30"></textarea>
4     </div>
5
6     <div id="deploy">
7     <div>
8       <label for="">Private Key: </label>
9       <input type="text" id="private-key">
10    </div>
11    <div>
12      <label for="">Account  : </label>
13      <input type="text" id="account">
14    </div>
```

```
15    <div>
16      <label for="">Gas Limit  : </label>
17      <input type="text" id="gas-limit">
18    </div>
19    <div>
20      <label for="">Gas Price  : </label>
21      <input type="text" id="gas-price">
22    </div>
23
24      <button id="submit">deploy</button>
25    </div>
26  </body>
```

[그림 9.2] 레이아웃 생성

body에 코드를 작성하는 공간(textarea)과 트랜잭션 발생 시 필요한 정보를 입력할 수 있도록 input을 추가합니다.

[코드 9-1-3] 사용 변수 선언　　　　　　　　　(파일명: ./codes/ch/ch9/remix/script.js)

```
1  let web3;
2  let compierVersion;
3  let compiler;
```

사용할 변수를 선언합니다. web3 객체와 solidity 컴파일러 객체를 저장하는 변수입니다.

[코드 9-1-4] solidity 컴파일러 버전 가져오기　　　　(파일명: ./codes/ch/ch9/remix/script.js)

```
5   const getVersion = () => {
6     return new Promise((resolve, reject) => {
7       BrowserSolc.getVersions((allVersion, releaseVersion) => {
8         resolve(releaseVersion['0.5.7'])
9       })
10    })
11  }
```

BrowserSolc.getVersion을 하면 사용 가능한 솔리디티 컴파일러 버전을 오브젝트 형태로 전달합니다. BrowserSolc는 browser−solc.js 라이브러리를 head 태그에서 명시했기 때문에 사용가능합니다.

[코드 9-1-5] solidity 컴파일러 생성　　　　　　　(파일명: ./codes/ch/ch9/remix/script.js)

```
14  const getCompiler = async (version) => {
15    return new Promise((resolve, reject) => {
16      BrowserSolc.loadVersion(version, (compiler) => {
17        resolve(compiler)
18      });
19    })
20  }
```

getCompiler() 함수는 버전 인자를 받으면 해당 버전에 맞는 컴파일러를 가져옵니다.

[코드 9-1-6] 사용자에게 입력받은 데이터 받기　　　　(파일명: ./codes/ch/ch9/remix/script.js)

```
22  const getDeployInfo = () => (
```

```
24    {
25      code :$('#solidity').val(),
26      privateKey :$('#private-key').val(),
27      account :$('#account').val(),
28      gasPrice :$('#gas-price').val(),
28      gasLimit :$('#gas-limit').val()
29    }
30  )
```

getDeployInfo() 함수는 사용자에게 입력받은 input 태그의 값을 가져옵니다.

[코드 9-1-7] 트랜잭션 발생	(파일명: ./codes/ch/ch9/remix/script.js)

```
32  const send = (data, privateKey, account, gasPrice, gasLimit) => {
33    let gWei = 9
35    return new Promise(async (resolve, reject) => {
36      let nonce = await web3.eth.getTransactionCount(account, "pending");
37      let rawTx = {
38        nonce: nonce,
39        gas: '0x' + Math.abs(gasLimit).toString(16),
40        gasPrice: '0x' + Math.abs(gasPrice * (10 ** gWei)).toString(16),
41        data: data,
42        from: account
43      };
44
45      let tx = new ethereumjs.Tx(rawTx)
46      let pk = new ethereumjs.Buffer.Buffer(privateKey, 'hex')
47      tx.sign(pk)
48      let serializedTx = tx.serialize();
49
50      web3.eth.sendSignedTransaction('0x' + serializedTx.toString('hex'), (err, hash) => {
51        alert(`https://ropsten.etherscan.io/tx/${hash}`)
52        resolve(hash)
53      })
54    })
55  }
```

send() 함수는 트랜잭션을 발생합니다. 첫 번째 인자로 solidity에 대한 bytecode를 전달받고
개인키, 지갑 주소, 가스 가격, 가스 한도 순으로 전달받습니다.

nonce 값과 전달받은 bytecode를 이용하여 로우 트랜잭션 생성 후 개인키로 서명하여 sendSignedTransaction()을 이용하여 트랜잭션을 발생할 수 있습니다. 발생한 트랜잭션 해시 값은 콜백 함수로 사용자에게 알려줍니다.

[코드 9-1-8] 배포 버튼 클릭　　　　　　　　　　　　　**(파일명: ./codes/ch/ch9/remix/script.js)**

```
57  const deploy = async (compiler) => {
58    $("#submit").click(() => {
59      let {
60        code,
61        privateKey,
62        account,
63        gasPrice,
64        gasLimit,
65      } = getDeployInfo()
66      try{
67        let result = compiler.compile(code, 1)
68
69        let contractName = Object.keys(result.contracts).map(contractName => contractName)
70        contractName = contractName[0]
71        let bytecode = result.contracts[contractName].bytecode
72        let abi = result.contracts[contractName].interface
73        let opcode = result.contracts[contractName].opcode
74
75        const Contract = new web3.eth.Contract(JSON.parse(abi.toString()))
76
77        let deploy = Contract.deploy({
78          data: `0x${bytecode}`,
79          arguments: [1]
80        }).encodeABI()
81        send(deploy, privateKey, account, gasPrice, gasLimit)
82
83      } catch(err) {
84        console.log(err)
85      }
86
87    })
88  }
```

deploy() 함수는 배포 버튼을 누르면 발생할 이벤트를 정의합니다.

사용자에게 입력받은 데이터를 가져오고 solidity를 컴파일하여 bytecode로 변환하여 send() 함수를 호출합니다. send() 함수를 호출하면 트랜잭션을 발생합니다.

[코드 9-1-9] 함수 등록	(파일명: ./codes/ch/ch9/remix/script.js)

```
90  window.onload = async () => {
91    web3 = new Web3(new Web3.providers.HttpProvider("https://ropsten.infura.io"));
92    compierVersion = await getVersion()
93    compiler = await getCompiler(compierVersion)
94    deploy(compiler)
95  }
```

window.onload를 이용하여 웹 브라우저 로드 후 버튼에 이벤트와, web3 객체와 solidity 컴파일러 객체를 생성합니다. window.onload는 웹 브라우저의 모든 요소가 로드되면 실행합니다. web3.js는 ropsten 테스트 네트워크로 연결을 시도합니다.

[그림 9.3] 배포 준비 완료

index.html을 다시 실행한 후 [그림 9.3]처럼 solidity 코드와 각종 정보를 입력합니다. 배포 버튼을 누르면 입력한 solidity 코드를 컴파일하여 배포합니다.

[그림 9.4] 배포 완료

이더스캔 페이지 링크를 출력합니다.

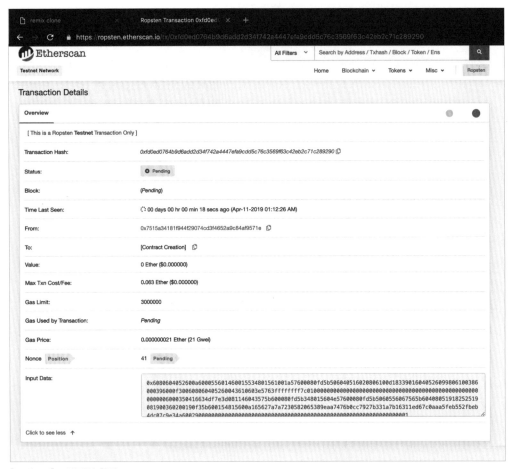

[그림 9.5] 트랜잭션 확인

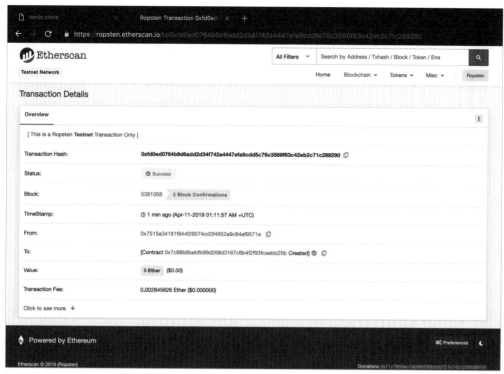

[그림 9.6] 트랜잭션 컨펌 완료

트랜잭션 발생을 확인하고 일정 시간이 지나면 스마트 컨트랙트 주소를 확인할 수 있습니다. 생성한 스마트 컨트랙트 주소(CA)는 트랜잭션의 **to**에 해당합니다.

1-3 html 레이아웃 꾸미기

css를 이용하여 html을 꾸밀 수 있습니다. css를 편하게 사용할 수 있는 부트스트랩을 이용해 보겠습니다.

```
1  <head>
2    <title>remix clone</title>
3    <script src="https://code.jquery.com/jquery-2.2.4.min.js"
4  integrity="sha256-BbhdlvQf/xTY9gja0Dq3HiwQF8LaCRTXxZKRutelT44="
5  crossorigin="anonymous"></script>
6    <script src="https://cdn.jsdelivr.net/gh/ethereum/web3.js@1.0.0-beta.36/
7  dist/web3.min.js"></script>
```

```
8    <script src="http://code.dappbench.com/browser-solc.min.js" type="text/
9    javascript"></script>
10   <script src="https://cdn.jsdelivr.net/gh/ethereumjs/browser-builds/dist/
11   ethereumjs-tx/ethereumjs-tx-1.3.3.min.js"></script>
12   <script src="./script.js"></script>
13
14   <!-- 합쳐지고 최소화된 최신 CSS -->
15   <link rel="stylesheet" href="https://maxcdn.bootstrapcdn.com/
16   bootstrap/3.3.2/css/bootstrap.min.css">
17   <!-- 부가적인 테마 -->
18   <link rel="stylesheet" href="https://maxcdn.bootstrapcdn.com/
19   bootstrap/3.3.2/css/bootstrap-theme.min.css">
20   <!-- 합쳐지고 최소화된 최신 자바스크립트 -->
21   <script src="https://maxcdn.bootstrapcdn.com/bootstrap/3.3.2/js/
22   bootstrap.min.js"></script>
23   </head>
```

부트스트랩을 사용하기 위해 link 3개를 추가합니다.

```
26   <body>
27     <div id="code">
28       <textarea name="solidity" id="solidity" class='form-control' cols="100"
29   rows="30" placeholder="여기에 코드를 작성하세요!!"></textarea>
30     </div>
31
32     <div id="deploy" style="margin-top:20px;">
33
34       <div class='input-group'>
35         <span class="input-group-addon" id="basic-addon1">Private Key:</span>
36         <input type="text" class="form-control" placeholder="52CF1A30CD0E6F0F
37   EF16590DD1A042D236257331182365E14186156745CDCF91" aria-describedby="basic-
38   addon1" id="private-key" value="">
39       </div>
40       <div class='input-group'>
41         <span class="input-group-addon" id="basic-addon1">Account  : </span>
42         <input type="text" class="form-control" placeholder="0x7515a34181F94
43   4f29074cd3F4652a9C84af9571E" aria-describedby="basic-addon1" id="account"
44   value="">
```

```
45        </div>
46        <div class='input-group'>
47          <span class="input-group-addon" id="basic-addon1">Gas Limit   : </span>
48          <input type="text" class="form-control" placeholder="3000000" aria-
49     describedby="basic-addon1" id="gas-limit" value=3000000>
50        </div>
51        <div class='input-group'>
52          <span class="input-group-addon" id="basic-addon1">Gas Price   : </span>
53          <input type="text" class="form-control" placeholder="gas-price" aria-
54     describedby="basic-addon1" id="gas-price" value=21>
55          <span class="input-group-addon">000000000</span>
56        </div>
57
58        <div class="btn-group btn-group-justified" role="group" style="margin-top:20px;">
59          <div class="btn-group" role="group">
60            <button type="button" id="submit" class="btn btn-default" aria-
61     label="Left Align">
62              <span class="glyphicon glyphicon-cloud-upload" aria-
63     hidden="true"> 배포</span>
64            </button>
65          </div>
66        </div>
67      </div>
68
69    </body>
```

부트스트랩에서 제공하는 태그의 속성을 이용하면 꾸밀 수 있습니다.

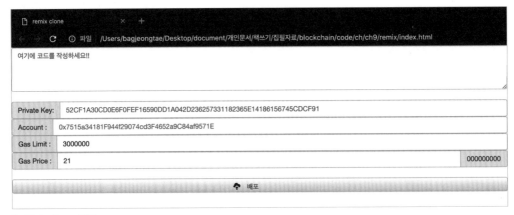

[그림 9.7] css 적용

css를 적용하지 않았을 때보다 훨씬 보기 좋아졌습니다. 반응형을 지원하므로 브라우저 크기가 줄어들더라도 깨지지 않습니다.

[그림 9.8] css 적용 - 반응형

브라우저 크기를 줄여도 그대로 유지합니다.

2 지갑(wallet 만들기)

두 번째 프로젝트로 지갑을 만들어 봅니다. 지갑 생성, 전송 기능을 구현합니다.

2-1 html 레이아웃 설계

지갑을 만들기 위해 필요한 주요 라이브러리는 jquery, web3.js, ethereumjs−tx입니다.

- **jquery**: javascript를 편리하게 사용 가능한 라이브러리
- **web3.js**: 이더리움에 접속하여 RPC 호출을 위한 라이브러리
- **ethereumjs−tx**: 트랜잭션 서명을 위한 라이브러리

[코드 9-2-1] 빈 script.js 파일　　　　　　　　　　　**(파일명:** ./codes/ch/ch9/wallet/script.js**)**

[코드 9-2-2] remix 라이브러리 import　　　　　　**(파일명:** ./codes/ch/ch9/wallet/index.html**)**

```
1  <html>
2    <head>
3      <title>remix clone</title>
4      <script src="https://code.jquery.com/jquery-2.2.4.min.js"
5  integrity="sha256-BbhdlvQf/xTY9gja0Dq3HiwQF8LaCRTXxZKRutelT44="
6  crossorigin="anonymous"></script>
7      <script src="https://cdn.jsdelivr.net/gh/ethereum/web3.js@1.0.0-
8  beta.36/dist/web3.min.js"></script>
9      <script src="https://cdn.jsdelivr.net/gh/ethereumjs/browser-builds/
10 dist/ethereumjs-tx/ethereumjs-tx-1.3.3.min.js"></script>
11
12     <script src="./script.js"></script>
13   </head>
14   <body>
15
16   </body>
17 </html>
```

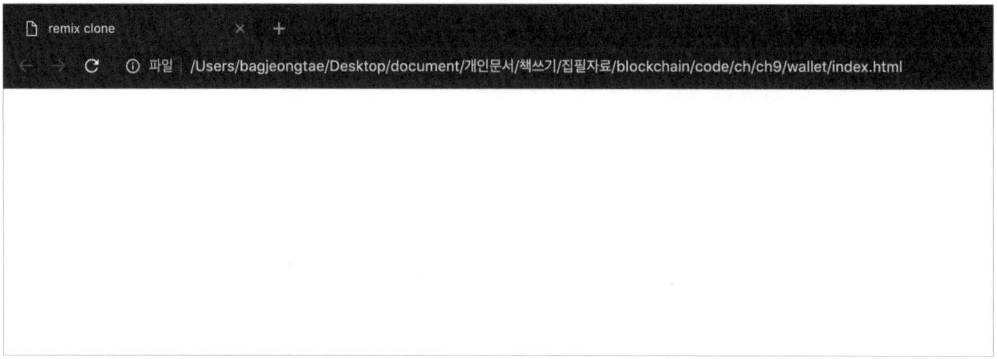

[그림 9.9] [코드 9-2-2] 실행 결과

html 파일을 실행하면 브라우저창으로 실행 결과를 확인할 수 있습니다. body에 아무런 코드가 없기 때문에 아무것도 출력하지 않습니다. head에서는 필요한 라이브러리와 script.js를 가져옵니다. script.js는 우리가 기능을 구현할 파일입니다.

```
1   <div id="send-info">
2     <div>
3       <label for="">From Private Key</label>
4       <input type="text" id="from-private-key">
5     </div>
6     <div>
7       <label for="">From Account</label>
8       <input type="text" id="from-account">
9     </div>
10    <div>
11      <label for="">To Account</label>
12      <input type="text" id="to-account">
13    </div>
14    <div>
15      <label for="">value</label>
16      <input type="text" id="value">
17    </div>
18    <div>
19      <label for="">gas price(fee)</label>
20      <input type="text" id="gas-price">
21    </div>
22  </div>
```

```
23
24  <div id="btn" >
25    <button id="submit">전송</button>
26    <button id="create-wallet">지갑 생성</button>
27  </div>
```

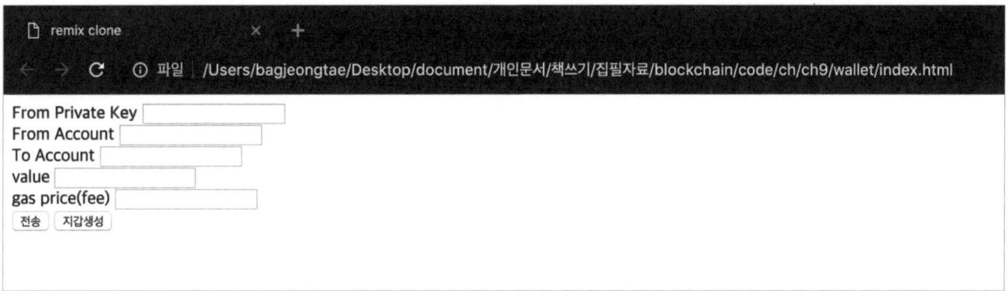

[그림 9.10] 지갑 레이아웃 생성

body에 전송하기 위해 사용자로부터 데이터를 받는 부분을 구현합니다. script.js에 트랜잭션을
발생하여 전송하고, 지갑 생성 버튼 클릭 시 지갑을 만드는 기능을 넣어줍니다.

2-2 기능 구현

[코드 9-2-3] 사용 변수 선언   (파일명: ./codes/ch/ch9/wallet/script.js)

```
1  let web3;
```

[코드 9-2-4] 사용자에게 입력받은 데이터 가져오기   (파일명: ./codes/ch/ch9/wallet/script.js)

```
3   const getInfo = () => (
4     {
5       fromPrivateKey: $('#from-private-key').val(),
6       fromAccount: $('#from-account').val(),
7       toAccount: $('#to-account').val(),
8       value: $('#value').val(),
9       gasPrice: $('#gas-price').val()
10    }
11  )
```

getInfo() 함수는 사용자에게 입력받은 데이터를 가져오는 함수입니다.

[코드 9-2-5] 지갑 주소 생성 (파일명: ./codes/ch/ch9/wallet/script.js)

```javascript
19  const createWallet = () => {
20    $('#create-wallet').click(() => {
21      let createdAccount = web3.eth.accounts.create()
22      console.log(createdAccount)
23      alert(`
24        지갑 생성 완료!
25        Private Key: ${createdAccount.privateKey}
26        account: ${createdAccount.address}
27      `)
28      // keystore 생성: web3.eth.accounts.encrypt("PRIVATE", 'PASSWORD')
29      // keystore 복구 web3.eth.accounts.encrypt("키스토어 내용", 'PASSWORD')
30    })
31  }
```

createWallet() 함수는 생성된 개인키와 지갑 주소를 출력하는 함수입니다.

28, 29라인처럼 지갑을 생성하면 키스토어 파일을 생성하거나 키스토어 파일로부터 개인키를 가져올 수 있습니다.

[코드 9-2-6] 이더리움 코인 전송 (파일명: ./codes/ch/ch9/wallet/script.js)

```javascript
1   const sendTransaction = () => {
2     const gasLimit = 21000
3     const gWei = 9
4     $('#submit').click( async () => {
5       const {
6         fromPrivateKey,
7         fromAccount,
8         toAccount,
9         value,
10        gasPrice
11      } = getInfo()
12
13      let nonce = await web3.eth.getTransactionCount(fromAccount, "pending");
14
15      let rawTx = {
```

```
16        nonce: nonce,
17        gas: web3.utils.toHex(gasLimit),
18        gasPrice: web3.utils.toHex(gasPrice * (10 ** gWei)),
19        from: fromAccount,
20        to: toAccount,
21        value: web3.utils.toHex(web3.utils.toWei(value, 'ether')),
22        data: ''
23      };
24      let tx = new ethereumjs.Tx(rawTx)
25      let pk = new ethereumjs.Buffer.Buffer(fromPrivateKey, 'hex')
26
27      tx.sign(pk)
28      let serializedTx = tx.serialize();
29
30      web3.eth.sendSignedTransaction('0x' + serializedTx.toString('hex'), (err, hash) => {
31        alert(`https://ropsten.etherscan.io/tx/${hash}`)
32      })
33    })
34  }
```

sendTransaction() 함수는 트랜잭션을 발생하여 이더리움을 전송합니다. 여기서 중요한 점은 value를 만드는 부분입니다. web3의 utils을 이용하면 integer(10 진수)를 hex(16 진수)로 변환 가능하고 WEI를 ETHER 단위로 쉽게 변환해줍니다.

[코드 9-2-7] 함수 등록   (파일명: ./codes/ch/ch9/remix/script.js)

```
1  window.onload = async () => {
2    web3 = new Web3(new Web3.providers.HttpProvider("https://ropsten.infura.io"));
3    sendTransaction()
4    createWallet()
5  }
```

[코드 9-2-5]와 [코드 9-2-6]을 window.onload에 등록합니다. window.onload는 html 로드를 완료하면 실행합니다.

[그림 9.11] 전송 준비 완료

[그림 9.12] 전송 완료

트랜잭션을 발생하면 트랜잭션 조회할 수 있는 링크를 알려줍니다.

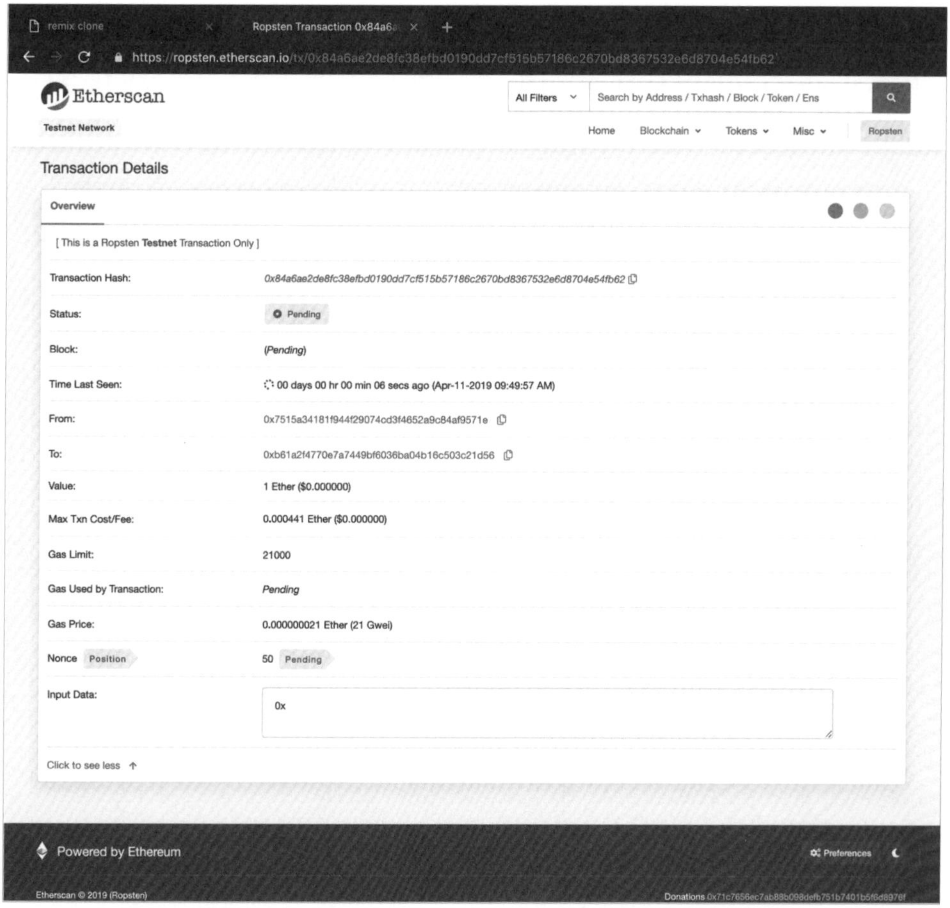

[그림 9.13] 트랜잭션 확인

[그림 9.12]에서 출력한 링크로 이동하면 [그림 9.13]처럼 트랜잭션을 조회할 수 있습니다. 지갑
생성 버튼을 누르면 개인키와 지갑 주소를 알려줍니다.

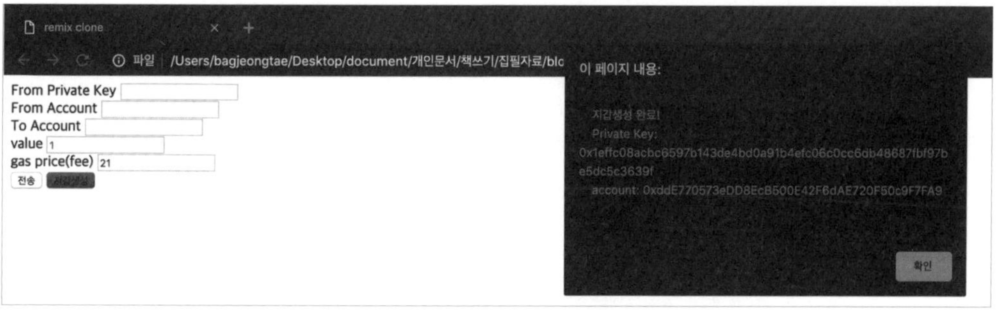

[그림 9.14] 지갑 생성

2-3 html 레이아웃 꾸미기

css를 이용하여 html을 꾸밀 수 있습니다. 앞에서 사용했던 것처럼 css를 편하게 사용할 수 있는 부트스트랩을 이용해 보겠습니다.

```
1  <head>
2    <title>remix clone</title>
3    <script src="https://code.jquery.com/jquery-2.2.4.min.js"
4  integrity="sha256-BbhdlvQf/xTY9gja0Dq3HiwQF8LaCRTXxZKRutelT44="
5  crossorigin="anonymous"></script>
6    <script src="https://cdn.jsdelivr.net/gh/ethereum/web3.js@1.0.0-beta.36/
7  dist/web3.min.js"></script>
8    <script src="https://cdn.jsdelivr.net/gh/ethereumjs/browser-builds/dist/
9  ethereumjs-tx/ethereumjs-tx-1.3.3.min.js"></script>
10   <script src="./script.js"></script>
11
12   <!-- 합쳐지고 최소화된 최신 CSS -->
13   <link rel="stylesheet" href="https://maxcdn.bootstrapcdn.com/
14  bootstrap/3.3.2/css/bootstrap.min.css">
15   <!-- 부가적인 테마 -->
16   <link rel="stylesheet" href="https://maxcdn.bootstrapcdn.com/
17  bootstrap/3.3.2/css/bootstrap-theme.min.css">
18   <!-- 합쳐지고 최소화된 최신 자바스크립트 -->
19   <script src="https://maxcdn.bootstrapcdn.com/bootstrap/3.3.2/js/
20  bootstrap.min.js"></script>
21  </head>
```

부트스트랩을 사용하기 위해 link 3개를 추가합니다.

```
23  <body>
24    <div id="send-info">
25      <div class='input-group'>
26        <span class="input-group-addon" id="basic-addon1">From Private Key</span>
27        <input type="text" class="form-control" id="from-private-key" value="">
28      </div>
29      <div class='input-group'>
30        <span class="input-group-addon" id="basic-addon1">From Account</span>
31        <input type="text" class="form-control" id="from-account"value="">
```

```
32        </div>
33        <div class='input-group'>
34          <span class="input-group-addon" id="basic-addon1">To Account</span>
35          <input type="text" class="form-control" id="to-account"value="">
36        </div>
37        <div class='input-group'>
38          <span class="input-group-addon" id="basic-addon1">value</span>
39          <input type="text" class="form-control" id="value" placeholder="1" value="1">
40        </div>
41        <div class='input-group'>
42          <span class="input-group-addon" id="basic-addon1">gas price(fee)</span>
43          <input type="text" class="form-control" id="gas-price" value="21">
44        </div>
45      </div>
46
47      <div class="btn-group btn-group-justified" role="group" style="margin-top:20px;">
48        <div class="btn-group" role="group">
49          <button type="button" class="btn btn-default" aria-label="Left Align" id="submit">
50              <span class="glyphicon glyphicon-cloud-upload" aria-
51  hidden="true"> 배포</span>
52          </button>
53        </div>
54      </div>
55
56      <div class="btn-group btn-group-justified" role="group" style="margin-
57  top:20px;">
58        <div class="btn-group" role="group">
59          <button type="button" class="btn btn-default" aria-label="Left Align"
60  id="create-wallet">
61              <span class="glyphicon glyphicon-cloud-upload" aria-
62  hidden="true"> 지갑 생성</span>
63          </button>
64        </div>
65      </div>
66
67  </body>
```

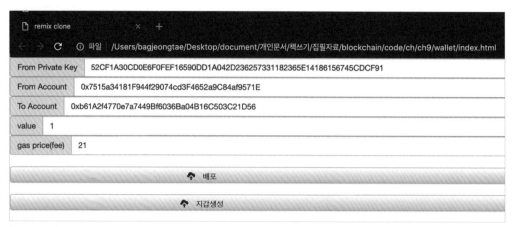

[그림 9.15] css 적용

remix clone 프로젝트와 비슷한 형태로 css를 적용했습니다.

## PART 10

Hyperledger Fabric
비즈니스 모델 구축

Hyperledger Fabric을 실제 기관/조직에서 사용하기 위한 모델을 구축합니다. 두 개 이상의 채널로 기관/조직의 비즈니스 모델을 구축합니다. 기관/조직은 각자의 API 서버를 통해 블록체인 기반 시스템을 만드는 방법을 다룹니다. 이 책에서 제공하는 샘플 코드를 받아 진행합니다.

1 멀티 채널링을 통한 서비스 제공

다수의 기관/조직이 참가하는 시스템의 경우 하나의 채널로 운용하기엔 어려움이 있을 수 있습니다. 다수의 조직/채널을 운용하는 방법을 다룹니다.

1-1 노드 구성

2개의 조직, 채널을 구축합니다.

채널 2개	− test1 − test2
기관/조직 2개	− org1(test1, test2 채널 가입) − org2(test1 채널 가입)
피어 4개	− peer0.org1 − peer1.org1 − peer0.org2 − peer1.org2
인증 노드 2개	− ca1(peer0.org1) − ca2(peer0.org2)
API 서버 2개	− org1(test1, test2)용 API − org2(test1)용 API

1-2 설정 파일

crypto−config.yaml, configtx.yaml으로 인증서, genesis block, channel, anchor 파일 생성을 합니다.

[코드 10-1-1] 설정 파일
(파일명: ./codes/ch/ch10/certificateMultiChanneling/network/crypto−config.yaml)

```
1  OrdererOrgs:
2   - Name: Orderer
```

```
 3      Domain: example.com
 4      Specs:
 5        - Hostname: orderer
 6
 7   PeerOrgs:
 8
 9    - Name: Org1
10      Domain: org1.example.com
11      EnableNodeOUs: true
12
13      Template:
14        Count: 2
15      Users:
16        Count: 1
17
18    - Name: Org2
19      Domain: org2.example.com
20      EnableNodeOUs: true
21      Template:
22        Count: 2
23      Users:
24        Count: 1
```

[코드 10-1-2] 설정 파일 (파일명: ./codes/ch/ch10/certificateMultiChanneling/network/configtx.yaml)

```
 1   Organizations:
 2    - &OrdererOrg
 3        Name: OrdererOrg
 4        ID: OrdererMSP
 5        MSPDir: crypto-config/ordererOrganizations/example.com/msp
 6    - &Org1
 7        Name: Org1MSP
 8        ID: Org1MSP
 9       MSPDir: crypto-config/peerOrganizations/org1.example.com/msp
10        AnchorPeers:
11           - Host: peer0.org1.example.com
12             Port: 7051
```

```
13      - &Org2
14          Name: Org2MSP
15          ID: Org2MSP
16          MSPDir: crypto-config/peerOrganizations/org2.example.com/msp
17          AnchorPeers:
18              - Host: peer0.org2.example.com
19                Port: 7051
20
21  Orderer: &OrdererDefaults
22      OrdererType: solo
23      Addresses:
24          - orderer.example.com:7050
25      BatchTimeout: 2s
26      BatchSize:
27          MaxMessageCount: 10
28          AbsoluteMaxBytes: 99 MB
29          PreferredMaxBytes: 512 KB
30      Kafka:
31          Brokers:
32              - 127.0.0.1:9092
33      Organizations:
34
35  Application: &ApplicationDefaults
36      Organizations:
37
38  Capabilities:
39      Global: &ChannelCapabilities
40          V1_1: true
41      Orderer: &OrdererCapabilities
42          V1_1: true
43      Application: &ApplicationCapabilities
44          V1_1: true
45
46  Profiles:
47      TwoOrgsOrdererGenesis:
48          Capabilities:
49              <<: *ChannelCapabilities
50          Orderer:
```

```
51              <<: *OrdererDefaults
52              Organizations:
53                  - *OrdererOrg
54              Capabilities:
55                  <<: *OrdererCapabilities
56          Consortiums:
57              SampleConsortium:
58                  Organizations:
59                      - *Org1
60                      - *Org2
61      TwoOrgsChannel1:
62          Consortium: SampleConsortium
63          Application:
64              <<: *ApplicationDefaults
65              Organizations:
66                  - *Org1
67                  - *Org2
68              Capabilities:
69                  <<: *ApplicationCapabilities
70      TwoOrgsChannel2:
71          Consortium: SampleConsortium
72          Application:
73              <<: *ApplicationDefaults
74              Organizations:
75                  - *Org1
76              Capabilities:
77                  <<: *ApplicationCapabilities
```

profiles에는 orderer 노드에 각 기관/조직에서 앵커 피어가 될 피어와 채널에 가입할 기관/조직을 명시합니다. profiles에서 TwoOrgsChannel1과 TwoOrgsChannel2를 통해 test1, test2 채널을 만듭니다.

1-2-1 인증서 파일 생성

cryptogen을 이용하여 인증서 파일을 저장할 crypto-config 디렉터리를 생성합니다.

```
$ cd certificateMultiChanneling/network
```

```
$ cryptogen generate --config=./crypto-config.yaml
```

1-2-2 genesis block 생성

configtxgen을 이용하여 channel−artifacts 디렉터리에 genesis.block을 생성합니다.

```
$ export FABRIC_CFG_PATH=$PWD
$ configtxgen -profile TwoOrgsOrdererGenesis -outputBlock ./channel-artifacts/genesis.block
```

1-2-3 채널 구성 트랜잭션 생성

configtxgen을 이용하여 channel−artifacts 디렉터리에 test1.tx, test2.tx을 생성합니다.

- **test1**

```
$ export CHANNEL_NAME=test1
$ configtxgen -profile TwoOrgsChannel1 -outputCreateChannelTx ./channel-
artifacts/test1.tx -channelID $CHANNEL_NAME
```

- **test2**

```
$ export CHANNEL_NAME=test2
$ configtxgen -profile TwoOrgsChannel2 -outputCreateChannelTx ./channel-
artifacts/test2.tx -channelID $CHANNEL_NAME
```

1-2-4 앵커 피어 생성

configtxgen을 이용하여 channel−artifacts 디렉터리에 Org1MSPanchors_ch_test1.tx, Org2MSPanchors_ch_test1.tx, Org1MSPanchors_ch_test2.tx을 생성합니다. 앵커 피어는 채널과 조직에 따라 생성합니다.

- **test1** 채널 − **org1** 앵커 피어

```
$ configtxgen -profile TwoOrgsChannel1 -outputAnchorPeersUpdate ./channel-
artifacts/Org1MSPanchors_ch_test1.tx -channelID test1 -asOrg Org1MSP
```

- **test1 채널 − org2 앵커 피어**

```
$ configtxgen -profile TwoOrgsChannel1 -outputAnchorPeersUpdate ./channel-
artifacts/Org2MSPanchors_ch_test1.tx -channelID test1 -asOrg Org2MSP
```

- **test2 채널 − org1 앵커 피어**

```
$ configtxgen -profile TwoOrgsChannel2 -outputAnchorPeersUpdate ./channel-
artifacts/Org1MSPanchors_ch_test2.tx -channelID test2 -asOrg Org1MSP
```

`1-2-5` 생성한 파일 확인

```
$ cd channel-artifacts/
$ ls -ahl
total 72
drwxr-xr-x    9 bagjeongtae   staff    288B  4 12 08:18 .
drwxr-xr-x   15 bagjeongtae   staff    480B  4 12 07:47 ..
-rw-r--r--    1 bagjeongtae   staff      0B  4 12 07:47 .gitkeep
-rw-r--r--    1 bagjeongtae   staff    276B  4 12 08:17 Org1MSPanchors_ch_test1.tx
-rw-r--r--    1 bagjeongtae   staff    276B  4 12 08:18 Org1MSPanchors_ch_test2.tx
-rw-r--r--    1 bagjeongtae   staff    276B  4 12 08:18 Org2MSPanchors_ch_test1.tx
-rw-r--r--    1 bagjeongtae   staff     13K  4 12 08:15 genesis.block
-rw-r--r--    1 bagjeongtae   staff    338B  4 12 08:15 test1.tx
-rw-r--r--    1 bagjeongtae   staff    312B  4 12 08:16 test2.tx
```

`1-3` 네트워크 구동

`1-3-1` CA 노드 설정

노드를 구동할 docker−compose−cli.yaml의 내용 일부를 편집합니다.

```
1  ca.org1.example.com:
2      image: hyperledger/fabric-ca
3      environment:
4        - FABRIC_CA_HOME=/etc/hyperledger/fabric-ca-server
```

```
 5          - FABRIC_CA_SERVER_CA_NAME=ca.org1.example.com
 6          - FABRIC_CA_SERVER_CA_CERTFILE=/etc/hyperledger/fabric-ca-server-
 7    config/ca.org1.example.com-cert.pem
 8          - FABRIC_CA_SERVER_CA_KEYFILE=/etc/hyperledger/fabric-ca-server-config/*_sk
 9      ports:
10        - "7054:7054"
11      command: sh -c 'fabric-ca-server start -b admin:adminpw -d'
12      volumes:
13        - ./crypto-config/peerOrganizations/org1.example.com/ca/:/etc/
14    hyperledger/fabric-ca-server-config
15      container_name: ca.org1.example.com
16      networks:
17        - byfn
18
19    ca.org2.example.com:
20      image: hyperledger/fabric-ca
21      environment:
22        - FABRIC_CA_HOME=/etc/hyperledger/fabric-ca-server
23        - FABRIC_CA_SERVER_CA_NAME=ca.org2.example.com
24        - FABRIC_CA_SERVER_CA_CERTFILE=/etc/hyperledger/fabric-ca-server-
25    config/ca.org2.example.com-cert.pem
26        - FABRIC_CA_SERVER_CA_KEYFILE=/etc/hyperledger/fabric-ca-server-config/*_sk
27      ports:
28        - "8054:7054"
29      command: sh -c 'fabric-ca-server start -b admin:adminpw -d'
30      volumes:
31        - ./crypto-config/peerOrganizations/org2.example.com/ca/:/etc/
32    hyperledger/fabric-ca-server-config
33      container_name: ca.org2.example.com
34      networks:
35        - byfn
```

도커컴포즈 파일을 확인하면 노드를 구동하기 위한 세팅이 되어 있습니다. 하지만 CA 노드
는 인증서에 따라 바뀌어야 하므로 인증서 부분만 수정합니다. CA의 환경변수 설정을 보면
FABRIC_CA_SERVER_CA_KEYFILE이 있습니다. 이부분의 마지막 경로 *_sk를 각 기관의 특
정 피어의 인증서로 넣어줍니다.

```
$ tree crypto-config/peerOrganizations/org1.example.com/ca
crypto-config/peerOrganizations/org1.example.com/ca
├── 702e47f6c0a1509053e453263e6233dc9cd6aa7ad21b6c53ba34b328a01170cd_sk
└── ca.org1.example.com-cert.pem

0 directories, 2 files

$ tree crypto-config/peerOrganizations/org2.example.com/ca
crypto-config/peerOrganizations/org2.example.com/ca
├── 7364b9ab9ecadd75a35690e9559a21524b0376bcd5a2c38c5a919efb6e87cbf6_sk
└── ca.org2.example.com-cert.pem

0 directories, 2 files
```

이 책에서는 70⋯_sk와 73⋯_sk로 수정합니다. 해당 내용은 인증서를 생성할 때마다 내용이 다릅니다. CA 노드는 기관/조직마다 설치합니다. 노드를 구동하기 위한 인증서 생성, 설정을 완료했습니다.

1-3-2 네트워크 구동

d 옵션을 준다면 백그라운드 모드로 구동합니다. 하지만 개발 환경에서는 디버깅을 위해 로그를 실시간으로 확인하는 것이 좋습니다.

- 노드 구동

```
$ docker-compose -f docker-compose-cli.yaml up
```

패브릭 기반으로 인프라를 구축할 때 각 노드를 직접 들어가지 않고 cli를 통해 제어합니다. cli에서 제어할 땐 어느 서버에 명령을 전달할지 알아야 하기 때문에 환경변수를 매번 바꿔서 사용합니다.

- 제어 서버 접속

```
$ docker exec -it cli /bin/bash
```

이제부터는 cli에 접속하여 네트워크 구축 작업을 합니다. docker-compose-cli.yaml에서 channel-artifacts와 crypto-config를 volume으로 공유를 했기 때문에 설정 파일들을 cli 컨테이너에서 사용하여 각 노드들을 참가하고 제어할 수 있습니다.

```
$ ls
channel-artifacts/  crypto/  scripts/
```

• **test1** 채널 생성

```
$ export CHANNEL_NAME=test1
$ peer channel create -o orderer.example.com:7050 -c test1 -f ./channel-
artifacts/test1.tx
```

• **test2** 채널 생성

```
$ export CHANNEL_NAME=test2
$ peer channel create -o orderer.example.com:7050 -c test2 -f ./channel-
artifacts/test2.tx
```

• 채널 생성 확인

```
$ ls -ahl
total 36K
drwxr-xr-x  5 root root 4.0K Apr 11 23:36 .
drwxr-xr-x  3 root root 4.0K Apr 11 23:31 ..
drwxr-xr-x  9 root root  288 Apr 11 23:18 channel-artifacts
drwxr-xr-x  5 root root  160 Apr 11 23:12 crypto
drwxr-xr-x 10 root root  320 Apr 11 22:47 scripts
-rw-r--r--  1 root root  16K Apr 11 23:36 test1.block
-rw-r--r--  1 root root  12K Apr 11 23:36 test2.block
```

volume으로 공유한 채널 파일(test1.tx, test2.tx)을 이용하여 block 파일로 만들어 줍니다.

1-5 채널 참가

test1.block, test2.block을 이용하여 피어들을 채널에 참가합니다.

- **peer0.org1 − test1, test2 채널 참가**

```
$ CORE_PEER_MSPCONFIGPATH=/opt/gopath/src/github.com/hyperledger/fabric/peer/
crypto/peerOrganizations/org1.example.com/users/Admin@org1.example.com/msp

$ CORE_PEER_ADDRESS=peer0.org1.example.com:7051

$ CORE_PEER_LOCALMSPID="Org1MSP"

$ CORE_PEER_TLS_ROOTCERT_FILE=/opt/gopath/src/github.com/hyperledger/fabric/
peer/crypto/peerOrganizations/org1.example.com/peers/peer0.org1.example.com/
tls/ca.crt

$ peer channel join -b test1.block
$ peer channel join -b test2.block
```

- **peer1.org1 − test1, test2 채널 참가**

```
$ CORE_PEER_MSPCONFIGPATH=/opt/gopath/src/github.com/hyperledger/fabric/peer/
crypto/peerOrganizations/org1.example.com/users/Admin@org1.example.com/msp

$ CORE_PEER_ADDRESS=peer1.org1.example.com:7051

$ CORE_PEER_LOCALMSPID="Org1MSP"

$ CORE_PEER_TLS_ROOTCERT_FILE=/opt/gopath/src/github.com/hyperledger/fabric/
peer/crypto/peerOrganizations/org1.example.com/peers/peer1.org1.example.com/
tls/ca.crt

$ peer channel join -b test1.block
$ peer channel join -b test2.block
```

- **peer0.org2 − test1 채널 참가**

```
$ CORE_PEER_MSPCONFIGPATH=/opt/gopath/src/github.com/hyperledger/fabric/peer/
crypto/peerOrganizations/org2.example.com/users/Admin@org2.example.com/msp

$ CORE_PEER_ADDRESS=peer0.org2.example.com:7051
```

```
$ CORE_PEER_LOCALMSPID="Org2MSP"

$ CORE_PEER_TLS_ROOTCERT_FILE=/opt/gopath/src/github.com/hyperledger/fabric/
peer/crypto/peerOrganizations/org2.example.com/peers/peer0.org2.example.com/
tls/ca.crt

$ peer channel join -b test1.block
```

- **peer1.org2 − test1 채널 참가**

```
$ CORE_PEER_MSPCONFIGPATH=/opt/gopath/src/github.com/hyperledger/fabric/peer/
crypto/peerOrganizations/org2.example.com/users/Admin@org2.example.com/msp

$ CORE_PEER_ADDRESS=peer1.org2.example.com:7051

$ CORE_PEER_LOCALMSPID="Org2MSP"

$ CORE_PEER_TLS_ROOTCERT_FILE=/opt/gopath/src/github.com/hyperledger/fabric/
peer/crypto/peerOrganizations/org2.example.com/peers/peer1.org2.example.com/
tls/ca.crt

$ peer channel join -b test1.block
```

1-6 앵커 피어 설정

- **test1 채널 − peer0.org1 앵커 피어 설정**

```
$ export CHANNEL_NAME=test1

$ CORE_PEER_MSPCONFIGPATH=/opt/gopath/src/github.com/hyperledger/fabric/peer/
crypto/peerOrganizations/org1.example.com/users/Admin@org1.example.com/msp
CORE_PEER_ADDRESS=peer0.org1.example.com:7051 CORE_PEER_LOCALMSPID="Org1MSP"
CORE_PEER_TLS_ROOTCERT_FILE=/opt/gopath/src/github.com/hyperledger/fabric/peer/
crypto/peerOrganizations/org1.example.com/peers/peer0.org1.example.com/tls/
ca.crt peer channel update -o orderer.example.com:7050 -c $CHANNEL_NAME -f ./
channel-artifacts/Org1MSPanchors_ch_test1.tx
```

- **test1 채널 – peer0.org2 앵커 피어 설정**

```
$ export CHANNEL_NAME=test1

$ CORE_PEER_MSPCONFIGPATH=/opt/gopath/src/github.com/hyperledger/fabric/peer/
crypto/peerOrganizations/org2.example.com/users/Admin@org2.example.com/msp
CORE_PEER_ADDRESS=peer0.org2.example.com:7051 CORE_PEER_LOCALMSPID="Org2MSP"
CORE_PEER_TLS_ROOTCERT_FILE=/opt/gopath/src/github.com/hyperledger/fabric/peer/
crypto/peerOrganizations/org2.example.com/peers/peer0.org2.example.com/tls/
ca.crt peer channel update -o orderer.example.com:7050 -c $CHANNEL_NAME -f ./
channel-artifacts/Org2MSPanchors_ch_test1.tx
```

- **test2 채널 – peer0.org1 앵커 피어 설정**

```
$ export CHANNEL_NAME=test2

$ CORE_PEER_MSPCONFIGPATH=/opt/gopath/src/github.com/hyperledger/fabric/peer/
crypto/peerOrganizations/org1.example.com/users/Admin@org1.example.com/msp
CORE_PEER_ADDRESS=peer0.org1.example.com:7051 CORE_PEER_LOCALMSPID="Org1MSP"
CORE_PEER_TLS_ROOTCERT_FILE=/opt/gopath/src/github.com/hyperledger/fabric/peer/
crypto/peerOrganizations/org1.example.com/peers/peer0.org1.example.com/tls/
ca.crt peer channel update -o orderer.example.com:7050 -c $CHANNEL_NAME -f ./
channel-artifacts/Org1MSPanchors_ch_test2.tx
```

채널 생성 및 노드 구성이 끝났습니다.

2 체인 코드 설치/배포(cli에서 작업)

체인 코드 설치/배포도 마찬가지로 cli 컨테이너에서 각 피어들 정보로 환경변수를 설정하고 설치/배포합니다.

2-1 test1채널 체인 코드 설치/배포

● **test1 채널 – peer0.org1**에 체인 코드 설치

```
$ CORE_PEER_MSPCONFIGPATH=/opt/gopath/src/github.com/hyperledger/fabric/peer/
crypto/peerOrganizations/org1.example.com/users/Admin@org1.example.com/msp

$ CORE_PEER_ADDRESS=peer0.org1.example.com:7051

$ CORE_PEER_LOCALMSPID="Org1MSP"

$ CORE_PEER_TLS_ROOTCERT_FILE=/opt/gopath/src/github.com/hyperledger/fabric/
peer/crypto/peerOrganizations/org1.example.com/peers/peer0.org1.example.com/
tls/ca.crt

$ peer chaincode install -n mycc -v 1.0 -p github.com/chaincode/chaincode_
example02/go
```

n은 체인 코드 이름, v는 체인 코드 버전, l(L)은 체인 코드 개발 언어, p는 체인 코드 경로입니다.

● **test1 채널 – peer1.org1**에 체인 코드 설치

```
$ CORE_PEER_MSPCONFIGPATH=/opt/gopath/src/github.com/hyperledger/fabric/peer/
crypto/peerOrganizations/org1.example.com/users/Admin@org1.example.com/msp

$ CORE_PEER_ADDRESS=peer1.org1.example.com:7051

$ CORE_PEER_LOCALMSPID="Org1MSP"
```

```
$ CORE_PEER_TLS_ROOTCERT_FILE=/opt/gopath/src/github.com/hyperledger/fabric/
peer/crypto/peerOrganizations/org1.example.com/peers/peer1.org1.example.com/
tls/ca.crt

$ peer chaincode install -n mycc -v 1.0 -p github.com/chaincode/chaincode_
example02/go
```

- **test1 채널 − peer0.org2에 체인 코드 설치**

```
$ CORE_PEER_MSPCONFIGPATH=/opt/gopath/src/github.com/hyperledger/fabric/peer/
crypto/peerOrganizations/org2.example.com/users/Admin@org2.example.com/msp

$ CORE_PEER_ADDRESS=peer0.org2.example.com:7051

$ CORE_PEER_LOCALMSPID="Org2MSP"

$ CORE_PEER_TLS_ROOTCERT_FILE=/opt/gopath/src/github.com/hyperledger/fabric/
peer/crypto/peerOrganizations/org2.example.com/peers/peer0.org2.example.com/
tls/ca.crt

$ peer chaincode install -n mycc -v 1.0 -p github.com/chaincode/chaincode_
example02/go
```

- **test1 채널 − peer1.org2에 체인 코드 설치**

```
$ CORE_PEER_MSPCONFIGPATH=/opt/gopath/src/github.com/hyperledger/fabric/peer/
crypto/peerOrganizations/org2.example.com/users/Admin@org2.example.com/msp

$ CORE_PEER_ADDRESS=peer1.org2.example.com:7051

$ CORE_PEER_LOCALMSPID="Org2MSP"

$ CORE_PEER_TLS_ROOTCERT_FILE=/opt/gopath/src/github.com/hyperledger/fabric/
peer/crypto/peerOrganizations/org2.example.com/peers/peer1.org2.example.com/
tls/ca.crt

$ peer chaincode install -n mycc -v 1.0 -p github.com/chaincode/chaincode_
example02/go
```

- **test1 채널 − 체인 코드 배포**

```
$ export CHANNEL_NAME=test1

$ CORE_PEER_MSPCONFIGPATH=/opt/gopath/src/github.com/hyperledger/fabric/peer/
crypto/peerOrganizations/org1.example.com/users/Admin@org1.example.com/msp

$ CORE_PEER_ADDRESS=peer0.org1.example.com:7051

$ CORE_PEER_LOCALMSPID="Org1MSP"

$ CORE_PEER_TLS_ROOTCERT_FILE=/opt/gopath/src/github.com/hyperledger/fabric/
peer/crypto/peerOrganizations/org1.example.com/peers/peer0.org1.example.com/
tls/ca.crt

$ peer chaincode instantiate -o orderer.example.com:7050 -C $CHANNEL_NAME -n
mycc -v 1.0 -c '{"Args":["init","a", "100", "b","200"]}' -P "OR ('Org1MSP.
member','Org2MSP.member')"
```

[그림 10.1] test1 채널 체인 코드 배포 완료

체인 코드 배포는 트랜잭션으로 처리합니다. 체인 코드 배포 트랜잭션을 오더러 노드를 통해 해당 채널에 참가 중인 모든 피어는 트랜잭션을 전파받아 체인 코드 배포를 할 수 있습니다. 그러므로 하나의 체인 코드를 배포하기 위해서 한번의 배포만 수행하면 됩니다.

2-2 test2채널 체인 코드 설치/배포

동일한 체인 코드를 test1과 test2에 배포합니다. 이 경우 이미 체인 코드를 설치했기 때문에 install 작업은 하지 않아도 됩니다. 만약 install을 강제로 진행하더라도 해당 체인 코드가 이미 존재한다는 메시지를 출력합니다.

채널별로 다른 체인 코드를 배포한다면 test1 채널에서 install을 했던 것처럼 피어별로 체인 코드를 설치해야 합니다.

```
$ export CHANNEL_NAME=test2

$ CORE_PEER_MSPCONFIGPATH=/opt/gopath/src/github.com/hyperledger/fabric/peer/
crypto/peerOrganizations/org1.example.com/users/Admin@org1.example.com/msp

$ CORE_PEER_ADDRESS=peer0.org1.example.com:7051

$ CORE_PEER_LOCALMSPID="Org1MSP"

$ CORE_PEER_TLS_ROOTCERT_FILE=/opt/gopath/src/github.com/hyperledger/fabric/
peer/crypto/peerOrganizations/org1.example.com/peers/peer0.org1.example.com/
tls/ca.crt

$ peer chaincode instantiate -o orderer.example.com:7050 -C $CHANNEL_NAME -n
mycc -v 1.0 -c '{"Args":["init","a", "100", "b","200"]}' -P "OR ('Org1MSP.
member')"
```

[그림 10.2] test2 채널 체인 코드 배포 완료

채널 2에 포함된 org1.peer0, org1.peer1만 해당 체인 코드를 배포합니다. 기관/조직 1에 소속된 피어는 같은 체인 코드지만 채널이 다르기 때문에 데이터를 독립적으로 관리합니다.

2-3 체인 코드 테스트

체인 코드를 동작하기 위해 query(조회), invoke(트랜잭션) 시 채널을 반드시 명시해야 합니다.

2-3-1 query 호출

```
$ CORE_PEER_MSPCONFIGPATH=/opt/gopath/src/github.com/hyperledger/fabric/peer/
crypto/peerOrganizations/org1.example.com/users/Admin@org1.example.com/msp
```

```
$ CORE_PEER_ADDRESS=peer0.org1.example.com:7051

$ CORE_PEER_LOCALMSPID="Org1MSP"

$ CORE_PEER_TLS_ROOTCERT_FILE=/opt/gopath/src/github.com/hyperledger/fabric/
peer/crypto/peerOrganizations/org1.example.com/peers/peer0.org1.example.com/
tls/ca.crt
```

test1, test2 채널에 모두 가입한 org1을 기준으로 query와 invoke를 발생합니다.

```
$ export CHANNEL_NAME=test1
$ peer chaincode query -C $CHANNEL_NAME -n mycc -c '{"Args":["query","a"]}'

100

$ export CHANNEL_NAME=test2
$ peer chaincode query -C $CHANNEL_NAME -n mycc -c '{"Args":["query","a"]}'

100
```

a를 test1과 test2에서 조회하면 100을 출력합니다.

```
$ export CHANNEL_NAME=test1
$ peer chaincode invoke -o orderer.example.com:7050 -C $CHANNEL_NAME -n mycc -c
'{"Args":["invoke","a","b","10"]}'
```

invoke를 test1에서 발생하여 a의 값을 10 감소, b를 10증가합니다.

```
$ export CHANNEL_NAME=test1
$ peer chaincode query -C $CHANNEL_NAME -n mycc -c '{"Args":["query","a"]}'

90

$ export CHANNEL_NAME=test2
$ peer chaincode query -C $CHANNEL_NAME -n mycc -c '{"Args":["query","a"]}'

100
```

각 채널에서 a를 조회하면 test1 채널에서만 수치가 감소했습니다.

3 API 실행

체인 코드 배포까지 완료했으므로 API 서버를 통해 해당 체인 코드를 사용자에게 제공합니다.

3-1 기관/조직 ①

기관/조직 1은 test1과 test2에 대해 query와 invoke가 가능합니다.

- 서버 실행

```
$ cd org1Api
$ npm i
$ node ./bin/www
```

node를 이용하여 서버를 실행합니다. fabric 네트워크와 연동하는 코드는 **utils**에 있습니다. 사용자로부터 요청받은 코드는 **routes**에 있습니다.

- **admin, user 등록**

```
$ curl -d "" http://127.0.0.1:3000/admin/v1.0/enrollAdmin

$ curl -d "" http://127.0.0.1:3000/admin/v1.0/registerUser
```

서버에서 admin, user 등록을 **POST** 요청으로 처리하기 때문에 d 옵션을 주어야 합니다.

- **query**

```
$ curl http://127.0.0.1:3000/api/v1.0/chaincode?data=a&channel=test1

$ curl http://127.0.0.1:3000/api/v1.0/chaincode?data=a&channel=test2
```

query는 데이터 조회를 하므로 **GET** 요청으로 처리합니다.

- **invoke**

```
$ curl -d '{"data1": "a","data2":"b","data3":"10", "channel": "test1"}'
http://127.0.0.1:3000/api/v1.0/chaincode

$ curl -d '{"data1": "a","data2":"b","data3":"10", "channel": "test1"}'
http://127.0.0.1:3001/api/v1.0/chaincode
```

트랜잭션 발생은 데이터를 생성하는 의미이므로 **POST** 요청으로 처리합니다. 이때 필요한 데이터는 d 옵션을 이용하여 전달합니다.

3-2 기관/조직 ②

기관/조직 2는 test1 채널에서만 query와 invoke가 가능합니다.

- **서버 실행**

```
$ cd org2Api
$ npm I
$ node ./bin/www
```

서버를 실행합니다. fabric 네트워크와 연동하는 코드는 **utils**에 있습니다. 사용자로부터 요청받는 코드는 **routes**에 있습니다.

- **admin, user 등록**

```
$ curl -d "" http://127.0.0.1:3001/admin/v1.0/enrollAdmin

$ curl -d "" http://127.0.0.1:3001/admin/v1.0/registerUser
```

- **query**

```
$ curl http://127.0.0.1:3001/api/v1.0/chaincode?data=a&channel=test1
```

- **invoke**

```
$ curl -d '{"data1": "a","data2":"b","data3":"10", "channel": "test2"}'
http://127.0.0.1:3000/api/v1.0/chaincode
```

찾아보기

찾아보기 index